和父亲在一起

大学时代

改革开放后

中学时代的王黎

1983 年 9 月,《米苏拉》日报采访摄影

1951 年 2 月，与王黎结婚照

全家与父亲在一起

与家人在一起

与范力沛在斯坦福大学

1982 年，南开大学访美代表团在斯坦福大学

1982 年，南开大学
访美代表团在印第
安纳大学

与印第安裔学者同游印第安居留地

在蒙大拿大学授课

访明尼苏达大学

在爱达荷路易斯坦学院召开的国
际学术讨论会上发言

在亚利桑那州立大学参加路易斯论文答辩后于麦金农（左二）家聚会

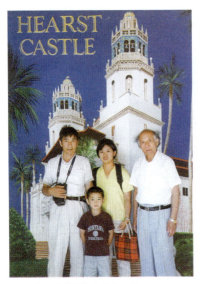

2002 年，在美国与家人在一起

在哈佛"战时中国学术讨论会"上与周锡瑞（左一）、金冲及（右一）交谈

与白智仁、王荣勤在米苏拉

在韦伯州立大学

在日本人文科学研究会主办的讲演会上　　　与森时彦夫妇在京都

与池田诚、西村成雄在岚山

在东京与野泽丰等友人相聚

在金泽大学为内山雅生
的学生讲课

与三谷孝参观金泽时合影

参观日本中国劳工死难 109 人之铜矿

与祁建民在光华寮

与笠原夫妇游富士山

在澳大利亚悉尼大学

与东京友人在一起

与日本鹿儿岛经济大学校长互赠纪念品

在澳大利亚

在东京和日本友人合唱国际歌

在格林菲斯大学举行的国际学术讨　　在京都大学
论会上宣读论文

与古德曼夫妇

与冯崇义在悉尼

与汉斯在悉尼

在丹麦哥本哈根

与李来福在欧登塞

与班国瑞在里兹大学校园

在丹麦王宫前

在安徒生故居前

与叶步青夫妇在《简·爱》作者勃朗特·夏 　与苏霞在英伦议院大厦侧
洛蒂故居前

在法国范曾的美松白兰别墅

与范曾、楠莉谈天

在德国特里尔与友人卜松山、乔伟相聚

在巴黎

在拿破仑行宫

在德国图宾根大学

在德国埃朗根与李博夫妇游古堡

在德国海德堡大学

2000 年 12 月，与尹辉铎在汉城昌德宫

1993 年 9 月，国务院学位委员会历史学科评议组在京西宾馆

在北京大学吴相湘教授中华现代史讲座上演讲

1996 年，与哲学社会科学规划组历史学科同仁

与胡春惠在台北政治大学

与井上清夫妇及吴廷璆

在台北与张玉法（右四）等诸学友

山田辰雄来家中做客

在南开大学主持"明清以来中国社会国际学术研讨会"

在澳门

参观井冈山龙江书院

在敦煌鸣沙山上

与日本学者共同调查华北农村

和中外学者在海南

荣退讲演，偕夫人和与会诸同仁合影

荣退会上的魏宏运学术
成就展

八十寿辰宴罢与弟子合影

2007 年，在厦门大学历史系做学术报告

回母校西安师范附属小学，值百年校庆，接受小校友采访

2009 年，应付建成之约讲学中国延安干部学院，顺访延安大学

参观延安大学校史展览

2012 年 7 月，校党委书记薛进文（右一）、校长龚克（左一）授予荣誉教授证书和特别贡献奖

蔡美彪来津参加元史会议，会间会面

南开历史系 1973 级京津部分同学祝余米寿

庆祝魏宏运先生 90 华诞暨中国近现代史研究学术研讨会

与尹沧海所赠贺余 90 华诞画作

校长龚克（左）出席研讨会

# 魏宏运自订年谱

魏宏运 著

范曾题

创于1897

The Commercial Press

商務印書館

**图书在版编目（CIP）数据**

魏宏运自订年谱 / 魏宏运著. — 北京：商务印书馆，2015
ISBN 978‑7‑100‑11720‑3

Ⅰ．①魏… Ⅱ．①魏… Ⅲ．①魏宏运－年谱 Ⅳ．①K825.81

中国版本图书馆CIP数据核字（2015）第256945号

**魏宏运自订年谱**

魏宏运　著

商　务　印　书　馆　出　版
（北京王府井大街36号　　邮政编码 100710）
商　务　印　书　馆　发　行
三河市尚艺印装有限公司印刷
ISBN 978‑7‑100‑11720‑3

2015 年 11 月第 1 版　　开本 640×960　1/16
2015 年 11 月北京第 1 次印刷　印张 26 1/2　插页24

定价：80.00 元

# "南开一号"，世之懿范
## ——《魏宏运先生八秩大寿纪念集》、《魏宏运自订年谱》序

盖凡大学能彪炳于世而历久不衰者，必有悠远厚积之历史，必有淳朴诚信之学风，必有名被遐迩之教授。南开大学巍巍乎于国中垂九秩矣，追其肇创之际，即延请国内著名学者，而历史学科彼时所聘尤为国中学界之选。支撑大学之脊梁为教授。教授之道德文章则为学子之榜样，薪承火继，民族文化得以昌盛。大学水平为一国文化之标志，固非妄论。

魏宏运先生，南开大学博雅周赡、宅心仁厚之长者也，人人尊崇之，爱戴之。其为人也，宛若春风祥霭；其言说也，咸称大朴无华。莘莘学子，欣然而聆，肃然而敬。每天清晨或黄昏，于马蹄湖畔、芝琴楼前偕夫人散步，蜷曲疏发迎风轻拂，超然之致，清绝忘尘。人们尊此老为"南开一号"，非指其职位之高，实有故事在焉：一年南开分房，以学术地位、工作年限、职位高下诸条件反复比列推敲。前后三次分房之告文中，魏宏运先生皆名列第一，竟绝无争议者，群众皆拊掌称是。于是南开教授群谑封先生为"南开一号"并嘱我题匾，刻而赠之，悬诸堂中。静言思之，此中深情，盖非旧时之送匾额、标举眩世可与同年而语者。

博雅、和蔼而外，魏宏运以德劭年高之政治活动家，新中国成立前自十九岁即加入共产党外围组织之革命工作，临危不惧，艰苦

斗争。新中国成立后历任南开大学历史系党政领导，五十余年，夙兴夜寐，自有一副承受时代重负之铁肩。正所谓风高而节亮、道直以行正，为世之津梁，略无恚怨。"南开一号"四字，惟树学人懿范、立校风旌帜者当之。

魏宏运先生，临事秉公决断之大丈夫也。早在反右之时，恩师雷海宗先生为康生所嫉恨，定为极右，以魏先生之力，不可救之矣。然则彼时崇仰雷海宗者，南开大学历史系于各会议裂目而辩者何止百十。其尤者为杨志玖先生，敢于报刊为雷公鸣不平。其时国中反右旗鼓大张，魏先生则在其权力范围内，荫庇回护，谓"以中农出身之教授国中殊少"为由，获胜于议决，杨志玖先生遂逃此一劫。庚午、辛未、壬申三载，我以家事国事忧烦，蛰居巴黎。时魏先生赴法讲学，住于我乡间别墅，先生力劝我归棹。既归，众皆发寒蝉，独滕维藻校长并先生与历史系诸前辈王玉哲、杨志玖、杨翼骧挚友刘泽华张宴以待。亦有好事者，至魏先生处，訾謷无状，遭魏先生怒斥而遁。先生之性固温文尔雅，时亦强犟坚韧，于时代风云际会处，"虽千万人吾往矣"，是先生大君子之风也。余以此感激，而竭尽全力于南开大学之工作，为祖国之繁荣奉其绵力，非魏先生不能使十翼如此也。

先生于余亦有深恩在。遥记魏先生三十三岁时，任系主任助理，时江丰读余文章，欲调我于中央美院就读。我谋诸好友李群超，李群超将此意转达于魏宏运先生，魏先生又商之郑天挺先生，郑老竟颔首而许之。此余生命之转折点也，苟无魏先生彼时鼎力助我，我将与画家绝缘，不会于中国画之领域做出应有之贡献。数月之间完成转学。不幸江丰被划为右派，从此睽隔三十年，及与江丰重见，我已年届五十，握手怆然，不胜唏嘘。

先生幼年失怙，父亲为耕而食、闲而学之清贫乡儒，为人忠厚，博览史典而精于书法，后又激于国难，英勇抗日，人品为乡曲所重。魏宏运先生以农家子刻苦自励，厥有大成，其间甘苦可知。先生由研究古代史起步，其处女作《民族英雄——史可法》即获郑天挺先生激赏。此后魏先生专攻近现代史，著述等身，其所主编之《中国现代史》列为普通高等教育"九五"国家级重点教材。先生文风素为史界所称颂，谓"资料翔实，系年清晰，去伪存真，字简事丰"。为史最忌以不实之史料，证先验之结论。先生极重实地调查，为研究八国联军侵华涂炭生灵之罪行，曾于大沽、北塘、张贵庄、大直沽等地深入探访，征之文献所载，将帝国主义凌辱中华民族之劣迹大白于天下。又如，当日本右翼势力甚嚣尘上之二十世纪七十年代，史蠹笔贼蠢蠢出动，公然否认南京大屠杀罪行。先生秉笔痛斥，耿耿情怀，天日可表，为后之来者毋忘国耻树立榜样。魏先生自青年奔赴革命道路，半世纪来为祖国之尊严、时代之进步常思奋不顾身，以殉国家之急。其于史乘，追陪《春秋》，笔削不假，为史界所景从。先生谙英语，国门既开，先生播芳海外，先后十数次出国讲学，欧美诸国名大学皆延教席以待，为祖国史学争得殊荣。

先生弟子类皆慎行明辨，成为卓有成就之史学新锐，获博士学位与教授职称者累百数。桃李满目，灼灼其辉。

先生八秩之庆，将有纪念专集、自订年谱，嘱余为序。余感先生扶掖呵护之深恩，临楮感慨，不能自已，谨以此奉上心香一瓣，恭祝先生永年，九秩犹顽健如少，百龄当不为上限，余其深祷！

甲申春范曾于南开西南村

# 目 录

魏宏运自订年谱

# 1925 年　1 岁

## 2 月

10 日（旧历正月十八日）　生于陕西长安魏家寨李家窑村。李家窑位于浐河上游，有潺潺溪水从村南流过，也有一小股流经村中。此河原无名称，只是汇集了几支溪水流至驰名世界的半坡村，才有了浐河之名。该地距西安市（当时的长安县）25 公里，距终南山汤浴温泉 10 公里。村中约 60 户人家，魏姓的户数多而贫；李姓的户数少而较富裕，最富的一家有土地 80 亩。我的祖父魏登俊，做过小生意，铺名德隆丰，喜习书法。祖母杨氏，蓝田杨沟人，生二子一女，长子应鹏，次子应中，女最幼，中年病故。我父行二，字宜华。母长沟人，名王成娃。祖母讲，我家是从山西大槐树迁来的。

# 1926年　2岁

### 冬

父亲参加方振武驻节西安时成立的军事政治学校。当年4月，吴佩孚部刘镇华所率镇嵩军号称10万人包围了西安，城内杨虎城、李虎丞部坚守，与之对抗。环境艰难至极，所有可食之物搜罗殆尽，军民冻饿而死的先后达5万余人。9月，冯玉祥五原誓师，根据国民政府固甘援陕以策应北伐战争之计划，方振武被委为援陕第一路军。11月，方振武解围西安，并成立军事政治学校。父亲遗文中讲其参军事："西安附近各县的青年学生，因受镇嵩军压迫，大多数都去投考。我也在内，到军事学校随军学习，参加北伐战争。"

# 1927 年　3 岁

## 11 月

母亲因肺病去世，年仅 24 岁。母亲生于 1903 年（光绪二十九年），属兔。时父亲在外，随方振武军先至洛阳，后经济南到北平。

# 1928 年　4 岁

　　以野菜充饥度日，饥寒或有委屈时，辄哭诉于母亲坟前。有一天整日无食，邻居李树新抱去馈饭于我。

　　姨母为我做了一双布鞋，高兴之至，穿起来从村东头走到村西头，那是我穿的第一双属于自己的鞋。正月十五，魏家寨附近各村都办社火，我被选为小演员。村人均认为我的扮相好，将来可以送我到戏剧社学唱戏。

　　**冬**

　　衣不蔽体，旧年过后，天气转暖，我随一些穷孩子一起靠着墙晒太阳。陕西有谚语："九九八十一，穷汉顺墙篱。"

# 1929年　5岁

　　陕西大旱，灾情严重，灾民多以草根、树皮充饥，我家尤为艰难。我随家人摘树叶、挖野菜。不少村民到山中祈雨。及长，读史，方知其时饥馑，非我一村一乡。《申报》1930年1月1日曾刊一义赈会函，即当时的写真："吾陕灾况，近日愈趋险恶，灾民既困于饥，又厄于寒。市面萧条，人烟稀落。所见者非鸠形鹄面之流，即狼藉纵横之尸。所闻者非啼饥号寒之哀哭，即呻吟待毙之惨鸣。富人破产，中人流落，贫人死亡。闺阁名媛，即售价8元。房间1间，售价2元。数十亩之田契，仅售洋2角。野无青草树无皮。大万人坑，每县必有一二，武功一县，多至4座。全省人民940余万，死亡250余万，流亡者四五十万，现存者600余万。而急切待赈者至500余万以上。"①

───────────

① 《陕灾最近之报告》，《申报》1930年1月1日。

# 1930年　6岁

陕西霍乱疫情蔓延，祖母因此病故。埋葬祖母时向魏家寨富户铁门三家借贷，到期无计偿还，中人频频叫骂于门前，只好将1亩地抵债，家中只剩2亩地，而当时家有8口人。

# 1931年　7岁

魏家寨附近村庄，种植罂粟者甚普遍。富户子弟有因嗜吸鸦片而倾家荡产。

农忙时帮别人家在场中积柴，往稻地里送秧。

常去长沟舅父家。外祖父、姨母特别疼爱我，和四舅王泓曾到八里塬上上庙逛庙会。

腊月，提着小篮子卖灶糖，到魏家寨附近各村如辛尚坡、杨沟、崔家街沿街叫卖。

# 1932年　8岁

在李家窑设于窑洞的私塾读《三字经》、《百家姓》、《千字文》、《七言杂字》，约半年。

# 1933年　9岁

　　父亲参加冯玉祥察绥抗日同盟军。据父亲自传："方振武由南京脱险后，到山西介休成军，不久将队伍开到张家口参加抗日同盟会。我的同学段清中、邹懋彬等人给我写信，约我到张家口参加抗日工作。我到张家口10余天，蒋介石又派大军包围。张家口抗日同盟军被打垮后，我回家乡。"父亲再次归来，创办魏镇启智小学，曾和镇上旧势力到长安县打官司。经批准，魏寨镇集市的行业收入统归学校。校址设在城隍庙内，学校教师有魏公恕、魏镇绩，父亲也是教师。我在这个学校读了两年。

# 1934年　10岁

　　魏镇启智小学按新学制教学，有算术、语文、常识、地理等课。校址由城隍庙迁至陈家窑。

# 1935 年　11 岁

## 8 月

徐海东率领的红军儿童团在陕西省东南部打败杨虎城的警备 1 旅，旅长唐嗣桐被俘杀于长安子午镇。红军的先遣人员化装成各业人物，活动于西安郊区。我第一次在魏家寨看到戴八角帽的红军宣传队，很羡慕儿童团的英勇，能打仗。

## 9 月

由乡村小学转入西安市西安师范附小。时父亲又从军，到杨虎城警备旅特务团。父亲自传叙及："先担任一营副，后到二营任机枪连连长，属重机枪连。一般连队有 4 挺机枪，这个连队有 6 挺，都是捷克造，全连三个排，每排两挺，另有十几支长枪。先在绥靖公署担任警卫，后被派到钟楼上担任警戒。钟楼位于西安城中心，是城里的最高建筑，是制高点，可控驭全城。"父亲这一年再婚。继母仲氏，淳厚朴实，对我很好。家住在东仓门附近马厂子三道巷。我原名魏运新，转学时因系插班，由父亲的朋友介绍，错写为魏宏运，由此沿用下来。

# 1936年　12岁

## 12月

**9日**　在西安钟楼附近，看到东北大学及西安一中、二中、高中、西安师范学生为纪念一二·九运动1周年举行的示威游行。游行队伍在南院门"西北剿匪司令部"门前广场集会，沿途高呼"停止内战、一致抗日"等口号，向蒋介石的临时住处进军。

**12日**　西安事变发生。黎明时听到城内枪声不断，不知发生什么事情。早上仍去上学，由东仓门经东厅门，沿途军人持枪，不准通过。冲到木头市口，见站在十字路口房上的军人端着枪吆喝着，阻我前进。远看南城墙上架着机枪，对准设在碑林附近的中央军宪兵营。其时尚不知此前在这里发生过激战，宪兵营已被缴械。见气氛如此紧张，我匆匆返回家中。

**13日**　南京派了30多架飞机，飞临西安上空，未投弹又东去。下午到菊花园附近的东大街，人们正三三两两议论着已发生的事情。街上已有宣传队散发张（学良）杨（虎城）八大主张的传单。听说西京招待所的国民党委员都被抓了起来。因全市戒严，和学校失去联系，每日只能在巷口打听消息。此时父亲不在城内。据父亲自传："所在的警备1旅，西安事变前一个月驻防周至，围剿当地土匪。事变前一日晚上，连夜急行军赶到西安南门外四五里的后村，才知道把蒋介石捉住了。全军上下一片欢腾，激动的心情无法形容。官兵上下共同的感想就是'这下可把咱杂牌部队的气出了'。蒋介石对杂牌军歧视、苛刻和蓄意消灭的种种谋算是众所周知的。

西北军的粮饷一年只能领到半年的，不要说扩充兵员，连维持现状都很困难。部队中的一些不良行为都与经济过分困难有关。抓住蒋介石后，官兵无不称快，将称呼'蒋委员长'改称'蒋介石'。我们这个连的士兵唱起了《义勇军进行曲》。1旅在后村的任务是在城外警戒防空。中央军的飞机在上空盘旋，但没投炸弹。城门一直关着，前后关了20多天，形势异常紧张。当时我家虽在西安城里，我都没法回去一次。到达后村的第三天下午，我们又奉命向凤翔开拔，以防止胡宗南部队进攻西安。全旅连夜乘火车西行，翌日到达后立即赶挖防空工事，城墙都被挖空了，在城北也挖了很长的战壕，于凤翔驻了10多天。胡宗南的部队由平凉开来，是敌师刘部。我们稍事抵抗，即奉命撤退。我们一面撤退，胡宗南部一面追击，很危急。退回西安时，事件已和平解决。相别仅10数天，西安大变样了，蒋介石嫡系部队开进西安。"

# 1937年　13岁

### 1月初

西安城门开启，回到魏家寨。

### 5月

西安师范附小教师来函，说学校已正式开学3个月，催我返校。于是再赴西安求学。班主任老师名段克立。

### 9月

入学注册，已是高小一年级了。时七七事变爆发已两个月，学校组织宣传队宣传抗日。我们到城南一些村庄高呼抗日救国口号，唱革命歌曲《义勇军进行曲》、《我的家在松花江上》等，写宣传标语，演活报剧，也在群众聚集的地方演讲。

# 1938 年　14 岁

　　住学校宿舍，院中一边是教师宿舍，一边是学生宿舍，一共 5 排，每排 4 间。除正式上课外，常去南院门书市、竹马市口民众教育馆对面的生活书店，阅读并购买施存统、刘若诗译著的《辩证法浅说》，生活书店出版的青年自学丛书，如艾思奇的《大众哲学》、潘梓年的《逻辑学与逻辑术》、董振华的《中国文字的演变》、何干之的《中国社会性质问题论战》、《中国社会史问题论战》，以及上海杂志公司出版的何干之的《中国的过去现在和未来》等书，也读朱光潜《给青年的十二封信》和《远东问题》、《学生呼声》等刊物。饭后常去碑林玩，碑林位于西安师范附小所在地书院门附近，书院门这条街上有几家商店经营碑林拓片。我学写北魏体字，就是从这时开始的。是年日军经常轰炸西安，有时仅一架飞机在西安上空盘旋，我们就得跑警报，有时跑到城外，有时钻进西安城墙中的防空洞中。西安居民有院落的都挖了防空壕。大街上商店门前都备有水缸和沙袋。西安城墙上安置有高射炮，因射程不高，未曾打下过飞机。

# 1939年　15岁

## 春

日机轰炸西安西大街桥梓口，防空洞被炸，死难者据说有数千人。

## 春夏之交

音乐老师带领我们到南院门西京电台播放《黄河大合唱》。时西安已现出反民主气氛，住同院另一排房子的张镜如老师被捕，其室内室外书籍纸片被扔了一地。

## 7月—9月

西安师范附属小学毕业，考取省立兴国中学。8月赴朝邑三教村探亲，时父母亲均在那里。父亲所在部队已改编为新27师，驻守河防。他率领的机枪连布防平民县。平民县建于1929年，由朝邑、华阴两县的河滩组成，"属于朝邑县境者，南北长约六十七八里，东西宽约十三四里至二十余里不等。此面积以内，除去沙碱、港渠及嫩滩不堪耕种之地约 2400 余顷外，实可耕种者有 5.9 万余顷。属于华阴县境者，东西长约二十里至二十四五里不等，南北宽约十三里至十五六里不等，内除河身、沙滩、嫩滩不计外，两岸能耕滩地实有 680 余顷。合计朝邑、华阴两县之滩地，实有 5700 余顷之多"。[①] 滩地居民不多，均是移民，树木很少，芦苇丛生。大庆

---

① 《申报》1929 年 2 月 19 日。该报所载两县能耕滩地的合计数字与两县的分计数之和不符，因原文如此，故不做更改。

关一带地方原来濒临黄河，现居黄河中心，驻有一个班兵力。对岸是山西永济县，已被日军占领，有时打炮过来。有一天，我和两三个战士乘筏子到大庆关遥望永济县城。

此时西安已在积极准备抗击日军。当时长安县政府在西安市郊区附近周围挖了很宽的战壕。城关外难民很多，多是从河南来的，搭起极简陋的棚子住着。西安附近的乡镇商铺多了，多是从难区来的。商人开的是盐店、百货店。民众皆动荡不安。

## 9 月

入陕西省立兴国中学。学校位于西安城南约十五公里处之杨万坡村兴国寺，背靠少陵原，面向樊川，有稻田，同方位不远处为杜公祠，向南走八九公里为终南山的翠华山。校舍在半坡上，有 4 排教室。学生宿舍为 3 排长窑洞，每一窑洞住 15—20 人。教师宿舍分散在半坡上数处，也有住在农家的。原有的寺庙为校行政部门和图书馆所在地。学校规模较大，可容纳 2000 多名学生，为当时陕西最大的一所中学。陕西省教育厅厅长王捷三为躲避日机轰炸，是年建校于此，自兼校长，聘请了许多著名教师，如李敷仁、武伯纶、朱茂青、李瘦枝、曹冷泉、姜自修、赵曼青、李一清、郑竹逸、党修甫等。我喜爱英文和语文课，常向郑竹逸、姜自修请教英文，向曹冷泉请教语文。开始阅读《天方夜谭》（中英文对照），巴金的《家》、《春》、《秋》和茅盾主编的《文艺阵地》等刊物。

# 1940 年　16 岁

春假期间，班主任姜自修领我和另外几位进步同学步行至西安北大街曹家巷杜斌丞家。杜是西北最有名望的民主人士，当天所谈，皆为中国之民主政治思想问题。我很服膺，从此跟随他们走上革命道路。

暑假前，潼关吃紧，西安告急。我们班上课时同读法国都德的名篇《最后一课》，声泪俱下。我和同年级同学李若谷商议，敌人一进潼关，我们就去延安，不必告诉家人。

暑期回乡在舅舅家度假。适逢国民党抓壮丁，二舅父已被捆绑。见状，我大喊："抓壮丁啦！"村中青壮年纷纷逃避，抓壮丁的去追。我借机给二舅父解开绳子，他也跑了。国民党兵气急败坏，只好去找乡公所算账。我已逃之夭夭。

9 月以后，潼关以东局势缓和，学校又趋平静。我的生活费因父亲在中条山难以按时寄给，继母在西安城郊新房村向其亲友借款以解危困。

# 1941 年　17 岁

## 5 月

中条山战役，国民党 20 万大军全军覆没，死伤惨重，此为上海战役以来最大的一役。父亲幸免于难，回家赋闲。家庭经济困难，上半年我勉强维持学业，暑假后只好休学。据父亲自传说，他所在的警备旅："改编为新 27 师，政治部、师部参谋、副师长都是胡宗南派来的人，还派来了团、营指导员。他们常到连队搜共产党的书籍，老干部、下级干部都撤了。到中条山，就剩我一个老连长了。师长王俊在前线见了我，落泪了，他感到对不起我，提升了多回没办法，起初对我有点不了解，最后很伤心，想叫我当营长。参谋长说：'杨虎城的残余么，你提他干啥，叫他当营副好了。'我不安心，也不愿意，也不到营里去，就待在连里，不管事了。以后调我到团部去待着，整天打麻将。团长王宪斌看我不痛快，才跟我商量说：'这阵儿你回去好了，回去在家里待上几天，来了再带些人，团部里勤务很少，缺人手。'这时我回到西安新 27 师后方留守处住下，只有一个礼拜的时间，听无线电报消息，越听越听不见了，部队被日军消灭了，这我才回到家去。"我的二舅父王焕新就是在这一战役中殉难的。

## 是年

农村经济普遍困难，我家一天三顿都吃黑豆。伯父魏应鹏曾作长歌，犹记每段起首为："黑豆黑豆，三朝三暮，吃你何故。"我家父兄辈均喜爱书法，堂兄魏宏兴以红土敷在地上，折树枝代笔练习书法，我也练习。初冬随三舅父王焕先到麟游田粮管理处任录事，登记土地丈量数目。国民政府于 1942 年 1 月实行田赋征实，各县均成立田管处，将田赋及契税之征收事务划归此处。处长姓白，长安曲江池人。麟游是一穷山区，县城在一山冈上，很小。该县有一条沟，人皆矮小，且脖子上有肿瘤，当地通称"矮人"。

# 1942年　18岁

## 春

父亲经人介绍，到长安县自卫队任第二分队长，驻防新筑镇。长安县共有 36 个乡，新筑镇被划为新西乡和新东乡，靠近渭河，和高陵、临潼交界。到职不久，该地原当过土匪的张嘉善诬陷他"通匪"，有共产党嫌疑，因而告到咸阳专员公署。据父亲自传："温天威专员即时写信给我说：'魏应中你胆大把队伍带上山去，但是我知道你的家乡。如果你这样做，我就派人抄你的家。'县长张丹伯命我把队伍即日带到大兆（长安县政府所在地），第二天就被撤职了。"经新筑镇的名流、原是共产党员的于海丰的保荐和说情，一个月后又回到自卫队。此时中共地下党员毛云鹏、常秉乾也来自卫队工作。他们 3 人要好，友谊渐深。我的学费、生活费因此有了着落。暑假前离开麟游，又复学了。兴国中学距我家约十五公里，每周回家一次，备够一周吃的馍去上学，没有菜，只是有点辣椒面。

# 1943 年　19 岁

## 9 月

兴国中学开学，直升高中。分文理科，甲乙丙丁为理科，戊己庚辛为文科。我在戊班，同班同学有王致远、王井南、程福恺、韩克谦、李志凡、耿健等。我们为了学习，在很长一个时期由窑洞搬到教室去住，以便点着油灯开夜车。此时读了许多课外书，如高尔基的《母亲》、托尔斯泰的《战争与和平》、茅盾的《子夜》、沈三白的《浮生六记》等。此时四舅由郧阳回陕，转学兴国中学，亦在戊班。我们饭后常散步于樊川河边，边走边背书，你一句我一句，背了不少古文。此前在暑假期间，我曾到父亲驻地新筑镇，请当地著名学者于海丰讲授庄子的《逍遥游》等名著。学校举行英文演讲比赛，我也参加了。

# 1944 年　20 岁

## 4 月

豫湘桂战役爆发。时国民党河南战场上的守军蒋鼎文、汤恩伯、胡宗南部溃不成军。西安再次危急。学校里人心惶惶，准备逃难。李敷仁离开兴国中学到西安南院门民众教育馆，主编《民众导报》。我代销此报，常去西安领取报纸，结算账目，反映学校及同学的情况。李常指点我应如何进行工作，并给我进步书籍传阅，如毛泽东的《新民主主义论》等单行本。我读后传给可靠的同学读。一次他写了"二十三军"几个字的一张字条，让我到后宰门八路军办事处附近一巷子去找武伯纶，从此我由李、武两人领导，在兴国中学开展民主运动。他们两人是中共地下党员，以民盟盟员身份开展工作。此前我已被告知我参加的是"民盟"。

## 8 月

国民党发动 10 万知识青年从军。国民党"三青团"展开宣传组织活动，说参军将来可以免试升大学，政府还给参军者的家属以很多优待。出于爱国心，社会青年报名的较多，认为这是一条出路。我的一些同学如晏安民等报名应征。我认为，这是蒋介石在扩充自己的实力，国民党用几十万大军包围陕北，不去打日本，却动员青年学子去打仗。联想到抓壮丁把老百姓捆绑起来，联想到校长范重仟在每周纪念周会上领读孙中山遗教后把共产党大骂一顿，又看到国民党"三青团"员在学校中飞扬跋扈，鬼鬼祟祟，摧残进步，他们并不去参军。我对这一运动持反对态度，曾劝一些同学不要受骗。我的四舅王泓在其所著《人生漫记》中讲到此事："我曾不想上学了，打算跟青年军到缅甸去打日本鬼子。还是宏运劝我不要去，留下来多读点书，才没有去。"①兴国最后应征的没有几个人。当时西安流行着一句顺口溜，"国大代，青年从，军官纵，伤兵员"是四种特殊人物，谁都不敢惹。一些从军者到商店中货物随便拿，不付钱，造成社会不安。

### 是年

由父母包办完婚，生一子名魏觉民。1949 年暑期离异。

---

① 王泓：《人生漫记》，中国档案出版社 2003 年版，第 182—183 页。

# 1945年　21岁

## 春节期间

家里做土蜡烛，和堂兄魏恒新到魏镇、焦岱去卖。一次，鸣犊乡公所抓集敛钱，我与之对抗。乡民见我义正词严，群起响应。那一集乡公所敛钱未成功。

## 春夏之交

根据李敷仁、武伯纶意见，以民盟名义，发展盟员20余人，从武伯纶处领取表格，每人都填了表。民盟实为民主青年社，是中共地下外围组织，参加的有吴怀书、王致远、王井南、程福恺、何广新、韩克谦、李文海、王福海、丁风、石文琰、李春蕃、李志凡、张万龄、张介侯、耿健、安亚芸、庞淑贤等。以此为基础，和国民党、"三青团"所组织的"新世风"进行面对面的斗争。暑假后，学校允许成立学生会，进步势力和反动势力进行较量。我领导民盟成员，提名李文海为代表，战胜了对方。校长范重仔是国民党头目，因失利，采取拖的战术，不予承认。进步同学贴大字报抗议。校长晚上放枪进行恫吓。

## 8月

15日　日本宣布投降。陕西各县城人民敲锣打鼓庆祝抗日战争胜利，魏镇几家山西盐商立即准备返晋。

## **9月**

月初到校，得知家在沿海的一些教师已经离校东去。是年读书范围较前广泛，包括程始仁编译的《辩证法经典》，刘文典译的《进化论讲话》，毛泽东的《论联合政府》，黄炎培的《延安归来》，邹韬奋、范长江、沈志远等人的著作，《国父语录》，蒋介石的《中国之命运》和陈伯达等人写的《评〈中国之命运〉》，以及《群众杂志》、《民众导报》、《文化周报》、《秦风·工商日报联合版》等，英文方面阅读《泰西五十轶事》。

我和盟友之间传阅进步书刊。吴怀书在谈到我给他阅读的书时讲："1945年下半年，你给我看的资料有抗战胜利后朱德给蒋介石的电报，关于党的'七大'内容的资料。我躲在东沟无人的地方看的。还有黄炎培写的《延安归来》。"

# 1946年　22岁

## 春

西安白色恐怖趋重，国民党组织发动了反苏大游行，搜捕共产党人、革命青年和进步人士，捣毁了《秦风·工商日报联合版》，查封了《民众导报》，缘于我们坚决抵制，兴国中学参加反苏大游行的人很少。

## 5月

1日　李敷仁遭国民党特务绑架，暗杀于咸阳原，未死，被地下组织护送到延安。学校中的国民党"三青团"员极为嚣张，拟定了黑名单。我冒险至西安后宰门，乘夜黑至武伯纶家，请示如何应付时局。他说隐蔽，立即烧毁所有材料。仅两三分钟，即离去。第二天返校。学校已传出要逮捕我和一批进步师生。吴怀书保护曹冷泉出走商洛。我和一些人东躲西藏，总算都保全下来。二战时期的中共党员毛云鹏在《我的回忆》中记载了这一事实："我初到长安，多蒙于海丰同志的介绍结识了魏应中大队长。魏之为人忠厚，为官清廉，做事公道，俗有'魏善人'之称。果真名不虚传。余甚敬佩，相处几年，从未见他做过有损于人民的坏事。其子魏宏运未及冠，求学于兴国中学，勤奋好学，思想进步，聪颖过人，确是我党新血液中一颗明珠。常遭敌特之追捕，几经逃来庞留村躲避，夜来和我抵足而眠，借以鼓其志，而坚其行，并给予精神上之鼓励。又给予陈豹隐著之《辩证唯物论》一书，令其阅读。"

新中国成立后，时任陕西省博物馆馆长的武伯纶给我写的证明材料寄南开大学，其文如下：

### 魏宏运同志证明材料

1944年，我在兴国中学教书，同时在杨明轩同志的领导下秘密从事党的地下工作。当时兴国中学教员，特别是学生中，许多人都具有进步思想，即已酝酿成立青年组织"民主青年社"。魏宏运同志即其中之一。

1945年4月，西北民盟总支部成立，在组织部、宣传部等机构外，特别设有青年部，名"民主青年社"。对于这个组织，在当时的民盟领导人中，只有杜斌承、杨明轩知道，是由杨明轩同志指定李敷仁、王维琪、郑竹逸、张光远和我五个人负责这个机构的领导，我们只向杨明轩同志汇报请示工作。这个组织实际上是我党领导下的秘密外围组织。

1944年上半年到1946年，魏宏运同志在兴中同学中介绍参加"民青"的进步青年，有吴怀书（现在江西师院）、曹春风（现名丁风，现在陕西财经学院）。张介民（现在陕西农机公司）等。这些学生后来都成为青运骨干，并于解放前进入解放区。

魏宏运同志在当时兴国中学青年中做了许多工作。就我的记忆中有：发展了一批社员；组织了反"反苏游行"；反对反动校长范重仔领导的"新世风"奴化教育的斗争；传播进步书刊，组织进步同学掌握学生自治会和学生刊物《兴中之友》；保护进步教师曹冷泉未受敌人逮捕，安全转移。

武伯纶

## 8月

考取北平辅仁大学历史系。父亲的朋友毛云鹏和常秉乾、三舅父王焕先、堂兄魏宏兴每人赠我数石粮食。兴国中学同学王井南、程福恺等在社会上募捐，他们共同资助我上大学。我只身经河南、江苏到上海，幸得同乡同学在上海交通大学就读的魏一邦的帮助，住徐家汇交大，然后乘船北上，至塘沽赴北平。

## 9月

中旬入辅仁大学。辅仁是天主教本笃会创立的，后由圣言会承办。校址位于护国寺定阜大街。我先在校外旃坛寺住了月余，后搬进学校学生楼最底层卫生管道集中之一间屋内，多次找校训导主任伏开鹏和斋务科，请求减免学费，调整宿舍。经月余，学费减免大半，住的条件也改善了。课程方面选了20多个学分，有赵光贤讲的先秦史、胡鲁士（荷兰籍神父）的西洋史和张星烺的《书目答问》；还有语文课，讲的是《论语》、《孟子》、《大学》、《中庸》，教材是学校自己印的。

张静如2008年查阅校史后写信告诉我，历史系1946年入学男生40人，女生30人，与我住同屋的郭丕霄也是历史系的。同屋的还有哲学系仝世杰。

## 11月

17日　到校大礼堂参加男女两院生活促进会召开的反对学校增收煤火费请愿大会。全校举行罢课。

## 12月

24日　美国士兵在东单广场强暴北京大学先修班学生沈崇。北京各校掀起了抗暴运动。辅仁大学距离位于沙滩的北京大学很近，我时常去北大民主广场，30日参加了抗暴游行。

# 1947年　23岁

## 5月

北平学生展开"反饥饿、反内战"运动。辅仁大学当局控制很严，我和全世杰、郭丕霄、潘树仁等在19日夜整夜写大字报，贴了出去。校学生会孙玉珊号召参加游行，当清华大学的游行队伍经过辅仁校门时，辅仁同学冲破了学校的禁令，加入游行队伍。

上半年物价飞涨，比抗战前夕上涨6万倍，每天到食堂吃饭就是窝头和白菜水汤。

## 8月

北平学生开展助学运动。我和许多同学一样，走向街头去募捐，遇见小汽车就前去宣传，请其伸出援助之手。9月初助学运动结束。辅仁领导这一运动的几位同学在学生食堂召开大会，宣布分配办法。同乡同室同学全世杰（去解放区后改名童凡）是领导者之一。我也分到一些。

## 9月以后

在基督教青年会办的夜校讲课，也获得些许报酬。

## 秋冬之交

9月去解放区的童凡奉冀热察城工部之命，又回北平，开展地下工作。岳麟章、韩应民、韦江凡、李景贤（若谷）和我于夜间在北京大学灰楼和理学院院庭走廊开了多次会，研究如何组织起来，开展工作，此即冀热察城工部平津工委会工作的开始，并通过童凡报告冀热察军区城工部。当时研究称谓时，我提出可称"革命青年联盟"，简称"革青"，获同意通过。发展成员有陆志芳、茹健等多人。

我已受到中统特务、北师大学生刘毓贤的监视。他命令辅仁陕籍同学李维邦收集我的言行，要求每日向他汇报。李是我的好友，是我们秘密会议的"岗哨"，始终未向刘透露过我的实情。

## 11 月

到北京大学民主广场参加追悼于子三大会和民主广场的游行，高唱《团结就是力量》的歌曲。

## 是年

在校听讲的课程有余逊的秦汉史、魏晋南北朝史，教材为邓之诚的《中华二千年史》、柴德赓的《史学要籍介绍》、张星烺的《中西交通史》、唐悦良的英语选读和会话，课余常去北平图书馆。

# 1948 年　24 岁

## 3 月

28 日　北平学联为促进平津各大学同学间的广泛团结，增强革命意识，组织了春季大联欢。燕京大学、清华大学做东道主，在其校园内热情接待了到会的同学，有演讲及各种游艺节目，如歌咏、秧歌，朝气蓬勃，极为有序。四舅王泓代表华北学院学生自治会在会上演讲。

29 日　到沙滩北大民主广场听许德珩、樊弘、袁翰青演讲。

## 5 月

7 日　晨起赴西皇城根 9 号私立华北文法学院。该院是殿宇式建筑，为清朝礼王府旧址。院长王捷三，聘有不少著名教授，陕西同乡很多，是学生运动最活跃的地方之一。我常去，和该院教师曹冷泉、注册组主任卫佐臣、职员刘康和校纪英，以及李志凡、王致远、鲁人、李昌五、张延年等来往较多，目睹了该院进步势力和反动势力斗争的许多场面。四舅王泓和同乡同学李景贤是 1947 年暑假后进入该院的，我们常一起参加学生运动。据四舅日记记载："5 月 7 日，星期一，早宏运来。我和景贤都未上自习，我们三人在一起起草并书成挽联，带到北大民主广场参加 17 院校'哀悼开封十万冤魂控诉大会'，可惜没有记下当时我们所拟挽联的具体内容，只记得吴晗教授写的是'美弹美机十万冤魂椎心美国；民权民主五亿百姓痛哭民主'。费青、费孝通二教授写的是'依靠人家飞机，乱炸自己人民，云何戡乱；制定临时条款，贯彻手令政治，即是行宪'。我们好像写的是'民主'还是'煮民'；'戡乱'还是'乱戡'。"

## 7月

**9日** 参加东北华北13院校举行的抗议"七五"血案大游行。时东北战争方烈，国民党军溃败。东北各地公私立学校学生从本年春到本年6月底涌进关内，到天津的多是中学生，约1500名；到北平的在5000名以上。南京政府宣布在平津设立两个临时中学，在北平成立临时大学，然都是一纸空文。据《大公报》记者张高峰6月29日报道，临大只有黄寺的3栋房子，临中连影子也没有。由临大和北平各院校收容的东北各国立学校学生共1000名。每人以东北生活指数领取公费，比北平学生公费多一倍。其他各私立学校和中学生每日由北平教育局发玉米面一斤，每顿饭只能吃两个窝头和青菜盐水。他们均住在庙宇和难民所，不少人已病倒。麻疹、肺炎、夜盲症、疥疮在普遍传染，生活痛苦不堪。而7月4日，北平参议会通过了《救济来平办法》议案，要停发学生公费，考察学生思想，企图征召学生入伍。北平东北学生5000余人到参议会请愿，提出"要读书、要吃饭、誓死不当炮灰"的口号，竟遭屠杀。10余人被打死，100多人受伤，这就激起了"七九"反迫害大示威。北平参议会议案原文如下：

　　一、本会电请中央，对于已到平之东北学生，不论公私立学校，凡有确实学籍及身份证明者，应请傅总司令设法予以严格军事训练。在训练期间，予以士兵之衣食待遇，并切实查考其背景、身份、学历等项。确有学籍及思想纯正之学生，暂时按其程度分发东北临大，或各大学、中学借读，俟东北稳定时，仍令回籍读书。其身份不明、思想背谬者，予以管训。学历不合者，即拨入军队，入伍服兵役，期满退伍。

二、电请中央停发东北各国立、公立学校之经费及学生公费，全部汇交傅总司令，会同省市政府审核发放，贴补东北来平学生费用，或改汇东北临大作为经费。东北各校一律暂行停办，以免其一面派遣学生进关，一面另招学生，并套取经费、公费。

三、东北国立、公立学校停办，停发经费，令教职员一律进关以原薪（照平津指数）在学生训练班，或东北临大工作。

## 8 月

**19 日**　南京政府为挽救其危亡，发布两项紧急措施，一是改革币制，发行金圆券；一是设立特刑庭，拘捕进步学生。社会因此更动荡不安。

当时平津商业行庄非常恐慌，人们普遍以银圆交易或物物交换，对金圆券静观待变。20 日金圆券面市，有兑换的。学界无钱，均持冷淡态度。通货膨胀，物价飞扬，经济已全面溃烂，人民生活于贫困与苦难之中。21 日《大公报》登一小资料，谈到今昔物价变动情况，录之于下：

| 品名 | 中日战前价 | 现实法币价 | 折合金圆价 | 涨或落 |
|---|---|---|---|---|
| 黄金（两） | 100 元 | 6 亿 6 | 220 圆 | 涨 1 倍 2 |
| 面粉（袋） | 3 元 | 3000 万 | 10 圆 | 涨 2 倍 3 |
| 稻米（16 斤包） | 15 元 | 9600 万 | 32 圆 | 涨 1 倍 1 |
| 玉米面（百斤） | 5 元 | 3000 万 | 10 圆 | 涨 1 倍 |
| 布匹（匹） | 7 元 | 9000 万 | 30 圆 | 涨 3 倍 2 |

社会经济为愁云惨雨所笼罩。"八·一九"的大逮捕更深化了这种矛盾。我熟悉的许多朋友被捕，如教育系学生王迈住在辅仁附

近的羊角灯胡同一个大杂院内，我俩谈得来，他遭到逮捕，其住地日夜有特务徘徊。其妹王庆璨适来北平考学，她一人独处此境。我托美术系李维邦约她在北海相见，知她曾报考华北学院，经该院注册主任卫佐臣安排，她得以提前注册，并迁入女生宿舍。

国民党当局逮捕了不少进步青年，而一些被划入逮捕对象的学生，早已离开北平。从本年春到这时，找我去解放区的，我分别循三条路线，经组织安排送他们离去。一条是冀东路线，一条是顺义路线，一条是借用朱保书的沧州路线（华北文法学院公美之负责的"民联"所掌握的路线）。如刘康、许行、李志凡就是从不同路线走的。我住的寝室共5人，此时4人都通过了封锁线到达了解放区。这间寝室因而更受到特务的监视。我将《反杜林论》、《论一元历史观之发展》等一尺多高一摞书捆起来，从后窗用绳子悬于窗外。窗外面对高墙，是无人去的地方。

25日 《大公报》公布南开大学今年录取新生名单，我被录取为二年级转学生。我的试卷以英文作答，是得以进入南开的重要因素。

## 9月

转学南开，学校要求提供担保，席潮海为我介绍他的一位在鼓楼开店铺的同乡承担。入学后住六里台，即南开大学北院，同室有蔡美彪。历史系主任由文学院院长冯文潜兼任，教师有杨志玖、王玉哲、杨生茂、黎国彬、邓绥林、戴蕃豫。我选修的课有杨志玖的隋唐五代史、庞景仁的逻辑学、戴蕃豫的魏晋南北朝史以及英文课程等。

冀热察城工部平津工委会天津支部工作由我、王祖陶、姜丁铭负责。此期间，主要工作为调查国民党在天津的军事部署及设施、军队布防状况，重点调查、保护单位有海河航道、各轮船业、联勤

仓库、粮食被服、物资器材、财政部直属税务局、陆军医院、中国
银行等，通过各种社会关系，争取在津国民党的一些重要部门起
义。有些情报委托王庆璨传递，我则一至二周去北平一次，联系点
为宣武门外关中会馆，此系工委负责人之一韩应民及其妻子朱爱玲
的住所。宣外是个会馆区，有各省和各地区及许多县的会馆，陕西
的有渭南、朝邑、韩城等会馆。

复旦大学吴怀书此时曾介绍四批进步学生北上前赴解放区，共
十四五人。袁木、吴友一批，郭学洁和未婚妻一批，第三批是高有
为、田丁等5人，第四批是复旦和同济的钱凤飞等5人。在天津，
我负责安排他们食宿，保护其安全，并帮助分别化装成小商人，如
袁木、郭学洁等都是这样由北平去解放区的。

## 12 月

**12 日**　解放军包围天津。为安全起见，学校决定南院、北院
师生均集中于甘肃路的东院，即当时的财经学院，拥挤在大礼堂的
里里外外。伙食由郭钟毓统筹，师生组成纠察队。当天津市国民党
警备司令陈长捷要在楼顶上架大炮对抗解放军时，学校师生群起反
对，使其未能得逞。

辅仁教育系同学王迈出狱来津，他是"八·一九"大逮捕时被
捕投入特刑庭的。其妹王庆璨多次找辅仁大学校长陈垣请求营救。
相见时叙述狱中状况和此后的打算。他不久南下徐州。

# 1949 年　25 岁

## 1 月

**15 日**　天津解放。之后的几天内，均参加师生队伍到市区游行，过鞍山道、罗斯福路、滨江道一带，欢呼解放。

**月底**　临时集中在东院的师生陆续迁回北院和南院。

## 3 月

与王祖陶赴北平，办理组织关系，总结工作。在东四六条流水沟韩应民住处，与地下"革青"各支部负责人一起，由岳麟章及冀热察城工部派来的鲁刚、谷全一领导，汇总地下党员、"革青"成员的花名册。冀热察城工部主任王子玉及其夫人方慧也从解放区到来。我和王祖陶写成了天津"革青"工作概况。岳麟章等上交北平市委组织部，组织关系被确定，到和平门外北师大礼堂听彭真为地下党员做报告。北京市委组织部为我和王祖陶开出转至天津市委组织部的党员介绍信。

**月底**　返回天津，党员关系交天津市委组织部。

关于"革青"的基本情况，1987 年 8 月 25 日原中共冀热察区党委城工部平津工委委员岳麟章、鲁刚曾再次向中共北京市委组织部报告，其部分内容为：

### 中国革命青年联盟（简称"革青"）简况

一、中国革命青年联盟是中共冀热察区党委城工部平津工委领导的党的外围组织。冀热察区党委城工部是"革青"的上级机关，部长王子玉（现任辽宁国防工办副主任）。根据城工部的决定，在蒋管区建立了城工部的平津工作委员会。它是"革青"的直接领导机关。平津工委书记谷全一（原在北京市财税局工作，现已离休），组委鲁刚（现在市文化局工作），宣委岳麟章（现在北大国政系任教），委员有：崔绍麟、韩应民、魏宏运、王祖陶。

二、"革青"成立于1948年6月，是中共冀热察区党委城工部在平津两市原有的地下党员的基础上建立和发展起来的，共有党员、盟员300多人（输往解放区的60余名党员、盟员未算在内）。按照城工部的指示，其成员是先进青年学生；各校成立"革青"支部；任务是在工委领导下，除做学生工作外，主要是去做城市工作，下面将详细说明。建立"革青"和发展成员时，都说明是党领导的地下秘密工作，每个人都写了自传。

三、"革青"的组织状况

总部成员：书记岳麟章、委员李若谷（当时华北学院学生，现任河北师范学院党委书记）、韩应民（当时师大学生，现在北京市西城区教育局）、魏宏运（当时辅仁大学学生，现任南开大学历史系教授）、韦江凡（当时美专教师，现在是北京画院画家）、陈正纬（当时清华大学学生，现任中国社会科学院农业经济研究所副编审）、王祖陶（当时南开大学学生，现任天津化工学院化工系主任）。

各高等院校"革青"支部主要领导人（全部党员、盟员名单略）：

北京大学　支部书记　高　辑（当时历史系学生，孑民图书馆理事，现已离休）

清华大学　支部书记　陈正纬

辅仁大学　支部书记　陆志芳（现任张家口电子研究所书记、副所长）

师范大学　支部书记　韩应民

华北学院　支部书记　孟第栋（现任西安西北电讯工程学院党委组织部长）

第二任书记　于云岭（现任中国人民大学第二分校党委书记）

美　　专　支部书记　韦江凡

朝阳学院　支部书记　谢光远（又名谢再生，现任张家口桥东区区长）

南开大学　支部书记　魏宏运

北洋大学　支部书记　阎立勋（现任天津华北矿产地质研究所党委书记、所长）

北京中学支部（包括汇文、四存、女一中、女三中）书记为郑全东（"文化大革命"前在郑州木材厂任党委书记）

华北日报社　负责人　曹　政（当时为排字工人，后在市总工会，现在宣武区教育局）

新民报社　负责人　张学培（当时为工人、曾任北京日报秘书处处长）

四、"革命青年联盟"的任务和工作（略）

# 4月

月初回校上课，几乎每日往返于六里台和八里台之间，因为大课多设于南院之思源堂，小课则设于北院。无课时，去图书馆借阅书籍。时方纪兼文学院教师。许多从香港北上北平参加全国政协会议的文化界人士，冯文潜院长都邀来北院演讲，有梅兰芳、胡风、杨晦、吕荧、俞振飞等。

南开此时变动情况较大：一为许多同学参加了南下工作团，一为部分同学被抽调参加北平或天津市如公安局等机关去工作。系和专业有所调整：政治系改为财政系；哲教系撤销，教师多去北大、清华、人大，学生多转入南开财经学院。北院学生仅有 108 人。我当时为文学院学生会主席兼团支部书记、全校学生会副主席，代表学生会参加校务委员会。李万华安排为校务委员会副主任杨石先的人事秘书，王祖陶安排为行政秘书。

党员教授只有机械系的陈荫谷，他住在南院西村。我们多次在他家中开会，研究学校情况。

学生会日常工作繁杂，占去了课外的绝大部分时间。和校院领导接触多的为黄子坚、冯文潜、斋务科主任郭平藩、图书馆馆长董明道。当时校、院下达的事或规定、要求，多利用进餐时间在食堂传达。伙食改进很大，主食为东北运来的小米，有了蔬菜。军管会文教部暂时规定，大学生公费标准为：粮食每人每日小米 1.5 斤，内包含细粮 20%。菜金每人每日油盐肉各 5 钱，粗菜 1 斤，煤 1.5 斤。学生生活愉快，和平湖畔有十几条游船，假日可划船经七里台、八里台直至水上公园（当时称黑龙潭）去野游。

当时驻拉萨道的武警部队与学生会接洽，借用湖边操场操练，我和其政委刘勃然从此成为挚友。

## 6 月

文学院三个系群众自发地换掉了原系主任。为此事，军管会文教主任黄松龄召我和刘祖才、张佐三人去赤峰道其驻地，予以严厉批评，说我们无组织、无纪律、无政府主义，这是我第一次受批评。

## 7月—8月

假期间，我应邀去天津市第一中学讲社会发展史。

## 8月

开始学习俄语，师从杨寿钧。

## 年底

父亲与毛云鹏、常秉乾在长安县起义成功。

先是父亲的老相识王志伟（黄埔军校第四期学员，时任国民党师管区司令，与共产党有密切联系，已起义）派人来联系，嘱我父择时起义。时长安县长、自卫团团长杨俭、杨茂亭均主张服从胡宗南。一天，当团长杨茂亭宣布"明天要开往安康，正式编入胡宗南的部队，大家都升为正规军了"，形势紧急，起义成功与失败在此一举。筹划失当或失时，都将遭到胡宗南的围歼。三人按既定计议，先挟制了团长杨茂亭，逼他在大队队部停留，让他命令队伍按规定时间提前两个小时出发，到了翠华山北口，摆脱胡宗南部的制约，向全团宣布了起义。全团一致通过，并跟随队伍前进。把队伍拉到大兆，毛云鹏号召说："各位队长，全团兄弟，我们都是长安父老的子弟，不能跟了杨俭、杨茂亭向甘陕或安康为胡宗南做反人民战争的炮灰。"全团只有杨茂亭一人带了一名随从，向大峪方向逃跑了（根据毛云鹏：《我的回忆》）。

# 1950 年　26 岁

## 春

春季开学，课程有变化。我选的有：吴廷璆的中国近代史、杨生茂的列宁主义问题、董式珏的政治经济学、戴蕃豫的《大唐西域记》以及俄文。

## 6 月

应届同学毕业。我代表学生会在东院大礼堂召开的欢送会上致辞，称赞他们服从组织分配。

## 8 月

南开大学党总支书记郑秉泇安排我去天津市委党校学习一个月，地址在河北路。返校后任文学院党支部书记。

## 9 月

天津市委组织部指示，在南开教师中建立共产主义者同情小组，吸收进步教师参加。郑秉泇、张义和与我商议具体措施和办法，决定文学院发展李霁野、邢公畹、张涛、周基堃、孟志荪。每周过一次组织生活，我都参加。党在学校的各项政策基本通过他们去贯彻。

## 10 月

**下旬**　中国人民志愿军入朝，抗美援朝运动在全国展开。天津市政府于河北区政法学校组织各校干部学习防空知识。南开有十几人参加，我是其中之一。政法学校原是李大钊学习和工作过的地方，北洋政府时期称法政专门学校。

## 12 月

吴廷璆率领我们八九位同学到北京东厂胡同中国近代史所范文澜家。范讲，做学问要有坐冷板凳精神。

# 1951 年　27 岁

## 1 月

23 日　与王黎(原名王庆璨)结婚。时,她在北京铁道部团工委工作。陆平证婚,岳志坚主婚。翌日,组织决定她调往东北铁路团委,地址在哈尔滨。

## 春

确定毕业论文题目:《香港的过去、现在与未来》。资料不足处,托席潮海从外交部能看到的材料中选取一部分寄我。指导教师戴蕃豫崇尚古代,他说这个题目不像论文题。

临近毕业,教育部集中京津高校应届毕业生学习。南开大学各院系共 210 人,由我带队赴北京,住沙滩北京大学红楼,去劳动人民文化宫听取朱德、薄一波、郭沫若、彭真、钱俊瑞等人讲他们是怎样背叛自己的家庭、投身革命事业的。周恩来直接掌握听取汇报,并在我们参观中南海怀仁堂时与大家交谈。

## 7 月

毕业留校,在历史系任教,月薪小米 400 斤。时,历史系主任由吴廷璆接任杨生茂,全系教师不足 10 人。

## 秋

秋季开学。全国高校院系调整准备工作开始。学校原党总支书

记郑秉洵调回市委组织部大学科，由张义和接替。张义和多次召集
会议，研究院系调整事宜，多次派我赴北京联系郑天挺来南开任历
史系主任事。

## 9 月

北京、天津高校思想改造运动开始。教师赴北京听取周恩来
《关于知识分子的改造问题》的报告。我负责文学院具体工作，要
求教师按照周恩来讲的，每个人应从"民族立场"、"人民立场"出
发，最后能立于"阶级立场"。学习参考文件有《丢掉幻想，准备
斗争》、《别了，司徒雷登》、《评白皮书》。雷海宗在清华大学做的
个人思想检讨，也作为参考材料。

## 冬

《历史教学》主编吴廷璆吸收我参加该刊编审工作。《历史教
学》原系杨生茂、李光璧、傅尚文、张政烺、丁则良、孙作云、关
德栋七人所创办的同仁刊物，此时归天津史学会领导。1951 年发
行 2000 份，影响很大，是全国唯一的历史月刊。

## 年底

历史系教师有 10 人，其中教授 3 人。学生 20 人。

# 1952年　28岁

## 春

院系调整启动。南开的工学院调归天津大学，财经学院于1954年、1958年分批独立出去。北洋大学的数学、物理，津沽大学外文系（实为英文系）和商学院的国际贸易、金融会计、企业管理3个系，调归南开。

教育部文件指定郑天挺调任南开大学历史系主任兼中国史教研组主任，雷海宗为世界史教研组主任。

校址从六里台至七里台划归天津大学。南开大学只剩八里台，划出者占总面积的2/3。杨石先校长对此事颇有感慨："学校有个党员领导就好了，能在市里说上话。"1963年娄凝先来校任副校长（新中国成立初期任天津市政府副秘书长兼办公厅主任），对我讲："早知要来南开，我就不会将天大、南开的地界划成现在这个样子。"

## 6月

请邢公畹到北京敦促李何林早日来南开任教。据邢的《忆李何林同志》一文："1952年，我曾代理南开大学中文系主任，因为要出国，文学院院长冯文潜先生属意于何林同志，希望他来担任系主任。那时候，何林同志已从高教部调到北京师范大学任教。几经磋商，何林同志以党籍问题没有解决，愿意等到在北师大解决了这个问题再说。当时南开大学文学院支部书记魏宏运同志让我到北京去对何林同志说：解决党籍问题，在南开大学和在北师大是一样的。

这里行政上缺人，希望他能来，后来终于来了。"①

暑假后，学校取消院的建制，机构有较大调整。市军管会文教主任黄松龄说，应让年轻有为的滕维藻出来担任学校的领导。教务长与副教务长仍为吴大任、陈舜礼。新任滕维藻为第二副教务长。新设置了政治辅导处，由新任南开大学党总支书记王金鼎兼任处长，张义和为副处长。文学院院长冯文潜改任图书馆馆长，吴廷璆任总务长。学校设立了中文、外文、历史、数学、化学、物理、生物系和财经学科几个系科。同时成立了教师党支部，胡国定、范恩滂任正副书记，我与李赫喧分任组织和宣传委员。市委组织部任命我为组织员，对每个入党者进行一次审视谈话。

我为中文系、外文系学生开设中国通史课，自编教材。考试成绩改百分制为 5 分制。建立教研室即是此时学苏联产生的。当时花了很长时间讨论 5 分制优于百分制的理由。

## 10 月

**上旬**　一年前请杨寿钧授课，组织全校教师分批突击学习俄语，因我于 1949 年已开始学俄语，学校指定我负责。多数教师有英语基础，学习效果甚佳。我曾写出突击学习俄语的经验，发表于《天津日报》。

**9 日**　次子魏晓明诞生。

## 冬

冯文潜、郑天挺、雷海宗经常在雷家中谈论图书建设问题，我也参与，商讨向天津藏书丰富之家征集书籍，购置必要的书和刊物。

---

① 北京师范大学中文系、南开大学中文系编：《李何林纪念文集》，文化艺术出版社 1989 年版，第 74—75 页。

# 1953年　29岁

### 4月

带领1956届的李义佐等赴北京参观全国基本建设出土文物展和马克思主义在中国的传播展览。参观活动共3天，住沙滩红楼。

### 5月

14日—17日　随郑天挺赴北京走访历史博物馆沈从文、故宫单士元、人民大学尚钺。

### 10月

学习《中国共产党三十年》，以《毛泽东选集》为基本教材，遇到问题经常请教刘披云。刘为学校党总支书记、常务副校长，早年留日，延安时期的老干部，有译书出版。

### 11月

24日　女魏小静出生。

### 12月

学习党在过渡时期的总路线，学习材料是《为动员一切力量把我国建设成为一个伟大的社会主义国家而奋斗》。

## 是年

为外系讲授中国通史。

每周去马列主义夜校听课一次，地址在天津大学礼堂。

雷海宗为我、陈梆、赵书经在他家中开设西周和秦汉史。王玉哲、杨志玖也参加听课。

为提高教学质量，与郑天挺商议加强集体备课，发挥教研组作用。

# 1954 年　30 岁

## 6 月

随郑天挺赴北京，往北海团城文物局访郑振铎。郑建议南开大学历史系设立博物馆专业。此意见与去岁沈从文所谈不谋而合。

## 暑期

外文系部分教师对系主任不民主作风有意见，产生了对立情绪，发展到在全校学习总路线会议上爆发出来。学校领导做出错误判断，将之定名为"外文系事件"。暑假中对三四名教师分别进行批判，其中也有同情组组员，南开的同情组因此不解而散。几位教师也随之离开原教学岗位，陈迺、巫宁坤离校，查良铮调到图书馆，我请周基堃来历史系任教，张镜潭调到中文系。

## 9 月

晋升为讲师。

## 是年

对南明史的书籍涉猎较多，趣味浓厚。考虑以其为研究方向，多次向谢国桢请教。

# 1955 年　31 岁

## 6 月

月初学习胡风材料的按语，接着即展开"肃清反革命分子运动"。

## 11 月

去北京参加孙中山纪念会，在孙中山先生衣冠冢遇鹿钟麟。他时在天津小白楼一带做街道工作，表现颇积极。稍作交流，谈及1925 年孙中山北上时他是如何欢迎的及当时之仪式。其时他任北平卫戍司令职。

## 是年

逛旧书摊最多，每次去天津的劝业场和天祥商场、北京的琉璃厂和隆福寺，总要买一些。王黎工资较高，大部分用于购书。

# 1956年　32岁

### 1 月

**14日—20日**　中共中央在北京召开关于知识分子会议，向全国人民发出"向科学进军"的号召。学校在大礼堂召开"向科学进军"大会，几位教师发表自己的进军计划。各学科召开学术讨论会，在学生中则展开了"红与专"的大辩论。我也参加历史系同学在马蹄湖边举行的辩论会。

### 5 月

**28日**　中共南开大学委员会成立，楚云为党委书记，我为委员。原总支书记王金鼎调市委文教部任副部长。部长仍为梁寒冰。

### 6 月

**23日**　谢国桢《黄梨洲学谱》第二次印刷，赠我一本。

**是月**　郑天挺开完全国教材会议返校后，历史系根据教育部颁教学大纲、教学计划设立了三门新课：史学概论、物质文明史、中国现代史，授课任务分别由郑天挺、雷海宗、魏宏运承担。雷海宗的物质文明史1952年就讲过，我的是新课没有教材，我开始阅读《新青年》、《向导》杂志，购置了《胡适文存》、《独秀文存》、《冯玉祥日记》等，查阅海关册、《北洋政府公报》，逐步充实自己，渐渐理出眉目。

## 9 月

秋季开学，学制由四年改为五年，历史系入学人数陡然增加。在"向科学进军"的号召下，入学新生中调干生占了很大比例，高中应届毕业生仅占 1/10。另一特点是南方人占的比重较往年大。调干生助学金分两类：一为 29 元，一为 25 元。伙食费每月每人缴纳 12.5 元。南开学生伙食之好，在华北高校中是驰名的，每餐四菜一汤，8 人一桌，主食随意。

## 10 月

成立亚洲史教研室，吴廷璆任教研室主任。吴当时还兼任学校总务长。

历史系实行党政工团会议制度，每周六 11 时商讨系务，由我主持，系主任郑天挺、工会主席王玉哲、团支部书记李义佐参加。此制度维持到 1957 年夏反右开始。

## 是年

全国教师评定工资，分十二级，各职称间交错一级，一、二级由教育部指定。历史系属一级的为郑天挺，二级的有雷海宗、吴廷璆。全校一级的还有杨石先、邱宗岳、曾鼎龢。我被定为高教六级，月工资 106 元。

# 1957年　33岁

## 1月

迎新团拜会上郑天挺号召青老年教师团结互助,提出"青老合作,相得益彰,青老分家,两败俱伤"。是时,历史系老中青教师关系十分融洽。

## 2月

为1957级学生开设选修课八一起义。

## 5月

整风反右运动开始。师生学习《人民日报》社论《为什么要用和风细雨的方法来整风》。各级组织开会征求意见,号召大鸣大放。群众自发召开"自由论坛",张贴大字报。历史系学生在"胜利楼"一楼大教室举行的辩论会上,有称赞三权分立的,有指责"肃反"运动的,有大谈资产阶级民主的。北大学生谭某某来校煽动,一时南开校园大乱。闹得最厉害的是程京问题,称"程京事件"。程是物理系教授,曾留学英国,因疾病脖子已歪,肢体畸形严重到不能授课。一些人将其病因归罪于共产党,不明真相的信以为真,附和之,大闹起来,学校领导解释真相也不能平息。雷海宗被历史系学生会请出在大礼堂演讲,抨击谭某某,谈及哲学问题,指斥谭说:"你去问过贺麟没有?"谭无言以对。雷最后的结束语是:领导我们事业的核心力量是中国共产党,指导我们思想的理论基础是马克思列宁主义。南开校园气氛趋于平缓，谭某某离去。其时在部分师生中有一种看法，即不应让资产阶级知识分子雷海宗上讲坛"放毒"。历史系在鸣放中声势较大，引起学校领导的注意，遂派遣一名干部至历史系领导学生的反右斗争。我负责教师的反右工作。

此时，党内传达毛泽东两次谈话，即《关于正确处理人民内部矛盾的问题》和《事情正在起变化》。

## 6月

《人民日报》发表《这是为什么？》，开始反击。历史系向学生讲政策，澄清一些事实，说明学生所提意见有的是正确的，有的与事实不符。各年级党支部组织批判学生中一些过激的言行。

## 年底

学校决定各系成立党总支，宣布我为历史系总支书记。我感到工作太重，要求学校派一专职书记。

## 是年

1955级学生范曾申请转学中央美院。我与郑天挺多次研究，以其艺术才华能得到培养与施展，同意其要求。此为新中国成立后南开大学学生转学的唯一一例。

谢国桢说周扬让他到中国科学院历史所工作，尊重他的选择，离开南开。

# 1958年　34岁

　　年初，学校调已在数学系工作一个多月的李云飞来历史系担任党总支书记，我为副职。后又调入李玉芹和李琛两位专职副书记。我减轻了党务工作的负担。十余名青年教师包括傅贵九、李义佐、王敦书、向燕生、娄曾泉、李景云、孙香兰等，下放劳动锻炼，地点在西郊区大韩庄。12月8日返校。

## 2月

　　反右斗争进入定案处理阶段。

　　雷海宗因两个问题遭受全市、全国的批判：一是认为1895年后马克思主义停滞；二是否定中国有奴隶制。他是康生点的名。此外，教师被打成右派的还有3名，有的还因为替雷辩护而得咎。学生中各班级状况不一，有的班一个也没找出来；有的年级共100人有余，定了10名右派；并非所有班级都按5％来定。1954级有一位刘光胜，自幼失怙，母亲佣工于一资本家。他曾写信去劝说资本家放弃"定息"，做个红色资本家。就因这件事，反右结束后受到批判，错划为右派。在运动中我也伤害过别人。当时研究生较少，归教师支部管。教师支部是我负责，我曾努力保护了我的一位老师杨志玖。有一位研究生是错划为右派的，是2月份才批判的，他在鸣放中，并无什么"言论"，多是在北京大学本科学习时说的一些话。

## 2月—6月

　　为1959届学生讲授中国现代史。

## 6月

**17日**　随全系师生到北京十三陵水库工地劳动一天。

## 7月

**23日—29日**　是年暑假被称为"共产主义暑假"。部分学生参与编写中国现代史大事记，我从天津图书馆（黄子坚为馆长）借来全部《益世报》；部分学生参与编写亚非拉民族解放运动史；有的去学校图书馆整理编写书目；有的到学校印刷厂学习检字排版。《毛泽东论历史科学》、《清实录经济资料选编》就是参与的师生完成的，后经再整理，中华书局正式出版了《清实录经济资料选编》。

## 8月

"拔白旗"开始。学生给教师贴大字报。铺天盖地而来的大字报把大中路全铺满了，实际没人看。浮夸风、形式主义开始。我也在被拔之列，"右倾"、"白专"是我致命的"错误"。

全国处于建立人民公社的高潮中。历史系个别干部也在历史系一个年级中建立了"人民公社"。

**13日**　毛泽东视察南开大学，全校师生闻讯拥到中心花园。毛主席正在参观离子交换剂工厂，我也挤到人群中。因为秩序不好维持，天津市领导请毛泽东上车至天津大学。我们又跑到天津大学行政楼前广场。毛泽东在那里向群众挥手致意。

## 9月

中共中央和国务院提出：党的教育工作方针是教育为无产阶级政治服务，教育与生产劳动相结合。历史系师生走出学校，大部分去开滦五矿（唐山、赵各庄、林西、马家沟、唐家庄）以及唐山机车车辆厂、山海关桥梁厂、秦皇岛矿务局和井陉煤矿；还有一部分去白洋淀和解放军驻津某部。1956年入学的学生则到天津郊区调查义和团运动。我当时在历史系负责教学和科研工作，上述各地我都去过，下过开滦和井陉矿井。在赴白洋淀途中看到田地里庄稼无人收割，据说人们都挖水库去了。我与各地师生一起商讨如何根据访谈记录、口碑资料编写史书问题。有的已成书，有的存为资料。

关于义和团的调查，是与天津市历史博物馆合作的。馆长柳心热心此事，予以经济资助，征集到的实物全部归入天津市历史博物馆馆藏。资料尔后出版，书名为《天津义和团调查》[①]。

## 10 月

**23 日**　和历史系教师一起参观新立村号称亩产 12 万斤的稻田。在"人有多大胆，地有多大产"的浮夸风影响下，该村将已成熟的水稻集中于一块地上，拉上电向地里通风，并用一些树干支撑着。参观者有人怀疑其真实性，有人直接说这是弄虚作假。新立村公社成立于 1958 年 8 月 23 日，是"大跃进"的产物，当时有 7 个乡、32 个农业合作社，共 50 多个自然村、1.2 万户、6 万人、12 万亩土地。

## 11 月

**19 日**　历史系学生包括 1958 年入学的共有 200 多人次，赴塘沽海河入海处劳动一周。

年终，历史系大批师生赴河北饶阳五公人民公社、开滦五矿、唐山机车车辆厂南厂、秦皇岛港等处编写"五史"（厂、矿、村、家史，另一"史"忘记）。1959 年 3 月陆续返校。

## 是年

成立明清史研究所，郑天挺任所长。

---

① 1990 年由天津古籍出版社出版。

# 1959 年　35 岁

**春**

学校恢复正常教学秩序，强调"精雕细刻"。历史系按部就班上课。副教务长滕维藻来系与郑天挺和我研讨严格执行教学计划。郑与我在面向师生的各种会议上，继续强调攻克两座大山——外文和古文。为了鼓励学习，我曾在一些场合表扬过几位学习好的学生，称赞过夏家骏《毛泽东选集》背得好，沈沅文章写得好，也不点名地批评过不好好学习的学生。

**5 月**

28 日　周恩来视察南开大学，在图书馆东侧广场向全校师生讲话，师生均听得入神。他要大家心里装着 6 亿 5 千万人民。这个数字，一乘一除，就知道我国的建设是很艰难的，应正确处理好国家、集体与个人的关系。

**6 月**

带 1961 届学生到北京教学实习，于十三陵遇郭沫若，蒙郭老垂询实习状况。

**月底**　全校学生分为两部分，大部分赴各厂参加"超声波化"活动，小部分在校搞"教学革命"，而这小部分师生以学生为主，自编教材、教学大纲，准备开学使用。

**9 月**

从本学期开始历史系分三个专业，即中国史、世界史和中共党史，原学校马列部的中共党史和国际共运史教研室教师在体制上也划归历史系。和郑天挺研究决定，采纳郑振铎、沈从文的意见，在历史系建立博物馆专业，派娄曾泉、左志远去北京文化学院学习有关知识。

经河北省委省政府批准，学校盖一主楼供文科各系使用。校方多次召开会议，讨论决定动员学生参加劳动，规定历史系新入学的学生劳动一个月，推轱辘车由西大坑运土为主楼奠基。我多次赴工地看望同学。

### 寒假

学校传达庐山会议（中共中央八届八中全会）精神，阅读庐山会议文件。随之联系实际，来势甚猛。先是市委不同意校党委书记高仰云关于南开大学没有"右倾"机会主义分子的汇报，随后矛头指向楚云、张义和，基层则是我和知识分子出身的几个党总支书记。学校为受批判者每人辟一专栏，供参与者张贴小字报。我是历史系重点批判对象，被列为榜首。党内批判整整一个月，几乎每天批判到晚上 12 时。因我讲课从来不用讲稿，于是发动学生查阅听课笔记，整理出所谓授课理论"十大错误"。最后我只好带领两位代表于晚 10 时后到我家，一一对照《毛泽东选集》指给他们看，方停止教学上的批判。最终还是归纳了八大问题：诸如包庇雷海宗等；向资产阶级投降；依靠资产阶级知识分子；打击工农兵学员；走"白专道路"；讲课引用《金陵春梦》、《侍卫官杂记》，不是正史，哗众取宠；倡导攻克两座大山，不要马克思主义等。

年底，教职员普遍提高工资，我因遭批判被排除在外。

### 是年

历史系教师有 47 人，学生 365 人。

# 1960年　36岁

## 2月

借调到天津市历史研究所。所长由市委文教部部长梁寒冰兼任。梁早年在北京师范大学学历史，是一二·九运动领导人之一，也是延安的老干部，1958年创办天津历史研究所。因都是《历史教学》编委的缘故，经常在一起开会，念及我在南开处境困难，他遂借调我到他领导的单位工作，为他撰写的《中国革命史》写部分草稿。时《历史教学》由左健代管。为《历史教学》归属问题，左健和鲁滨经常争辩，左健想归历史所，鲁滨则坚持独立。而南开历史系师生此时几乎都去河北省曲周县参加社教运动，生活很苦，每人每日4两粮食，其余不足部分号召采取瓜菜代替，实际上是无瓜也无菜，人人浮肿。

## 春

部分师生赴河北饶阳五公人民公社编写《五公人民公社史》，带队者为张义德。

## 12月

月底我已不在学校。南开全校师生分赴河北省农村参加"反五风"（"共产风"、平调风等）为中心内容的整风运动。因校内浮肿者不多，各系只留下极少师生组成寒假工作组，监督浮肿师生早睡晚起。

## 是年

城市里粮食、布、棉花、食油、糖、肉均实行凭票证定量供应。布票每人每年 1 丈 6 尺，粮食每人每日平均 1 斤，蔬菜供应极少，浮肿病患者普遍存在。

# 1961年　37岁

## 春

被学校调回历史系工作，任党总支书记。原总支书记与一位总支干部调离。根据"调整、巩固、充实、提高"的八字方针，原计划设立的博物馆专业和中共党史专业同时停办；劝令仅学习过一年就调出任助教的十几名学生回本年级继续学习，留下仅1人。我们每周召开一次党政联席会议（1956年10月曾实行党政工团会议半年多），研究有关系务的各种工作。

历史系在"大跃进"中犯有浮夸风的干部，对自己也有了认识，表示愿意纠正。工作上思想上都能团结起来，逐渐澄清了1958年以来的"左"倾思潮。

暑假带三个孩子回陕西老家探望。王黎在铁路工作了几年，每年有两张免费火车票可用。农村很苦，整天吃南瓜。

## 9月

学校传达周恩来、陈毅在广东文艺工作座谈会和故事片创作会议上的讲话，中心是纠正文艺工作中的"左"的倾向，取消戴在大部分知识分子头上的"资产阶级知识分子"的帽子。历史系师生的心情极为舒畅。

校党委令组织神仙会，郑天挺、雷海宗、杨志玖、杨翼骧、辜燮高、林树惠参加。我与于可与会，宣布采取"三不主义"（不抓辫子、不戴帽子、不打棍子），让大家畅所欲言，吐吐怨气。我这个"白旗"还代表组织向被拔过"白旗"、受到不公正批判的老教师赔礼道歉，一一进行个别谈话。

**15 日**　教育部发布《高教六十条》，规定了高校的方针任务。学校据此制定出南开大学的学则，包括奖惩、留级、退学的条例，全系讨论执行。

## 冬

学校制定出培养教师计划，以加强教师队伍的建设。学生对某些教师授课意见突出的，允许做调整。历史系也发生过反对某某教师上课的事，这是新中国成立后我工作中遇到的第三次。每次都是发生在教师严格要求学生时，学生对老师也就同样提出严格要求。教育事业发展迅速，入学人数猛增。教师多为年轻的，他们还缺乏教学经验，然而学生的意见也是不能忽视的。经反复思考研究，学校同意几位年轻教师暂不授课，作为助教随堂听课。对中年教师培养也有重点，每个系选取两名。我列为其中之一，主要是给予时间上的保证。

## 10 月

市委打来电话，限三天内写好材料为雷海宗摘"右派"帽子。

## 是年

生活资料极其缺乏，特别是食物，几乎所有家庭都不得不定量分食。国家为高级干部和教授每人每月配给一定数量的肉和蛋，中层干部和讲师配给糖和豆各 1 斤。前者被戏称为"肉蛋干部"，后者称为"糖豆干部"，我被列入后一类。在如此困难的状况中，凡是对自己生活上有帮助的人和事，是会永远留在记忆中的。记得吴廷璆曾送我鸿业饭店的菜券，王鸿江从河南他老家带来的鸡蛋分我一小篮，李绍基把他香港家中寄来的挂面也分给我。

# 1962年　38岁

## 年初

为提高青年教师的古文水平和响应毛泽东读《资治通鉴》的号召，在经费并不宽裕的情况下，系资料室购进《资治通鉴》20套。此后又陆续购进《申报》、《东方杂志》等重要报刊。

## 2月

学校党委传达了"七千人大会"上的报告，党内组织学习讨论。毛泽东说，"必须健全党内民主集中制，加深认识社会主义建设的规律"，并做了自我批评。

党内民主空气浓厚起来，南开大学党委因李琛历史问题展开讨论，观点产生分歧，高仰云为一方，何锡麟、娄平为一方，激烈争辩。四五个月里几乎天天为此事开会，党委委员、总支书记必须到会，我除上课外，时间全用于开会了。

据党的政策方针的贯彻及学生的殷切希望，征得本人同意，请雷海宗抱病授课。历史系为之轰动。大家素知雷学贯中西，早早候在教室。雷的授课，声如洪钟，口若悬河。肖黎撰写的《虎坊桥随笔》，记述了雷海宗授课的情景：

上课铃响后，只见一位小老头拄着拐杖，一步一步地挪动着双腿，吃力地坐在讲台后的一把椅子上……他上课什么也不带，却对历史事件、人物、地名、年代都十分熟悉，脱口而出。他的外文极好，一会儿是希腊文，一会儿又讲一个词语如何从希腊文演变为拉丁文、英文的，斯拉夫语系有什么特点，侃侃而谈。[①]

## 4月

中共中央发出关于加速进行党员、干部甄别工作的通知，指出：凡是在"拔白旗"、"反右倾"、民主革命补课运动中批判和处分完全错了和基本错了的党员、干部，应当采取简便的办法，认真地迅速地加以平反。以此为根据，对照历史系几年来的各项运动，清查工作中的错误，落实政策。

为保证教学不受干扰，我决定周一至周六上午，系里不准开任何会议。党、政、工、团所有会议全部集中于周六下午。

## 秋

至武汉，查阅1927年武汉政府的《民国日报》，发现于湖北省委党校，阅读、抄录卡片费时月余。宿于武大，得到吴于廑、萧致治相助，据此才得以开设了有关武汉革命政府的选修课，完成了数篇有关武汉革命政府的论文。

## 12月

**25日**　凌晨，雷海宗病逝。根据市委统战部意见，历史系举行小型追悼会，20余人参加。我致悼词。王敦书一人陪家属去火化。

## 是年

请老教师开设文化史专题讲座，如王玉哲的"中国三大史料的

---

[①]　肖黎：《虎坊桥随笔》，兰州大学出版社2003年版，第256页。

发现"，杨翼骧的"中国史学史简介"，每两周一次，青年教师和研究生自由参加。

郑天挺和我请吴晗来系演讲"历史人物的评价"。会后，郑宴请于鸿业餐馆，梁寒冰、何锡麟、滕维藻、吴廷璆、杨翼骧和我作陪。

## 1963 年　39 岁

### 4 月

历史系全系学生开大会，批评某同学嫌弃贫父的现象。他父亲是农民，穿着陈旧破烂，来学校大门口传达室看他，他竟说是他家的长工。

### 5 月

市委派"四清"工作队进校，历史系与中文系干部编为一组，主要清理中文系党总支书记姚跃和我。其根据是学校组织部门有倾向的错误介绍。重点批判我的"右倾思想和白专道路"，方式粗暴，不准申辩。所举"右倾"的主要例证是发生在两位学生间的一件事。两位学生住同一宿舍，由于生活上的矛盾发展成动手打架。出身不好的叫叶某某，业务很好。系里有的人硬说是"阶级报复"，我不同意。为此我在系里被批判多次，组织部长邢某某不依不饶，长达半年。叶某某关于我走"白专道路"的"定论"也非一日了。早在 1957 年"反右"后、1958 年春已有这一说法，其来源也是出于一件偶然的事。我因双肩挑，除党和行政工作外，还需备课上讲堂。一次组织部长王某某找我开会，遍寻不得踪影。有人告诉他："他大概在图书馆书库里。"王部长果真从书库里找到我，他气愤已极，逢人就讲，大会小会点名。经过此次系统的批判上纲，"右倾主义"、"丧失立场"和走"白专道路"的帽子牢牢地戴在我的头上，是南开大学尽人皆知的"老右倾"。"四清"工作队负责人找我谈话，第一句就是："我来问你，你是'党员'还是'教师'？"
关于两位同学打架事，还专门组织了调查组，有无结论，不曾向我
宣读过。

## 6月

教育部下达应届毕业生分配方案，历史系毕业生分配名额多在
东北煤矿，与专业不对口，很不理想。负责分配工作的校党委副书
记翟某某又徇私情，将其战友之子、业务水平很差的王某某，强行
分给天津大学，为历史系毕业生分配工作造成了很大困难，成为历
年来历史毕业生分配最不平静的一年。我的抗争不但未得任何效
果，反而埋下了祸根，"文化大革命"中差一点被王某某等3人打死。

## 8月

河北省暴雨成灾，水库爆满。太行山中岗南水库等被冲毁。冀
中平原许多县如清苑、献县、文安、静海均遭水患。天津形势严
峻，全市动员起来，学校青年教师和学生到西郊筑堤或加固原有堤
防。根据学校领导的布置，我组织历史系住平房的教师连同其书籍
和财物搬到主楼或就近的二层楼以上的同事家中。我的几箱衣物寄
放于北村诸庆清家。

## 9月

唯成分论思想严重，今年入学新生均为贫下中农子弟，成分高
的不予录取。

为1964届学生开选修课土地革命史。

# 1964年　40岁

## 3月

历史系成立美国史、日本史和拉丁美洲史三个研究室，分别由杨生茂、吴廷璆、梁卓生负责。

## 暑假

在小白楼音乐厅听刘少奇、王光美做"四清"报告——桃园经验，刘少奇讲了几句话后便说请王光美同志来讲。

《毛泽东语录》出版，上级号召，群众自觉，都在背诵语录，特别是老三篇《为人民服务》、《纪念白求恩》、《愚公移山》，几乎人人会背诵。我认为学习老三篇不能等同于学习毛泽东思想。

## 9月

**11日**　中共中央、国务院发出《关于组织高等学校文科师生参加社会主义教育运动的通知》，历史系师生除部分已参加半工半读者外，也随学校分赴霸县煎茶铺、丰润老庄子参加"四清"工作队，参加社教运动，前者是经济系党总支书记陈建华负责，后者为外文系党总支书记李进负责。我也曾前去看望过他们，了解情况，听取汇报。老庄子镇生活资料之匮乏，是出人意料的，连吃饭的碗筷都买不到。我和李进共用他的脸盆吃饭。

**是月**　根据刘少奇提出的两种劳动制度、两种教育制度，实行半工半读，学校决定历史系从本年度入学新生开始执行。历史系经过调查、比较，选择了东亚毛纺厂为教育基地。刘泽华、于可、王金堂为领队，时间分配：一周劳动，一周在校上课。另一基地选在铸锻件厂，由张友伦、李义佐、李琛、薛蕃安、左志远负责。当时强调"三同"：与工人同吃、同住、同劳动。讲课教师如吴廷璆、张象、李绍基等，有一段时间也住在铸锻件厂。

# 1965年　41岁

### 3月

到北仓铸锻件厂了解、研究半工半读情况。

### 6月

历史系党总支会议上，决定撤出铸锻件厂，学生半工半读集中于东亚毛纺厂。因后者距离学校较近，教学容易安排。

### 7月

和娄凝先、左志远去西安西北大学历史系，学习半工半读的经验。他们选的基地在渭河畔的草滩，距学校较远。时，西安市市长时逸之是娄凝先在太原监狱坐牢时的难友，安排我们去乾县武则天陵墓参观。

### 8月

26日　根据学校党委决定，下一月全校师生到沧州地区参加"四清"运动。是日，我向历史系师生做了动员报告。

### 9月

8日　讨论"四清"工作队员15项守则。

11日　与总支副书记李琛率历史系师生到河北省参加"四清"

运动。历史系总支副书记宫春彦因常年生病，与团总支书记王明江留校，负责东亚毛纺厂的半工半读。学校的总领队是娄平、冯伟，一部分师生分配到沧州，一部分到盐山。跟随娄平在沧州的有李国骧，在盐山的有王鸿江等人。历史系被分配到盐山，同去的还有数学系、经济系以及校行政部门。

**13日—28日**　在盐山县城集训，学习"二十三条"即《中共中央关于农村社会主义教育运动中一些具体政策的规定》，华北局制定的《关于华北农村"四清"运动的若干问题》，以及《河北省委关于第一期农村"四清"运动的基本总结》，强调"以阶级斗争为纲"，狠抓两条路线斗争，整党内走资本主义道路的当权派；规划进村的安排。盐山"四清"工作团及分团领导班子由工作团和县委共同组成，负责人是任丘县委书记张书林，我为成员之一。工作团下设工作队。盐山各工作队成员由任丘干部、南开师生组成。历史系师生被分配在城关公社和卸楼公社。老教师吴廷璆、沙林等安排在城关公社，中青年教师多去卸楼公社。

盐山属盐碱地区，地瘠民贫，农作物产量很低，居民家家熬硝。县城仅有粮店、供销社、百货店、理发店、洗澡堂各一家。硝盐自用或出售，有的用以制鞭炮。群众生活极为艰难。西隅有一家原是地主，当时还经营一点小生意，到周围各地的集市中买卖点东西，生活尚属富裕。一般群众除吃用自产粮食外，别无甚可卖之物。我和杨志玖、杨翼骧、王成彬住城关西隅，有两个月一天三顿都吃红薯。后来，工作队自己办伙食，生活有所改进。

工作队进村，首先是宣传"二十三条"，让群众知道"四清"运动的目的。成年人按生产队被组织起来听讲。村团支部动员青年唱革命歌曲，还根据"四清"内容编成快板。大队和生产队干部都是"四清"对象，首先要"靠边站"、"洗手洗澡"，由临时组成的积极分子查他们的账目；干部则清政治、清思想。工作队员当时以阶级斗争和两条路线斗争为纲，采取访贫问苦的方式，寻找走资本主义道路的当权派。我所在的大队，最终没有发现有走资本主义道路的当权派，账目不清是有的。村中迷信盛行，发现的倒是有巫婆招摇撞骗。

# 1966年　42岁

## 1月

19 日—2 月 7 日　春节期间不放假，也不准请假，根据河北省委的意见，"四清"工作队就地过春节。分在各公社参加"四清"的南开师生回盐山县城休整集训，总结进村以来的经验和收获。

## 2月

春耕开始，工作队率领社员到地里挖沟渠、春耕，为的是能使盐碱地增产。挖沟渠的办法是从其他地方学来的，西隅社员对此表示怀疑，经反复讨论才勉强下地耕种。

## 4月

26 日—28 日　参加盐山"四清"工作团党委扩大会议，张书林主持，中心议题是如何突出政治；总结工作中的经验和差距；搞好思想建设和组织建设。各分团汇报多为所在地区学习毛泽东著作的情况，如许多农民能背老三篇，写语录牌，有的举办讲用会，有的开展政治与业务大讨论。反映出的问题多为工作队干部工作作风不民主等问题。

29 日　上午 8 时至 10 时半，参加电话会议。张书林讲话，主要内容是全民整党运动，突出党的思想建设与组织建设。村干部要写出鉴定，从 1960 年或 1962 年算起，对蜕化变质的党员应开除。

下午，参加盐山"四清"的外县干部韩进光讲关于革命接班人问题。

## 5月

**9日**　关于西隅大队全民整党情况：西隅大队成年人共311人，参加整党受到教育的为266人，45人未参加。有的群众说，不能光批评党员，我们自己也得好好干。给西隅大队党支部提的意见是：有的党员在"四清"运动中无变化或变化不大，因此党员登记中，有人应缓登，有的应给予处分，有的则不准登记。

**22日**　从3月开始，娄平、冯伟相继返校，盐山"四清"的收尾工作由我负责。娄平返校前嘱咐说，要抓好总结，由各分团提供原始材料，总结中应提出经验，好人好事的典型材料可汇集交总部王鸿江。总结由邓汉英、乔沙、郭锺毓、纪凯林和我共同完成。

**25日—26日**　臧伯平、娄平从学校发来通知说，计划6月返校后要举办一次学习毛泽东著作展览。颇感时间紧迫，我于是积极听取各分团领导人的汇报，包括望树、卸楼、刘范、王可忠、马牛等公社分团。

**29日**　参加电话会议。张书林传达省委指示，讲建立村领导核心是有斗争的，特别是宗族与宗族之间，解决这一矛盾必须用毛泽东关于阶级与阶级斗争的指示，进行阶级教育；选革命的人当干部，一定要把"四清"中表现好、学习毛著好、大多数贫下中农拥护的选上；运动进入生产建设阶段，要抓生产管理上两条道路、两种思想、两个方针（自力更生还是依靠国家）的斗争；在粮食分配上实行政治挂帅与奖励相结合的方法。还指出，"四清"工作组工作中有少数人松懈了，不认真坚持"三同"，违反纪律的情况亦时有发生。

**31日—6月1日**　召开领队会议，商讨鉴定和返校事宜，决定6月3日—5日宣布返校，10日—13日做好鉴定。离村时应做好安排，善始善终。盐山的全面总结，由我和郭锺毓等已拟出初稿，返校后的文艺汇报演出节目也已准备就绪。

## 6月

**15日**　返校途中，我还在张罗照顾师生的安全，火车到达天津站时，各系派人迎接。大家欢呼胜利归来。独我一人无人理睬，我自己扛着沉重的行李爬上汽车，一时处于懵懂之中。回到家中，刚放下行李，立即有人打电话来，传来的是六个字："魏宏运，你混蛋！"

**16日**　清晨去历史系，情况大变。历史系所在的主楼二楼，从东到西，走廊及教室，贴满了大字报，连点缝隙都没剩，而且无一张不是为了"迎接"魏宏运的。最耀眼的是贴在最显著位置上的一张通栏大字报，写着"打倒历史系最大的走资派魏宏运"。我接到的第一道命令，是总支副书记让我交出所有的党内文件。

我花了几个小时时间，看了一圈大字报，95%的内容都是水分和无中生有，关系教学科研的占有很大比重，多是歪曲事实或断章取义。我在课堂上引用毛泽东著作的地方被掐头去尾，或恶意解读我的论文，说写武汉国民政府是配合蒋介石反攻大陆。看完以后，我心情反而坦然，并不紧张，因为所指的事，我都有根据，都可以说清楚，还是"心里没病，不怕冷黏糕"的天真想法。

历史系"领导"在我返校前专门向师生做了布置：1.大字报要贴满主楼二楼；2.魏宏运回来不要和他握手。在毛纺厂半工半读的师生，因此提前撤回来，大家彻夜写大字报，据说花了3天3夜时间。校党委曾动员"乱箭齐发"，历史系是箭发而不乱，绝对集中。

**是月**　"四大"充分发挥效力。"四大"是大鸣、大放、大字报、大辩论。南开大学和天津大学是天津市"文化大革命"带头羊。《天津日报》接连在头版抛出三篇整版文章，大字标题是《打倒娄平》、《打倒李曙森》、《打倒吴大任》。娄平是南大党委副书记，李曙森是前天大党委书记，吴大任是南大副校长。校系党的领导仍然坚强，受到"革命群众"坚决拥护。"五七反右"给党员提意见被打成右派的教训，影响着人们的意识。

学校党委抛出了"何（锡麟）娄（平）黑帮"，我是成员。校党委组织以刘世凯为首的9个人在图书馆整理黑帮成员资料。

## 7月

校党委铅印了我、滕维藻、郑天挺、李何林、李霁野等6人（另一人忘记）的"罪状"单行本，16开，在校内散发。我的罪状是"执行修正主义路线，招降纳叛，白专道路，打击工农兵学员"。

家中电话被拆掉。晚上有人持枪监视我家。老教授们人人自危，路遇偷眼相视不说话，脚步也不敢慢下来。在一僻静处遇黎国彬，他脚步不停说了一句："晚上别说话。"他看见有人蹲在我家窗下。邻居崔家的孩子白天站在房顶上监视。

历史系开了多次斗争会，认定我是"黑线"上的人，并高喊"把魏宏运揪出来了"。高音大喇叭也频频勒令我于某时到某地交代，若不去就砸烂"狗头"。来势之猛，进展之速，斗争手段之多样，完全出乎意料。历史系已揪出了一帮"牛鬼蛇神"，把他们放在一起，号称"牛鬼蛇神组"，大半是老先生及被认为是可划作地、富、反、坏、右的人，是些"死老虎"。那些没有瑕疵的是基本革命群众，单独在一起。还有的人两边都够不上，属于中间人物，放在中间组。我是哪组都没资格，被定性为历史系"三敌一霸"，"三敌"是郑天挺、巩绍英、魏宏运，"一霸"是于可。"三敌一霸"是梁某某的发明。

揭发我的"反党罪行"从深度、广度上开展起来，于是说我"网罗牛鬼蛇神"，是历史系"牛鬼蛇神"的大红伞、保护伞。"牛鬼蛇神"中也有来凑热闹的，有人出来说，他是怎样把魏宏运拉下水的；还有人说，魏宏运是怎样"网罗"他的。我被说成是执行"黑学则"的急先锋，打击迫害青年教师，把他们"赶"下讲台。于是有了控诉大会，群情"激愤"。

此时，离奇的神话出现了：一是魏宏运"销毁"毛著，开始尚无数目，越说越多，多到销毁了200套；一是魏宏运是大地主、大资产阶级、大军阀出身，于是魏宏运成了"深深隐藏在党内对党对人民有深仇大恨、阴毒的反党反革命反社会主义分子"。"画皮"一旦被揭掉，便"原形毕露"了。言之凿凿，不容置疑，声称："三大"出身是经"领导"批准，王某某从校党委组织部看了魏宏运档案的。我被归为"黑七类"。大字报贴到了天津东火车站及老家西安市。

随着我"级别"提升，对我的批斗会更多，离奇的内容也更加丰富。革命派更加振奋，有人高喊"打倒魏宏运！把魏宏运打入十八层地狱，让他永世不得翻身"。拳打脚踢已不算稀罕事。"三大"出身杀伤力最大，历史系的"革命"取得巨大的胜利。钉子已钉在板上，有些人可以松一口气了。

## 8月

6日　下午，党委书记臧伯平和邢馥德等7个人在行政楼召开中层干部会议，忙到深夜，布置"八七开花"，公开早先确定的"何娄黑帮"名单103人和应采取的手段。学校当局要抢在"十六条"公布之前行动。

7日　"八七"全校"开花"。各系同时组织批判会和游街，声势浩大。外文系的"开花"对象在主楼中厅水泥地上跪了一夜。中文系朱某某脸上被涂上墨水，手里拿一把扇子，于主楼中厅站在凳子上示众。历史系我是主要批斗对象，宫某某主持，梁某某做主要发言。罪名一大堆，包括青年教师下讲台，给工农兵学员不及格，僵持半年的"阶级报复"事件也有了定论。历史系两个同宿舍的学生打架，一个人出身好，一个人出身不好。出身不好的叫叶某某，参加过志愿军，学业很好。我认为这就是一般的同学关系问题，学校组织部认为是阶级斗争和阶级报复，对我进行长时间调查。"文化大革命"前几个月里，这件事把历史系搞得天翻地覆。这次批斗就把我的看法作为"罪行"之一。

**上旬**　开始扫"四旧"。许多家庭自行销毁"四旧"。我搜出家中衣物旗袍、器皿等在后院烧毁、捣碎。紧接着是抄家。我家被抄十数次，一大批书籍被抄走，说是抄"四旧"，但拿走的东西却都是新的或值钱的。王迈寄存的望远镜、照相机被掠去，还挖开我家的地面，说我藏有枪支。来人抄家后，我不再清理，让下一拨抄家者看，已经抄过了，有继续抄家发泄者，也有见乱走人者。连续半个月，家人就在衣服、被子、书籍上走路。附中学生闹得最凶，把沙发桌椅都拉到学校，堆满走廊。中文系华粹深是研究戏剧的，有许多珍贵唱片，全被砸碎，烧了两天半。我家夜不闭户，东西任"革命小将"随便拿。

**12日**　南开大学"卫东红卫兵"在天津师范学院宣告成立，发表了《卫东战斗队宣言》。开始时人数很少，负责人是周少华。周少华是国务院秘书长周荣鑫之女。周荣鑫受冲击后，周轩进接替了周少华。再后来是于泽光负责。"卫东"是造反派，冲击校党委，八九个月之后变成了多数。这一派包容性强一点，出身不太好的也可以加入。

**中旬**　在东校门内大中路南侧二三十米竖起大字报席墙，贴了庞大的"百丑图"。被丑化的干部、老教师有百余人，包括娄平、吴大任、郑天挺、滕维藻、何炳林、李何林、李霁野、鲍觉民、顾昌栋、姚跃、陈建华等，我是其中之一。每个人都被画成怪相，写上"罪状"示众。漫画极有水平，丑陋又形象，一看就知道是谁。显然这是校党委组织专才人士花大功夫搞的。这张"文化大革命"中南开最具艺术水平的大字报保存了很长时间。

系总支副书记带一学生，把我从家中拉出，穿上纸衣、戴上纸帽，脖子套上草绳，让学生牵着走。我妻子目睹此景，悲痛欲绝，愤不欲生。

每天的生活就是挂着"黑帮"牌子走着批斗—劳改—批斗—劳改的交替循环路线，来去时都打着幡，扫大中路，拔草。郑天挺没有手劲，拔草用牙去咬。"坐喷气式飞机"盛行。被斗者站在高高的桌上，头被按得低低的，两胳膊被扯住，往后高高扬起，但脸部不准冲下，得把脸让观众看得见。这种难拿的姿势叫作"喷气式"。把人塑成这种不合生理的姿态，确是一种"创新"。后来看报纸，得知是制服囚犯的特殊技巧。以后这种方式已程式化，每次斗争会不可或缺。我"坐喷气式"有十多次。

侮辱人、折磨人方法五花八门。长辫子剪掉一只，头发剃去半边，高跟鞋拿在手里走路，被游街者自举招魂幡，酱油、醋、盐碱、酒精兑成混合料迫人喝下去。历史系黎某某的岳母就喝过混合料，死前坐在马桶上吃东西。发明整人方法者公开炫耀，扬扬自得。女的比男的还粗野，显示"革命"。

21日　南开大学"八一八红卫兵"成立。起名"八一八"是因为毛主席在8月18日首次在天安门接见红卫兵。"八一八"成立较晚，但一开始就声势压人，坚决拥护校党委，只吸收"红五类"参加。9月初，总务处的工人组织"八三一赤卫队"成立。后来均并入"八一八"。"八一八"一年多以后被冲垮解散，余部"铁杆"组织"八一八红色造反团"，简称"红反团"，后来又简称"八一八"，占据第一教学楼为活动中心。后来的"八一八"人数虽少，但因"抓叛徒"而全国闻名，江青点名支持。

是月　我被"专政"，每天除在室外劳动外，被关在主楼一间屋内写"交代"材料，不准看报，也不准看给我贴的大字报。"牛鬼蛇神"中也有"积极分子"，每天打小报告。凡是被关押的人都必须排队到食堂吃饭，边走边唱"牛鬼蛇神"嚎歌：

> 我是牛鬼蛇神，我是人民的敌人。我有罪，我该死。人民应该把我砸烂砸碎，砸烂砸碎。
>
> 我是牛鬼蛇神，要向人民低头认罪。我有罪，我改造，我改造。不老实交代死路一条。

南开大学不少人自杀。中文系许政扬不堪屈辱投河自杀。到处传来死人消息，海河里天天有被冲上岸的尸体。8、9、10 三个月自杀的人特别多。

工资被扣，我 124 元月薪只发 70 元，王黎 101 元只发 30 元。算法是家里每人每月只给 12 元基本生活费。我家有保姆，工资算 20 元，再加上保姆生活费。有人命令我交出银行存折，见折子上只有几元钱，悻悻而去。家庭生活陷入困境。存款多的人家存折全被冻结。

邮局停止给"牛鬼蛇神"家送报纸。

粮店不供给细粮，只给"牛鬼蛇神"家庭"杂料"，就是棒子面。粮食本上贴一张白条作为标志。

历史系在主楼二楼一个教室举办"活人展览"，首展的内容是我的"罪状"，陈列了从我家抄去的精装本《西行漫记》、《续西行漫记》、《金陵春梦》、《侍卫官杂记》，国民党出版的有青天白日旗的《总理全集》、《国父全集》等书。郑天挺等人，还须天天到现场交代"罪行"。我是"缺席审判"。历史系声称，全市来参观的达 15 万—20 万人。这种"活人展览"，全国只有两个，另一个在杭州。

我被游街数十次。王黎在热工仪表厂也被游斗，剃光了头发。

每天早晨我和王黎分别时，都手拉手互相嘱咐千万不要胡思乱想，晚上一定再见面。王黎不能坐公共汽车，8月天又不能戴头巾遮掩，为免遭路人羞辱，天不亮就去上班，走十余里。下班等到天黑才往家走。为避人，走小路，穿过南大农场，都是庄稼和野草。一次她突然听到狼嗥，转眼间狼到了小路边，与她碰个正着，看见了两只绿眼睛，躲已经来不及了。幸好有人骑一辆破车，由北向南，嚓啦嚓啦地过来，狼才跑掉。

孩子上学有时要罚站，听到"狗崽子站起来"的吼声，就得站着。"红五类"进教室走前门，"狗崽子"走后门。我的儿子说："爸爸，我不会再长个了。"我每天心里像刀绞。血统论流行，"龙生龙，凤生凤，老鼠生儿会打洞"。"红五类"趾高气扬，"黑五类"受尽羞辱。8月—10月强迫老教授搬家或合并住房。不少系的当权者命令住所比较好的老教授搬出，或腾出一半住房，让青年教师搬进去。郑天挺被从原住房赶走，住进了不向阳的9平方米一间小屋。滕维藻被扫地出门，从北村七楼搬到十一楼，一家5口住在一间房内，只有几张床，什么东西都没有了。李何林也是扫地出门。杨生茂半个月被迫搬了两次家，先从西村搬到东村一平房，接着搬到北村一间朝阴的房子。历史系吴廷璆住房被压缩一半，杨翼骧、王玉哲也都压缩了房间。我的房子，他们也看过几次，两间房子中间仅以四片活动玻璃门隔开，实在不能再挤进一户人家。抢占住房持续约一年。

## 8月—12月

姜脱销。姜有加速头发生长功效，姜芽和嫩姜更易挤出汁来。被剃了头的"牛鬼蛇神"用姜汁抹头发。王黎每天晚上对镜往头发上抹姜汁，早晨上班前再用清水洗去姜味，如此做数月之久。孩子去买姜遇到的是异样眼光。

## 9 月

**21 日** "八一八"组织全校各系部分教师到霸县支援"三秋"，我被作为"靶子"拉去批斗，一路走，一路斗。我是南开唯一被拉到农村劳动批斗的。所在村牲畜缺乏，拉耧的任务就落在我身上。清晨往地里去，扛着耧，在地里拉耧，全身大汗淋漓，不给水喝。村里老乡给碗水，监管我的人举手将碗打落在地上。地是黑土地，脚踩下去，陷得比较深，很难拔出来，拉耧时鞋总被粘掉。老乡替我找来布条，让我系上，又遭到训斥。因为身体严重缺水，没过几天，我的宿疾痔疮因便秘而发作，坐骨神经疼也随之而来。每走一步都很艰难，咬着牙根，泪水往肚里流。他们休息时，就在地头批斗我。晚上收工，我得把耧扛回来。晚饭后，再组织村民批斗我，并"因地制宜"地将"黑帮分子"改成"富农分子"。批斗完，我还得写检查，不给盥洗时间。"监管"人员"尽职尽责"，连夜里上厕所他都"奉陪"。

一次，改善伙食。吃饭时，我又遭了殃。大家都快吃完了，我还在饥肠辘辘地垂手站立，等待他们讨论"肉，能不能给魏宏运吃"的"革命"决定。

## 10 月

月底，秋收完毕，返校时乘船。各系分乘十几条船，我被从一条船上拉到另一条船上，逐船批斗。我当时想，得活下去，事实终有被澄清的一天。

回到家里，家人说："你怎么这么臭？"我说："得赶快换衬裤，磨死我啦！"等脱下衬裤一看，裤子上有碗口大一片层层脓血结成的嘎巴。衬裤洗过后，那片地方也洗飞了。半个月来，他们不曾让我身上沾过一滴水。

## 11 月

**11 日**　斗争会经常开，已记不清多少次。这里仅记两例。历史系召开揭发控诉修正主义教育路线大会，黄某某、薛某某、许某某发言：

> 郑天挺、雷海宗统治历史系。来新夏把持中国近代史。雷和来都是市委有定论的人，魏还让他们上课。他们非常跋扈，把青年教师张宝训赶下台，排挤出学校。来新夏自己吹嘘有多少卡片。魏宏运对资产阶级不斗争，为雷海宗开脱，说雷1955年批判胡适时说的话不是那个意思。资产阶级知识分子待遇很高。魏宏运以系秘书、系助理名义出现，赤裸裸是资产阶级统治。
>
> 1958年冲击旧教育制度，批判资产阶级知识分子，下乡下厂，走向社会。党的领导加强了，大灭了资产阶级的威风。魏宏运什么态度？大字报说黎某某剽窃抄袭，魏让取下来。郑天挺算什么权威！魏说权威就是权威。在开滦时学习两篇（指《矛盾论》与《实践论》）魏说不能代替哲学整个课程。
>
> 魏宏运是资产阶级代言人。1959年魏受到批判，一直耿耿于怀；1961年又出现了反复，当时，以调整、"平反"为主，文科教材会、《高教六十条》，资产阶级知识分子对历史系的统治又加强了，雷等又上台放毒……

**30 日**　历史系召开控诉修正主义教育路线大会，某某某发言：

> 魏宏运吹捧资产阶级知识分子是一贯的。1958年以前是资产阶级赤裸裸的统治，为所欲为。魏习以为常，喊雷海宗"雷老"，说雷懂几种外国语；还要学生向郑天挺学习。
>
> 对1958年教育大革命冷淡、抵制。1961年贯彻"刘、邓反动教育路线"，是对1958年的反攻倒算，说那时对资产阶级分子简单粗暴了，给人家甄别平反，说就是一件事搞错了，也

得平反，开了两次赔礼道歉会。在各种场合为资产阶级知识分子喝彩，说中国古代史教师成龙配套、力量强。魏宏运召开雄心壮志会，让每个教师制订长期计划。魏宏运让以5/6的时间保证学习，让历史系党政干部也去听课。魏宏运在系里以召开行政会议的办法，贯彻工作计划，这是向资产阶级投降。资产阶级的意志通过魏宏运就成为"命令"：郑天挺讲北大、清华的经验，魏宏运就说青年助教三年能上课，十年才能成熟。郑天挺提出抢救遗产（指雷海宗的教学、科研资料），魏宏运就照办。郑天挺说文化史专题好，魏宏运就设法登报宣传。魏宏运甘心做他们的工具，是地地道道的资产阶级代言人。魏1959年批判后没有变好，而是变坏，他对群众的批判是听不进去的，他认为大字报十之八九是水分。

## 11 月—12 月

对我的"专政"方式不断变化，由系管改为校管。从霸县返校后，先到第13学生宿舍冲刷厕所，随后被分配到学校东门内大车房（即马厩，校内用马车清理垃圾）熬胶，供全校贴大字报，用量很大，由我一个人保证供应，自己烧柴，自己搅锅。来取胶之人，任意喝骂。

## 12 月

**月初**　校党委书记臧伯平和副校长娄凝先被势力越来越大的"卫东"打倒，也被拉到大车房劳改，3人在一起互不说话。我是"何娄黑帮"成员就是他俩定的。

**10 日**　发工资，恢复到原来的每月124元。发工资的人说："你反党有功，给你发全工资。"被扣掉的部分没有补发。王黎70%的工资被扣掉了，很晚才发全工资，几年后才补发了被扣的部分。

# 1967年　43岁

## 1月

"夺权"兴起于上海，全国效法，号称"一月风暴"。南开园最有实力的仍然是"八一八"、"卫东"，都标榜自己是造反派，对方是保皇派。"卫东"人多，于1月7日夺了权。从去年后期小型战斗队就如雨后春笋，各系起码都有十多个，名号五花八门，无奇不有，如"齐天大圣"、"揭老底战斗队"等。历史系有"红三兵"、"长征战斗队"、"古田战斗队"等。中文系有"火车头"、"大刀片"、"红缨枪"、"鲁迅文艺战斗队"等。"火车头"成员有人掌握组织部，不断抛出一些人的档案，杀伤力最大。

"八一八"、"卫东"两大派常常发生争辩，在小礼堂前一辩论就是大半夜，而且群情激动，各不相让。他们立场各异，观点对立，发言者怒发冲冠，支持者呐喊助阵，形势发展到无法控制。两派观点渐渐浸入家庭。夫妻或父子之间经常出现各自参加一派和拥护一派的激烈争辩，因此而反目者也非鲜见。江青提出的"文攻武卫"一出炉，"八一八"和"卫东"就武斗起来。

## 3月

历史系红卫兵强迫我和他们一起住第13学生宿舍，打扫卫生，不准回家。

## 春

红卫兵越轨行为颇多。滕维藻、李何林被绑架到南开附近学校的楼上，绑去时，眼睛被蒙住，嘴里还塞上东西。滕维藻看到窗外大字报上写着"打倒乔国荃"，才知道被绑到医学院。李何林说，有一天忘记给他饭吃，到了晚上才扔给他两个窝窝头。王祖陶受到"熬鹰"折磨，三天三夜不准睡觉。

## 春夏之交

"八一八红卫兵"被冲垮解散，其骨干分子又成立"八一八红色造反团"，简称"红反团"，后来又简称"八一八"，占据第一教学楼（"胜利楼"）。"八一八"因"抓叛徒有功"，受到中央文革小组大力表扬，从而起死回生，"享誉全国"。我常听到学生和某某（外号"和老臭"）炫耀自己在北京和南京等地"抓叛徒"的能耐，并说他们向中央文革小组揭发"伍豪启示"。此言不虚：1979年刘健清请何长工来南开讲演。何长工还提起"文化大革命"时期南开大学"八一八"红卫兵"抓叛徒"事，采用的是逼供信。他直接点了和某某的姓名："他来到地质部，说我是大叛徒，让我站了几个小时，不让吃饭，让我交代，不交代清楚不行。我说：'你们的行为是恶劣的。我这么大的年纪，你们这样对待。你把我打成叛徒，又拿不出材料，我要向上级反映。'"何长工还讲，南开"抓叛徒"的红卫兵还调查过周总理。

"卫东"也抓"叛徒"，于3月11日刊印了一张报纸，宣传他们如何与西安几所大学的造反派共同组成"抓叛徒"联合调查组。"八一八"8月出版了"抓叛徒"的小册子，历数他们的"功绩"。据说，全国因被列入南开编造的"叛徒花名册"而致死的老革命、老干部约有二三百人。事有凑巧，竟有一个"叛徒"与我同名同姓。一时间，我天天被"提审"。"主审官"很亢奋，喜形于色。好在不久，那个"叛徒"魏宏运被揪了出来。

## 夏秋

两派武斗，"卫东"包围"胜利楼"，"八一八"用钢板封住楼口。"胜利楼"是化学实验室，设备全部被毁掉。何炳林估计，损失在 500 万元左右。陈伯达突然来南开，两派武斗稍缓。陈一离开，武斗依旧。

## 11 月

一次，我走过大中路，被王某某看见。他气愤地说："魏宏运又在大中路上走！"

## 冬

历史系三个毕业生王某某、杨某、齐某某突然来我家，强拉我到第 1 学生宿舍一楼一间屋子毒打，险些丧命。王某某毕业时 5 门功课不及格，党委副书记和王父是战友，一定要把王分配在天津大学马列教研室。我提出开会，王虽如愿却怀恨在心。齐某某分配到天津大学南开大学附中，不满意。杨某毕业时，恰中央提出选派一批学生赴基层锻炼，然后委任为县长或县委书记。"文革"兴起，计划落空，杨某到了石家庄一学校。三人合谋毒打我。打手王某某手上上着带刺的指环，打得一道一道的血印，头上脸上都是。我胸部挨的拳最多，顿觉五脏六腑翻江倒海，头上起了大包，脑袋剧痛犹如断裂。他们突然提出让我喝水。听说此时喝水必得肋膜炎，未饮，他们又继续狂打。我被从家里押走时，妻子和女儿就远远跟着。妻子王黎在窗外看到打得越来越狠，毫无休止之意，便不顾一切地冲进楼内，拉开该宿舍房门，大喊"打人啦！"喊声惊动了楼上和楼下几十名学生，都来看热闹。打人者的激情有所冲淡。我的女儿魏小静立于我对面，死活不肯离开。打手们不认识她，便问她是否认识我。她说不认识。打手问："不认识，你看什么？"她说："我看他交代不交代，交代什么？"由于有其他人在场，打手就没敢下毒手。

## 12 月

**15 日**　解放军天津部队一个连进驻学校。

## 是年

我和王黎都有病，健康状况很差。王黎精神受刺激，夏初开始就得了严重忧郁症。看病的地方很远，晓明陪着，一星期一次，还须到处跑，抓药。王黎视上班如畏途，如果得不到医生病假条，她就必须去工厂，忍受身心折磨。我被王某某等 3 人毒打后，腑脏轮番疼痛，夜里盗汗，屋内行走须扶桌椅，不能劳改了。

# 1968 年　44 岁

上半年身体很差，在家养病。王黎也断断续续在家养病，互相照顾。不能出门，很关心社会上的动静。

## 8 月

20 日　上午 10 时半，工人毛泽东思想宣传队 2400 多人进驻南开，简称"工宣队"。

21 日　上午 11 时，第二批工宣队 1200 人进驻南开。

24 日　工宣队 3 团 4 连进驻历史系。他们是从三配件工厂和铁路部门来的。他们把教师分为 5 个组，即忠字组、立新功组、斗私批修组、坦白从宽组、抗拒从严组。我被关押在主楼二楼西侧第一间向阴的大教室里，被关押的还有郑天挺、巩绍英、来新夏、李琛（女）等八九个人，不分男女。这是我第三次被关了。我每日写交代材料。一天，我实在写不出，就在室内仅有的那点空地上来回走，恰巧遇到王某某巡视。他见状指责说："魏宏运，你还在表演。"巩绍英回敬他一句："各有各的表演。"吃饭时我们可以到一楼大厅买烧饼、大饼、油条等，没有蔬菜。一天三顿都吃这些东西，就很难下咽了。家人送饭就在一楼大厅交给我。巩绍英一人在天津，我把家人送的包子分给他。

我为历史系购置的解放区的影印刊物堆在主楼二楼中厅一个角落，准备拉到造纸厂去。

## 10 月

动员知识青年上山下乡。魏觉民 19 岁，魏晓明 16 岁，都是"老三届"。魏晓明来关押室告诉我他们学校下放地点。我下到一楼大厅听他谈，被一名女工宣队员看见。她命令我回到关押的屋子里去，又把我叫到工宣队办公室，让我站在那里等着，她则与另一工宣队员继续聊天，大谈结婚用的是席梦思床等。谈完了，回过头对我大声呵斥道："你有什么资格管孩子上山下乡。"两个星期后，晓明送饭时说，他哥哥的三中去河北省安次县。我当即决定他们兄弟俩都去那里。魏觉民第二天就去报了名。我的决定很及时，去安次县的名额很快就满了。安次离天津近。筹划行李等事宜都落在王黎一人身上。此时，挚友刘勃然在天津市委"支左"，孩子下放事王黎曾数次请他帮助定夺。

## 11 月

我的"黑帮"、"走资派"已经不提，"反毛泽东思想"还是问题。三配件厂来的工宣队韩师傅陪我从关押地点走到家中。我翻开《毛著》逐条对照，韩师傅诚恳地点头说："你是对的。"韩师傅是敦厚长者，衡水地区人。后来他离开南开，还带自己家产的小枣来看我，并说："这种枣你没见过，尝尝吧。我看看你就放心了。"枣很小，呈苹果圆，口感极甜。每念及此，倍感亲切。

## 12 月

**20 日**　化学系陈天池不堪屈辱投河自尽。

**下旬**　校工宣队、军宣队领导的清理阶级队伍第一阶段结束，得出的结论是：南开大学叛徒成堆，特务成团，反革命分子成串。

我被放回家中。

# 1969 年　45 岁

## 1 月

**7 日**　魏觉民、魏晓明下放去河北省安次县。我问题仍在，没为孩子送行。我的处境已经改善。晓明的同学王小培、李涛恰巧插队到工宣队韩师傅的家乡河北省阜城县戈家坟大队。韩师傅对他俩说：晓明父亲可望无事，"站起来"没有可能。

## 4 月

工宣队、军宣队调查我的出身问题。铁路来的工宣队员陆师傅和历史系教师李宪庆专程赴我老家陕西省长安县魏家寨。以前"卫东"、"八一八"都去过，"卫东"的人还曾住下一段时间。乡亲们反映：魏宏运家的确是贫农，小时候生活很苦，十几岁就在集上公开演讲，反对乡政府刮地皮等。陆师傅和李宪庆发现事实与过去大字报上所谓的"三大"出身天差地别，表示要实话实说。

## 5 月

**13 日**　我获得正式平反。南开大学召开平反大会，地点在马蹄湖边电影广场。这是南开大学头一次，也是天津市头一次平反大会。市里许多单位派来人"取经"，广场挤得满满。第二天《人民日报》头版提及。被解放的有 3 人，包括我和曾鼎龢。我们 3 人有一个共同特点就是出身好，一个雇农二个贫农。当宣布"魏宏运同志，你可以回到人民中去了"，我当场泣不成声，整整三年没有一个人称我"同志"，没有一个人进我家门。我女儿魏小静 15 岁，也上台发言，发言稿是工宣队写的。她年龄小，工宣队怕她害怕，中途退下，就叮嘱她不要着急，一定读完，"读完了你爸爸就可以解放了"。稿子里面还包括要"和爸爸的错误划清界限"。有意思的是，我仍被说成是大地主、大军阀、大资本家出身，而主持人宣布结论时读："魏宏运，贫农出身。"全场哄笑。

**中旬**　各系开始平反，过程很长，有的人几年问题得不到解决，平反了也带着尾巴。巩绍英说："我不能不明不白进去，又不明不白出来。"

**下旬**　刘勃然多次来我家秘密聊天，对规定林彪为接班人颇为不安。他说林彪是个阴险人物。刘为师政委，1937 年投笔从戎，长期在部队工作，擅长写作，会作诗。我们在一起时，他常纵论时局。

## 8月—9月

住三配件厂，和吴廷璆、黎国彬、李义佐、许盛恒等参加"南大工人文科班"教学工作。那时，领导由学生担任，行动军事化，每天早晚都有操练，学生是教官。

## 10月

到农村收割稻子，地点在东郊区四合庄。这个村有 100 多户人家，男劳力白天大多去城里做临时工挣钱，秋收时则请机关、学校帮助。

## 11月

**6日**　根据林彪 10 月 17 日发布的第一号令，又称"紧急指示"，南开大学向完县疏散，历史系分配到五侯村。我随队伍步行至目的地，第一日宿王庆坨，第二日宿霸县，第三日宿白沟，第五日宿徐水，第六日宿保定，第七日到达完县。我晨起拾粪积肥，上午、下午推独轮车往地里送肥，仍然独来独往，还是"另类"，被吆来喝去。老乡则称赞我：像个干活的。

## 12 月

**中旬**　因家中有小孩晚下乡的李绍基、李义佐、冯尔康、林静芬等到达五侯村。李义佐分到我们住的周姓老农家，同住的还有李义治、谢广华。从此每天早晨我和李义佐结伴拾粪。五侯村因靠近山，房子都是石料建成的。老百姓织的土布论斤来卖，工宣队员买的很多。

**是月**　由工宣队李家祥师傅对全系做"党员复查"（也称"整党补课"）工作动员。这次动员措辞显得温和一些。我所在的组有李义佐、张义德、陈振江、曹中屏、王功，曹中屏任组长。

# 1970年　46岁

## 2月

月中，教师可请假，分头返津过春节。

20日　学校组织车队，将返津过春节的人全部拉回五侯村。

21日　开始"一打三反"运动。一打即打击反革命破坏活动，"三反"为反对贪污盗窃、反对投机倒把、反对铺张浪费。"三反"实为重点。有枣没枣打三杆，火药味浓起来。

月底，从完县五侯村去满城，参观1968年发掘的西汉中山靖王刘胜及其妻子窦绾的两座古墓。其中两套金缕玉衣是以玉石琢成长方形的小薄片，四角穿孔，并用黄金制成的丝缕缀连而成，最引人注目。

## 3月

苏联边防军侵入黑龙江虎林县境内的珍宝岛，全国掀起反苏浪潮。我和汪茂和从五侯村被召回，到塘沽、张贵庄、大直沽等地调查1900年八国联军侵华时沙俄的暴行，记录了许多口述资料。我以此为基础，曾在第一文化宫做过一次关于沙俄侵华暴行的演讲，而后与王黎共同撰成《沙俄是八国联军侵华的元凶》一文。

## 5月

4日　全校师生由完县返回，都集中在11宿舍，被告知接着干"一打三反"，同时追查"四·一八"案件。4月18日这一天，校园内出现反革命标语，后来得知内容是发泄对江青的不满。反革命标语是用剪贴报纸上的铅字拼成的。我被历史系认定为嫌疑，重点交代 4 月 18 日当天每时每刻一行一动，必须找出证明人。我当天曾去过刘克华家，他住德才里。历史系学生和某某陷害我，虚构了一个路线图，并按图走了一圈，从东村我家出发去天津大学绕一圈，贴了"反标"后，再去德才里刘家，然后回家，时间恰恰不多不少，以此证明是魏宏运干的。情况对我日渐不利，除逼供外，有了监视，直至发动历史系全体师生为写"反标"的人画像。主持者说出三个条件：一是此人为西北人，因用的铅字是西北某报的；二是平日爱使用剪贴方式制卡片；三是不满"文化大革命"。画像等同于"选举"，结果所投的"票"无一例外地认为是我所为。这真是天大的冤枉！我为此多次受审，又被拘留。他们动员左邻右舍揭发，还把我叫到学生宿舍审讯。一次，主审的是女学生刘某某，我认识她。有一次，我在校卫生院看病，躺在床上针灸，她把我从床上揪起来喊："不准看病！"审讯时，外面站了两个公安人员。我非常气愤，对她说："你说是我，可以立即把我抓到监狱里去！"历史系从铁路来的工宣队负责人高某某（2 月上任，接替李某某）把我叫到办公室说："你就是现行反革命，越看越像。"我实在忍无可忍，到行政楼军宣队办公室找到郝主任。郝态度很好，安慰我说："你是老同志啦，他们说什么你不要在意。他们说了也不算数。"郝客气地送我到门口。他虽然表了态，历史系仍然把我当作现行犯。后来查明"反标"是一名工宣队员所为，而对我的态度依然没有转变。

## 6 月

1 日　上午全校动员"战备疏散，下乡插队落户"。九时半散会后立即座谈表态，十时半要写出决心书。我和李义佐一起写了一张要求下乡的"决心书"。李义佐说："在学校实在没意思。"

10日　第一批下乡落户名单下达，历史系有郑克晟夫妇、诸庆清夫妇、王明江夫妇。15日又有陈文林、于可、陈枬、辜燮高、来新夏。26日这些人就下去了。

## 7月

6日　林树惠、李义佐和我与河东区革委会来人座谈近代河东区情况。

15日　全系教师分成若干小组，分析"四·一八"案件魏宏运有无作案可能性。

18日　清晨六时工宣队、军宣队召开全校教职工"掀起教育革命新高潮"动员会。会后各系马上安排部分教师去南大化工厂劳动。

## 8月

中旬　我和李义佐为天津河北区编写的《中国人民反帝斗争史》提修改意见。几天里我们两人曾同去河北区一些工厂征求工人意见。与此同时，"一打三反"继续进行。在"教育革命"方面，少部分教师间或外出寻找教育基地，其他人每天就是学习开会、揭发批判，其实是无所事事。

## 10月—12月初

在"整风补课"中，刘泽华、陈振江、李义佐和我对校系军宣队、工宣队作风粗暴、听不进意见、政策不落实、工作心中无数等提过不少意见。12月上旬一天，11宿舍二楼过道出现针对陈振江的28页大字报。两天后换成对我、刘泽华、李义佐的大字报，其调子是：抵制工宣队领导。事后从一"积极分子"口中得知，系军宣队负责人张某某每晚与"积极分子"谈天到晚上11时。他说：

"我就要把历史系弄个底朝天,看看有多少妖魔鬼怪。"这些大字报是张某某、工宣队负责人王某某、革委会结合干部宫某某鼓动写的,参加者有王某、和某某、张某某、赵某某、汤某、周某某等。革委会成员吕立中对这种做法颇为反感。

## 12 月

**25 日**　毛泽东批示了《关于部队进行千里战备野营拉练的总结报告》。批示要求全军利用冬季长途野营训练一次。"大、中、小学(高年级)学生是否利用寒假也可以实行野营训练一个月。"南开大学组成拉练大军。我虽患坐骨神经痛,也被强迫去拉练。据说历史系认为,魏宏运要是不去,斗争就没有"靶子"了。第一天行程 40 里,夜宿杨柳青附近的"九一九"公社。第二天向褚河港进发,夜宿樊李杨,坐骨神经痛发作,得骑自行车一程。第三天到菜园杨各庄大队,有一位 70 多岁老人,讲述当年参加八路军的历史。第四天,向霸县岔河集方向进发,行约 60 里,宿营南夹河大队,休整一天。30 日向白沟进发。31 日行程六七十里,夜宿八社公社。行军路上,刘泽华对我多加照顾,帮我捆行李。

**31 日**　次子魏晓明参军,抵达湖南汉寿县洞庭湖区。部队是广州军区 146 师炮团,二年后移防湖南耒阳。晓明是从插队的村里入伍的。11 月大队治保主任杨文宗到南开历史系外调,正好"整党补课",尽是我的大字报。历史系提供的材料也很不利,主要是晓明的爷爷当过西北军军官的事。杨文宗把不利的材料都舍去了,晓明通过了政审关。杨文宗对我说:"我也经过'运动'。'四清'时我们支部副书记杨志田被连轴转审了三天三夜,回家后腿肿得连绒裤都脱不下来,是他老娘用剪子豁开的。"

# 1971年　47岁

## 1月

**2日**　由徐水到满城梁庄，行程 60 里。

**3日**　向完县腰山南开大学学农战备基地进发。

**4日**　晚宿蒲上公社东北蒲，住第五生产队王金家。王家是军烈属，王金早年参军，战死于陕甘宁，其妻子独立抚养 3 个孩子，颇清贫。

**6日—8日**　走了一路，我被批判了一路。在蒲上休整了五天，我被批斗了 3 次，做了 3 次检查。当时称"整党补课"，批判的语言和语气没有变，逻辑也还是那个逻辑，道理还是那个道理。凡是批的都对，水分一点都没有，扣的帽子不能摘下来，连"四·一八"反革命标语案整我也是对的。我说："'四·一八'不是一般问题，是现行反革命问题。反正不是我，我没干。走到哪，我都敢说。"而有人说我："在'四·一八'问题上站在敌人方面去了"；"长了敌人志气，灭了自己的威风"；"干扰了毛主席的革命路线"；"对'四·一八'受批判发牢骚，就是站在资产阶级路线上"；"对'四·一八'问题，你必须讲清楚，不要保留，将来再找后账"。

我对被诬为"三大"出身百思不得其解，提出既然看了我的档案，"三大"出身是怎样得出来的？要不是扣上"三大"出身，我不会受到这么大的冲击，受这么多冤枉。有人就说我："没从路线上认识问题，对革命干部王明江、宫春彦记仇，应该从两条路线上来看，这是挽救你。对他们两人不满，就是对'文化大革命'不满，是态度问题。"

我把许多不符合事实的情况摆出来。有人就说我"制造政治谣言"，"干扰了整党"，"站在另一条路线上"。我无法与之对话。我不说话，就被说成"不在乎"，"触及不到灵魂，得再斗"；要说话，就是"对抗"，"发牢骚"，"不服气"，还得再斗，死不改悔。

9日—14日　继续拉练。向冉庄进发，日行70里，宿冉庄第12生产队。10日，在冉庄参观地道战遗址，由当年的民兵进行解说。12日，行程80里，至沈家坯，因跟骨刺痛允坐汽车。13日，步行至白洋淀，行程50里，宿端村西前大队。14日，听抗日战争时期当地人民群众斗争的历史，忆阶级苦，听学习路线斗争史报告。有感，写成打油诗：白洋淀上打鱼船，芦苇丛中杀敌顽。多少英雄话当年，教育人民永向前。

## 5月

月底，各系工宣队进行"批修整风"动员，号召党员和积极分子就"一打三反"和"教育革命"问题给校系领导提意见。可是有谁敢真的去提？6月1日，系工宣队领导王贺永就这些问题做了具体安排。

## 6月

市委文教部要办一所没有知识分子的大学，从历史系选了两名出身好的学生作为成员。

下到静海县大苏庄。此前，即1970年，历史系新中国成立前的老教师和"17年修正主义教育路线"培养出来的一些青年教师，相继离开学校下乡插队落户，当地公社称他们为"新社员"。历史系共8户，连同家眷一起搬走，赴西郊王稳庄和南郊太平村。我也属于"清理"对象，被通知和于可一起第二天到行政楼前集合报到，离开历史系。翌日晨，于可通知我："不去啦，改啦，等通知。"

我到了静海县大苏庄南开大学"五七干校"，同去的有杨生茂，还有滕维藻、王赣愚、严志达、龙吟、母国光、廖蔚棠、樊梦康、宁宗一等人。去的人分为几类：一类是管理领导这些人的；一类是惩罚性劳改的；一类是清除出高教队伍的。这里原是一个劳改农场，全校男性住在一个大房间内，打通铺。经济系、生物系、历史系教师都住在这里。我因跟骨刺痛，行走艰难，被分配在厨房烧火，还看过水泵。我在衣袋里偷偷装了一本英文版《毛主席语录》，无人时赶紧拿出来念几句，来人时就赶紧装入衣袋。在很长一段时间内，晚饭后洗漱完毕，其他系的人都躺在床上休息了，生物系的人外出去逮螃蟹，历史系的人围坐在一起，继续批判我。别的系的人纷纷议论："魏宏运怎么啦？天天挨批。"每日上工下工，只要排起队来，就得把我先批一通。别的系都没有这一"程序"。

## 9 月

**13 日**　林彪叛逃，摔死在蒙古温都尔汗。

**是月**　步行到总部，听"九一三"事件的报告。第二天，滕维藻问："你们听的什么报告？"他还没有恢复党籍，没资格听。我告诉了他，我们高兴极了。不久，返回南开。

## 10 月

**15 日**　南开第一届工农兵学员入学，入历史系的共 25 人。已经五年没有招生了，北大、清华去年开始试招生。今年招生的办法：由国家指定省区分配名额，各省再下达指标到市县，市县再分配到工矿等单位，然后是"个人报名，单位推荐，组织审查，学校批准"。不经过考试，学校派工宣队员和教师看档案面试后，即可入学。历史系参加招收工作的有军宣队张志清和教师李义佐。此举亦为落实"工农兵上大学、管大学，用毛泽东思想改造大学"方针的具体措施。工农兵学员连招4届，历史系共招生470人。

## 12月

**5日**　历史系军宣队、工宣队分别找党员和"积极分子"谈话，征询如何安排魏宏运的工作问题。

**8日**　系内教师党员开会，讨论系党支部和教师支部的组成人选问题。教师群众代表孙香兰参加了会议。17日进行了选举。

**24日**　中国史组党员讨论关于给魏宏运做的"结论"。与会者皆表示"过重"，需修改。

**是月**　市"支左"领导卢志斌、乔军将吴廷璆和我召至行政楼二楼办公室，让我站出来担任历史系主任，吴廷璆担任副主任。事出意料：一是我没想到让我出来；二是吴廷璆为副，我为正，这样安排，我不好接受。吴是我的老师，是老系主任，如果是吴为正，我为副，比较好。我提出自己的想法。卢、乔还是说："就这样吧！"我很尴尬。此前系总支已成立，书记为任洪林。

# 1972 年　48 岁

## 1 月

**5 日**　我代表历史系参加学校召开的修订教学方案会议，次日向全系教师传达。

**中旬**　去北京大学等学校就教改问题取经。

**21 日**　向全系教师传达北京教改情况。

**28 日**　与刘泽华、陈振江、李义佐商量春节后开课问题。

**29 日**　与任洪林、李义佐、刘克华、左志远研究来年课程开设问题。

## 2 月

**1 日**　历史系春节军民联欢会。会后我就春节前后的校方规定向全系教师做了说明。

**22 日**　向全系教师传达王冶秋同志 1971 年 12 月 2 日关于文物发掘保管工作的讲话。

## 4 月

**20 日**　我主持召开全系教师会，安排迎接新生及为学生补课等事宜。根据学校安排，为新学员打扫整理宿舍，皆由各系教师完成。

## 5 月

**6 日**　赴廊坊了解学生调查义和团的情况。他们是新入学的工农兵学员，分布在祖各庄等十五六个村，共调查了 40 多位老人。其中 4 人是义和团团民，他们是刘顺、陈连登、李文祥、刘景泉，最年长者 94 岁。祖各庄当年有 40 多户人家，每家都有人在外扛活。光绪二十二年（1896）大量劳力去修路，土地荒芜、河水泛滥、百姓无粮，所以义和团在这里特别盛行。

**27 日**　学校提出"批修肃毒"学习，即肃清刘少奇《论共产党员的修养》之"流毒"也。这是"批修整风"中的一个插曲。

## 6 月

迎接"七一"，学校开展群众评议党员活动。党员学习的重点是"政治与业务的关系"。

## 是年

贯彻以社会为工厂的精神，本年入学的工农兵学员赴天津周边各县调查义和团运动，还赴完县腰山、满城、冀县、广宗县各地考察，参加社会实践。

# 1973 年　49 岁

## 1 月

应天津历史博物馆邀请，讲党内十次路线斗争。

## 2 月

**8 日**　天津市委批复，中共南开大学第二次代表大会上所选的党委委员共 27 人，我列名其中。

**中旬**　经乔军批准，为提高教学质量，教师 7 人由我带队，包括刘健清、杨圣清、李绍基和政治课教师一起到南方革命圣地参观访问。

我利用顺路机会先行，和王黎去湖南耒阳探视两年前参军的魏晓明，他是警卫员。部队首长热情接待了我们。探视后王黎回津，我南下加入访问队伍。

**19 日**　到广州。

**20 日**　参观广州农民运动讲习所并座谈。农民运动讲习所主要陈列的为第六期。第六期是毛泽东主办的。我们着重了解当年广东区委党委的组织情况。参观广州起义烈士陵园、三元里、黄花岗、虎门。

**21 日**　到长沙，住湖南师院。

**22 日**　数日里参观爱晚亭、自修大学、第一师范、橘子洲头、清水塘、省博物馆、板仓及马王堆出土文物等处。参观韶山冲毛泽东故居。故居在山区，原有十多户人家。"韶山冲来冲连冲，十户人家九户穷。"当时，毛家是比较富裕的。

### 3月

2日　到安源，参观纪念馆并座谈。

3日　到永新，参观湘赣边界特委、军委、永新县委联席会议旧址，着重了解毛泽东与杜修经的争端、永新建立根据地的极端重要性，具体了解苑希先与袁文才之死。访问当年31团战士李步伦。李已经70多岁，在永新纪念馆工作。

4日　参观三湾。当年这里是一个大村庄。参观茅坪的八角楼、军械处、湘赣边界第一次代表大会旧址、边界政府、湘赣边界特委旧址和红军医院。

5日　参观茨坪、大井、小井、黄洋界四哨口，大井有五十多户人家。参观井冈山展览馆、公卖处、井冈山光荣敬老院等。和井冈山博物馆同志座谈。访问敬老院里井冈山传奇人物王佐的爱人兰青莲，她已经77岁。访问1928—1929年任大井乡工农兵政府主席的余振坤等人。

7日　再次回到永新，与永新县委外事组、资料组同志座谈井冈山根据地建立诸问题。

9日　与安源纪念馆同志座谈当年湘区委如何组织并领导工人运动以及工农结合等问题。与老工人金龙荣（湘乡人，来安源60年，83岁）、徐胜远（萍乡人，13岁入矿，74岁）座谈毛泽东到安源如何组织工人进行斗争诸问题。

12日　参观江西南昌革命历史博物馆及八一起义旧址，与八一起义纪念馆同志座谈起义的组织问题。

17日　到杭州，与杭州大学党史教研室诸同志座谈秋收起义、宁都会议、长征等问题。

## **4 月**

30 日    天津市委书记吴岱强调高校教育应以社会为工厂。学校召开党员会，南开大学党委书记朱子强讲要以批林为纲，在教育革命上继续前进，立足于彻底革命，文科教学应以社会为工厂。据此，历史系组织 1971 级学生到冀东遵化县沙石峪、西铺村开展社会调查，要求每人都写批判文章和调查报告，共完成数十篇。系里继续贯彻"双百"方针，调动一切积极因素，把批林整风深入到各个学科中。

## **5 月**

6 日—7 日    历史系党总支研究如何以社会为工厂，怎样把讲授、自学与社会调查结合起来，怎样贯彻批判封、资、修。

## **6 月**

5 日    参加校党委扩大会议，主要议题为：学习毛泽东在中国共产党全国宣传工作会议上的讲话、毛泽东论教育革命、教育工作会议纪实；批林和学科领域大批判应结合起来；办学道路是把整个教学纳入以社会为工厂；努力打破旧的教学体系；抓纲带目，推动教育革命。

14 日    中国近代史教研室研究如何为现实斗争服务，如何培养学生实际能力，还讨论了儒法争论的性质问题，焚书坑儒是否是革命行为，以及对孔子的评价等。

## **9 月**

为 1971 年入学的工农兵学员开设"北洋军阀史"讲座。

21 日    听朱子强讲中共"十大"和"九大"的关系，"十大"

的基本精神；教育革命与上层建筑的革命应走出去，抓教师队伍建设；落实培养接班人，加强党的基层组织建设等。中青年教师带领工农兵学员相继深入工厂、农村、部队开展社会实践。李义佐、杨圣清、诸庆清、马振举到天津第一印刷厂，张象、李绍基去唐山、满城。许盛恒去塘沽，王连升去大连。

## 10月

28日　历史系现代史教师参观学习。我和刘健清、杨圣清、左志远、李绍基等赴西安。翌日到达，访西安交通大学。

31日　乘火车赴铜川，夜宿车站附近一饭店，颇脏，饭摊上伙食也不干净。此地是一矿区，赴陕北必经之道，来往人甚多。

## 11月

1日　乘汽车赴延安。途径洛川冯家村，参观洛川会议旧址，只有两间窑洞。到达延安已是夜11时，住第三招待所，原女子大学旧址。

2日　参观延安革命纪念馆。

3日　参观枣园毛泽东旧居、中央书记处旧址。此地位于延安城西北约5公里。又赴杨家岭参观中央办公厅、中央大礼堂等。

4日　观看凤凰山麓和宝塔山、王家坪等地，与当年的劳动模范杨步浩座谈。

5日　和延安纪念馆同行座谈。

7日　赴南泥湾。

8日　延安地委安排到瓦窑堡参观。

9日　返回延安。

10日　和西北大学、陕西师大同行座谈。

11 日　到临潼参观华清池、捉蒋亭。

13 日　参观西安八路军办事处。

14 日　和西安电讯工程大学同行座谈。

17 日　参观碑林、陕西省博物馆。

18 日　东赴洛阳。

19 日　参观龙门石窟。

20 日　到郑州，与郑州大学同行座谈。

21 日　参观黄河花园口、二七纪念塔。

22 日　返回天津。

# 1974 年　50 岁

## 春

教育部开始抓教材建设，强调提高教学质量。教学开始从被动转为主动，扭转只学习《毛泽东选集》、《毛主席语录》的状况。当时处于知识饥荒时期，书店中除毛泽东著作外，什么书都没有。我主持组织有郑健民、杨士钊、王永祥参加的中共党史的编写。编写工作除理论上、事实上对某些问题坚持原则外，对人物的出现颇费了周折。《中国共产党历史讲义——新民主主义革命部分》于 1976 年 2 月完成，由南开大学印刷厂印刷，为华北、华东各院校所采用。受"左"的思潮影响，此书以路线斗争为纲，内容有很多错误。我还请刘泽华主持编写《中国古代史》，已由人民出版社出版。

为 1972 年入学的工农兵学员讲中国现代史。

## 9 月

历史系领导层在办学方针上产生分歧。有的主张按社会上提出的"党校模式"。我则认为，应该按照历史学科的特点来办历史系，不能不分专业搞"大文科"。我被斥为"穿新鞋走老路"。

## 10 月

17 日　学校领导乔军、卢志斌、朱子强先后讲话，主要内容为：加强党的一元化领导（一元化与反潮流的关系，党的领导与充分发挥各级职能的关系）；集中统一，维护纪律，把教育革命置于工农兵直接管理之下；理论联系实际，解决为什么人服务的问题；应认识腐蚀与反腐蚀的斗争；抓"批林批孔"，研究总结儒法斗争的经验。

**是月**　1970级学生临近毕业分配。在召开的座谈会上，我仍然我司我责，恳切地劝勉他们在理论上还需要补课；今后走上工作岗位，迈入社会，仍须努力学习，以补不足。

# 1975年　51岁

## 4月

开始宣传推广辽宁省朝阳农学院经验。我在系里表示，这一经验不适合于我们。学校组织各系负责人前去取经，我未参加。

与汪茂和等到大沽口等地调查八国联军侵华时沙俄的罪行。

## 10月

1972年入学的工农兵学员毕业，在校期间，曾到完县腰山、满城、广宗等地实际考察。

## 秋

生一场大病。得病前一天晚上，觉得很难受，第二天在市里要做一次大报告又不能不去。讲演回来后，一头倒在床上，起不来了。中西医都不能认定是什么病，只感到从胸腔到腹腔一圈都疼痛，昏睡不醒，夜间大汗淋漓，被子全被打湿。王黎半年没有上班，每隔两天早起去医院挂号，回来后陪我到医院看病，然后把我送回家睡觉。她下午再去医院拿药，夜间则监护我，替换被汗打湿的衬衣衬裤和被子，起码要换两次。日间吃饭喝水，都是她喊我起来，不然我会一直睡下去。此期间，她最痛心的是系里正在反"右倾"回潮，不仅没有人来探视，反将大字报全部用薄薄的复写纸写后送给她，足有半寸厚一摞，让她在我醒后给我看。她认为这种做法太不人道，而我处于昏睡中全然不知，所有痛苦与艰难都由她一个人承担。当时医疗设备和药品奇缺，每位主治医生每月只有支配一张爱克斯光片的权利。检查要托人，要等片子。而我病得厉害，时间不等人。当时幸好有张家林、吴雅文夫妇和薛多诚、王洁夫妇不辞劳苦，找西医、中医。于可帮助寻到做胆囊造影的针剂。他们在王黎最艰难的时刻，伸出援助之手。三个多月后，我渐渐不再昏睡，但疼痛仍未消失，直至春节涂宗涛来看我，我仍躺在床上。为诊断不发生错误，王黎往往早起便奔向北京，找我四舅王泓商量，晚上赶回来。我则毫无觉察。中药中最难下咽的是乳香，我吃了近百剂。稍稳定后，医生说我身体太虚，凡是凉补温补的食品都可以吃。当时买什么都要票证。滕维藻及夫人朱明华、郑天挺和郑克晟、傅同钦夫妇家中有了好吃的，都分送给我。王黎一两天去一次李七庄副食品收购站。农民打了兔子、捉了田鸡、养的猪、不下蛋的鸡都送到那里去卖。她就等在收购站门口，直接从农民手里买。魏晓明的同学胡美珠的母亲周敬先是医生，帮助王黎寻觅了一些胎盘，食用后，我的身体逐渐强壮起来。劫后余生，我为自己庆幸。

## 12 月

**下旬**　魏晓明转业到石家庄一石化建企业，没去报到，先回家中。

## 冬

1973 年入学的学生秦晓鹰、李茂新、庾新顺常来家中谈论"四人帮"倒行逆施，必然垮台。

# 1976年　52岁

## 1月

8日　周恩来逝世。层层传达"三不"：不准戴黑纱，不准设灵堂，不准开追悼会。南开园学生千余人集会悼念，欲冲破阻拦上街游行，未果。我在家中设周恩来灵位。

是月　为晓明工作问题，和王黎陪晓明到石家庄，希望换个单位工作。石化建工作全国流动，晓明希望稳定，读点书。我找王福海和张会实、葛凤花夫妇帮忙，由他们介绍人，找关系。我和王黎回到天津。晓明先后住在王福海和葛凤花家里。晓明奔跑两个月，终将工作关系转到廊坊石油管道局。

## 4月

5日　天安门"四五"事件发生。清明节人们为悼念周恩来，10万人自动涌向天安门广场，敬献花圈、花篮，张贴传单，朗诵祭文、诗词，向"四人帮"公开宣战，遭到1万多民兵、3000多警察和5个营警卫部队的围攻、殴打与逮捕。

当时传诵最广泛的一首诗为："欲悲闻鬼叫，我哭豺狼笑。洒泪祭雄杰，扬眉剑出鞘。"我也抄了不少诗。

## 7月

6日　朱德逝世。

28日　唐山发生7.8级以上大地震，死亡24万余人。历史系学生到汉沽等地开展社会调查，夜宿一旅馆，遇难的 3 名学生为安徽、贵州和广西人。我和任洪林商量派教师到三地与地方政府协同处理善后事宜。地震也波及天津和北京。天津死亡人数据说有 5 万以上。我住的东村房子被震坏，在门前搭起地震棚，住了近两年。东村住房是 1925 年建的，当年张伯苓即住东村，屋前有小花墙，屋内地板木质很好，比较讲究。我是 1957 年搬到此处的，已修葺多次，高级设备已拆改殆尽。

学校操场搭满了地震棚，校外几千人住在这里三四年，用水、厕所都是问题，环境卫生极差。

## 9 月

8 日　校教务处通知：今年新生入学时间为 11 月，12 月上课，不放寒假，1979 年 8 月毕业，仍按半工半读精神安排教学。

9 日　毛泽东逝世。

## 10 月

8 日　刘泽华得知逮捕"四人帮"的消息。当晚，刘泽华、陈晏清、王黎和我在我家设酒食庆贺。

21 日　全市军民游行庆祝粉碎"四人帮"，家家饮酒，吃捞面，酒都脱销了。群众说这是我国人民第二次解放。第一次是 1949 年。

# 1977 年　53 岁

## 3 月

"四人帮"控制的《红旗》杂志已经改组，组织怀念周恩来的文章，稍早曾派庄建平来南开商讨写文章事宜。朱子强、乔军派我、陈晏清、郑健民、陈振江前往，住沙滩《红旗》社招待所。我此前刚从天津历史博物馆翻出周恩来在五四时期写的《警厅拘留记》和《检厅日录》，便以此为基础，由陈晏清起草，认定五四时期的周恩来已经是马克思主义者。《红旗》社还有极左人物，就是不同意这个观点，文章未能发表。后几经周折，在《光明日报》上发表了题为《五四时期反孔的英勇斗士周恩来同志》。为写这篇文章我们在沙滩住了一个多月。

## 7 月

《南昌起义》一书出版。这本书是去年 11 月上海人民出版社吴慈生来南开组稿，约我撰写的。我在地震棚中完成这一工作。此时，地震后已经一年，南开师生大部分还住在简陋的棚子中，大操场挤满了临时住户，都是校外居民。

## 9 月

1 日　主持举办中央党史进修班，期限半年。学员 32 名，分别来自部队院校、地方院校和机关工厂的宣传部门。

## 12 月

26 日　和左志远乘火车南下，赴杭州大学参加《中国现代史稿》第三次协作会议。

28 日　讨论对罗坊会议、金沙江渡江、遵义会议问题的认识和表述。

# 1978 年　54 岁

## 1 月

**6 日**　访河姆渡遗址发掘工地。工地负责人在河姆渡小学教室介绍，遗址是 1973 年发现的，面积 4 万平方米，树轮校正为 6750—6790 年。此地以种稻为主，发现有稻壳、稻秆；生产工具有谷粒，大量为木质的；与太湖文化是两个系统。还发现了象、犀牛、狗、牛、猪骨的化石，以及菱子、橡子等植物。当时气候比现在温暖。所发现陶器的器型比较简单。

**是月**　参观南湖中国共产党成立时所乘的游船。

## 2 月

**22 日**　谢国桢寄来他写的《顾炎武与惊隐诗社》单行本。

**是月**　人民出版社决定出版《中国近代史新编》。林言椒组织编写者去南方实地考察，由苑书义牵头；南开有陈振江、李喜所，邀请我也参加；东北师大有王魁喜、赵矢元；山西有江地、任茂棠；北京师院有邱远猷；河南开封师院有胡思庸，可谓声势浩大。苑书义唱主角，我为团长。我们从北京出发，南下广州，金应熙、张磊、黄彦等接待。22 日，赴花县参观洪秀全家乡。23 日，参观黄埔军校。24 日—25 日，参观虎门、东莞、石龙，了解林则徐当年焚烧鸦片的情形。26 日—27 日，在沙面宾馆讨论鸦片战争的必然性，战争前后地主阶级的变化，道光皇帝对战争的态度，老百姓对帝国主义入侵的认识，战争失败的必然性。近代人物评价问题包括：对农民领袖的评价，晚节不保人物的评价，加入农民起义的地富分子的评价，在民族战争中地主抗战派的评价等。28日，参观中山县翠亨村。中山县 95 万人，南朗公社翠亨大队 130 户，翠亨村 54 户 114 个劳动力。翠亨村在清朝已有会党组织，新中国成立前翠亨村不纳税、不抽丁。孙中山年轻时种过地，一家 8 口租种 2 亩半地。翠亨村每年 4、5、6 月参观者多。

## 3 月

2 日—3 日　参加广东史学会在广东哲学社会科学研究所为我们召开的学术讨论会，中心发言人是苑书义。有人提出："在近代史中，有用路线斗争解释一切的现象。"会上出现了意见分歧。陈锡祺说："鸦片战争时最主要是反英。现在突出路线，我怀疑。"有人不赞成分析历史人物也要站队。

4 日—16 日　参观佛山的祖庙和陶器厂。佛山陶器生产始于唐宋时期。现陶器厂有 60 多名工人，多数是女性。经梧州到桂平，参观金田村和太平军起义前线指挥所的新圩，还参观了西牛潭演武场和韦昌辉家打造武器的遗址。10 日，假桂平文化局讨论太平天国研究中争论的问题。对起义领袖的功过是非评价，有人说杨秀清尊孔是不确切的，杨秀清是功大于过；韦昌辉在金田起义中应给予一定的地位；对石达开也应该实事求是，不应从出身论证他闹分裂，石达开与杨韦事件无关。11 日，讨论第二次鸦片战争。14 日，讨论戊戌变法。15 日，讨论义和团。16 日，讨论辛亥革命。

17 日　讨论新文化运动及全书编写中的几个理论问题：各帝国主义国家在历次侵华战争中扮演的角色；近代的新阶级的政策、文化；农民与资产阶级之关系；对农民领袖一分为二；新学与旧学之争；民族资产阶级与官僚资产阶级有否互相转化；资产阶级代表人物之评价。

19 日—27 日　离开桂平赴桂林参观八路军办事处、广西师范学院。在广西师院和钟文典交谈。观光阳朔。23 日至武汉，参观农讲所、江岸二七纪念馆及咨议局旧址。

28 日　假武汉大学会议室和武汉的中国近代史学者座谈学术，参加者有章开沅、姚薇元、萧致治、刘望龄等。提出并讨论的问题有：小站新军和湖北新军的本质区别；立宪派是新学的代表还是旧学的代表；在阐述农民政权时，把农民说得太好，抬得太高；资产阶级的来龙去脉还说不清，其上层和下层如何区分，标准是什么。讨论问题比较深入，争议也够热烈，收获可称丰富。

## 5 月

27 日　《中国现代史稿》编写组推我为主编，郭彬蔚、金普森为副主编。协作会议在湖南师范学院再次召开，韦杰廷、范中程为东道主，安排一切。研究分工为：第一编，南大担任；第二编，湖南师院；第三编，杭州大学；第四编，吉林师大；第五编，北京师院。讨论制定出编写大纲。在讨论历史人物如何出现时，对瞿秋白在历史上的地位，颇有争议。

是月　参观毛泽东发动秋收起义的浏阳，谒黄兴墓，登岳麓山。会议中应湖南省历史学会邀请，做"关于五四时期的民主与科学问题"的演讲。

## 6 月

13 日　参加全国史学规划座谈会，地点在天津宾馆。刘导生、黎澍、梁寒冰、翁独健均在大会上讲话。会议决定恢复史学会的工作，重建史学会机构。

## 8月

**15日**　天津市委派王金鼎、郑秉泇、余愫、李寿晋为工作组来南开领导"揭批查"工作。

## 10月

**20日**　历史系召开落实政策大会。根据南开大学"揭批查"运动办公室26日印发的《揭批查快报》第6期报道："在这次大会上，首先由党总支负责人宣布了为一批遭受林彪、'四人帮'反革命修正主义路线打击迫害的同志平反的决定，其中有'八七开花'时被抛出来的，因'史学黑会'和《红灯照》等问题而被审查的，'清队'、'打反'时办班审查的等，共三十二人。""在当时六十多名教师、干部中，被揪斗和以各种方式进行审查的就达四十余人，占全系教师干部总数的65%左右。"

**24日**　南开大学召开平反昭雪大会。"揭批查"运动办公室《揭批查快报》第7期做了详细报道。首篇大标题、副标题、部分段落如下：

### 我校召开第二次落实政策大会

为所谓的"何娄黑帮"、"八七开花"两大冤案和臧伯平、

翟家骏等九名同志平反昭雪

十月二十四日下午，我校召开第二次平反昭雪落实政策大会，为在林彪、"四人帮"反革命修正主义路线干扰、破坏下造成的所谓的"何娄黑帮"和"八七开花"两大冤案，为臧伯平、翟家骏、吴廷璆、何炳林、魏宏运、陈仁烈、卜崟年、杨守义、王志新等九名同志的冤案平反昭雪，恢复名誉。全校职工参加了大会。

（第三段）会上，教职工代表、受"四人帮"残酷迫害的

历史系系主任魏宏运同志和被迫害摧残致死的陈仁烈、卞鉴年同志的家属和单位代表先后揭发批判了林彪、"四人帮"残酷打击迫害革命干部和革命知识分子的反革命罪行。

我的发言是"愤怒揭批林彪、'四人帮'对我校广大干部、知识分子和工人的残酷打击迫害"。发言稿7000字全文刊出，占了快报3/4版面。其实稿子没有一个字是我写的。我对稿子不满意，只坚持修改一个字，因为我认为臧伯平、翟家骏在运动中整人，和其他人受迫害的性质完全不同。"何娄黑帮"100多人是真正的受害者，他们没有伤害过别人。

全校揭批查已复查的有501人，还没有复查的82人。

## 12月

**11日**　应邀赴保定参加河北大学历史系举办的史学讨论会，提供的论文题目为《民主和科学口号的提出》。

**12日**　学校召开落实政策平反昭雪大会，为"南开大学地下党特务集团"冤案平反。"揭批查"运动办公室15日印发的《揭批查快报》第23期有一篇胡国定7000多字的文章，其中写道："由于'南开大学地下党特务集团'这一冤案，不少同志长期被隔离审查，一些同志被捕、判刑入狱，一些同志被迫害致残、致疯、致死，后果十分严重。仅在我校，地下党和地下'民青'成员被打成特务、特嫌的就有胡国定、杨万庚、魏宏运、范恩涛、刘祖才、李万华、王祖陶、王枢、谷书堂等人。"

## 是年

下半年学校成立拨乱反正办公室，滕维藻为办公室主任，历史系工作由我负责。这项工作持续一年，澄清了"文化大革命"中加在教师头上的不实之词，受迫害的教师的黑材料当面销毁，冤假错案得到平反。整我的黑材料及我被迫写的交代材料相当多，集在一起数目惊人，由学校销毁。在全校批判"四人帮"大会上，我代表全校受迫害教师发言，当谈及姚跃是位女同志，竟给剪成阴阳头，我家没钱买菜，从垃圾箱拣菜帮吃时，听众为之动容。但也并非全能"反正"过来，有人把反对工作组的大字报，乘夜黑时贴到了天津市委门前。

查抄物资此时发还。我被查抄的书籍共 2000 多册，仅《蒋介石和冯玉祥书信集》、《胡适文存》、《孙中山全集》各种版本的加在一起，足有一尺半见方那么一大堆，因书面上有于右任题字，有青天白日旗，还被作为罪状在旧图书馆四楼展出过。这些书大部已丢失，极少部分得到返还。当时那个展览叫作"查抄物资展览"，展出最多的是校医室杜泽先大夫的，金银财宝都有。杜曾是张学良的私人医生，据说那些东西都不翼而飞。

晋升为副教授，"文化大革命"期间评定职称停止，我任讲师已 25 年有余。

# 1979 年　55 岁

## 1 月

**2 日**　主持召开教研室主任会，就师资培养、教研室研究方向、资料室建设、教学档案建立、教学检查制度、教学法研究等问题进行部署，并要求各教研室提出方案。

**21 日**　国家教委委托我主办的"中国现代史讲习班"结业，共 30 人，学员来自全国各高校及部队，为期 6 个月。我担任主讲，曾讲过：1. 毛泽东思想形成发展中的几个问题：①思想产生的来源；②认识中国这个世界，多次实践提出了自己的思想；③不断发展丰富修正自己的观点。2. 民主革命时期的阶级关系：①无产阶级领导是个历史过渡；②阶级关系随着革命形势的发展在变化；③蒋介石在第一次国内革命战争时期的阶级属性。3. 现代史中一些人物的评价问题，如陈独秀、瞿秋白、冯玉祥等。4. 几个具体问题：①延安整风；②皖南事变；③和平民主新阶段。

## 2 月

**21 日**　赴北京参加刘仁追悼会。天津市去了 400 多人，沙小泉、王武同去，由张淮三、范儒生带队。刘仁新中国成立前为中央晋察冀分局秘书长、城工部长兼敌工部长，"文化大革命"前为北京市委第二书记。

**是月**　天津市中共党史学会成立，19 人组成第一届理事会，我被选为会长。

## 3 月

赴北京参加中国历史学规划会议。会议由中国社会科学院梁寒冰、刘大年、黎澍主持,老一代社会科学家季羡林、邓广铭、严中平、谢国桢、蔡尚思、郑天挺、韩儒林、唐长孺、杨志玖等均出席。

南开大学学术委员会成立,杨石先为主任委员,我被任命为委员。24 日举行学术委员会第一次会议,讨论学术委员会工作条例。

**下旬**　到成都参加由梁寒冰召集的中国史学会,与郑天挺、王玉哲、刘泽华、陈振江同行。路经西安时见到兴国中学时的老师李瘦枝、武伯纶。

31 日　游灌县都江堰,下午游青城山,登山顶上清宫。从成都到灌县县城 50 多公里,乘汽车 3 个多小时到达。灌县,山有青城诸峰,水有内外二江,是一天然名胜区域。都江堰是战国时期蜀郡郡守李冰及其儿子二郎所修,是一巨大水利工程,灌溉 300 多万亩农田,使川西成为沃野千里的富庶之区。根据《史记·河渠书》上载:"蜀守冰,凿离碓,辟沫水之害,穿二江成都之中。此渠皆可行舟,有余则用溉浸,百姓飨其利。至于所过,往往引其水益用溉田畴之渠,以万亿计,然莫足数也。"

## 4 月

26 日　《中国现代史稿》编写组在北京师院再次研究编写中的问题,并确定着手编写与《中国现代史稿》配套之《中国现代史资料选编》。

30 日　赴京参加"纪念五四运动 60 周年学术讨论会"。

## 5 月

2 日　会议于政协礼堂召开,邓力群主持,许德珩、周扬做报告。在国务院第一招待所四楼会议室参加"五四运动 60 周年纪念会"召集人会议，传达大会日程安排。

3 日 上午，黎澍讲关于五四运动的几个问题。周培源讲 60 年来的科学进步。下午，到人民大会堂参加"五四运动 60 周年纪念大会"，华国锋、邓小平及其他政治局委员均参加，华国锋讲了话，会议进行 1 个小时。

4 日 南开大学在礼堂举行"纪念五四运动 60 周年大会"，滕维藻校长昨夜派专车接我回天津，让我主讲。我先简要介绍在北京召开的"五四运动 60 周年学术讨论会"的情况，并以"周恩来与新文化运动"为题做学术报告。会后滕校长又派专车送我返回北京，继续参加会议。

5 日—6 日 讨论解放思想问题。小组讨论围绕四个坚持和解放思想的关系，纪律和百家争鸣的关系，历史科学的党性和科学性的关系，以及当前青年人的思想倾向，还讨论了李大钊、陈独秀、毛泽东、胡适等人在五四时期的思想状况。论者多指出，思想解放必须尊重历史，实事求是。

9 日 大会总结，地点在军事博物馆礼堂。王若水讲，应走出一条中国式的现代化道路，社会主义可以有不同的形式，建国初期把苏联道路看成是唯一的，后来这种观点得以破除，把凡是和自己不同的观点都斥为修正主义的做法是错误的。于光远讲，要发展五四时期的科学和民主的思想，要征集五四文物，重修李大钊墓，要以马列主义指导我们的言行。

12 日 和王黎一起往前三门大街访张伯苓之子张希陆，了解张伯苓与周恩来之关系。他回忆："父亲曾讲：'南开学校最好的学生是周恩来。不管他是共产党，那是他自己的事。'周在南开中学读书时常到我叔父张彭春家，讨论国际形势。关于周去欧洲留学，严范孙对我父亲讲：'我想资助两个学生到国外读书，请你推荐。'

严心中有数，当时到美国的费用贵，到欧洲便宜一些，一共资助了
7000元。"张希陆还讲到，1951年2月24日周恩来到天津吊唁张
伯苓时说："本来想让校长看两年，请他出来工作，谁知他死得这
样早。张校长和陈独秀不一样。陈对建党是有功的，应该肯定，后
来是托派。而张校长当了一段考试院院长，7月就职，8月就离开。"
我与张希陆交谈时，看到张伯苓的骨灰匣就放在张希陆房间的桌子
上。他请我向南开反映，是否可以葬在南开校园内。我回校后向吴
大任副校长说明了张伯苓家属的要求。

## 6月

**9日**　赴闽西参加中央根据地历史讨论会。北方与会者先到永
安集中。永安是抗日战争时期福建的省会。我和财政部科研所副所
长星光同住一屋，谈话颇投机。星光讲，他们研究所正在组织编辑
各抗日根据地的财经史料，编写各根据地财经史稿，约我参加。我
欣然应允。

**10日**　由永安出发，40多人同乘一车，于中午至连城，休息3
个小时。连城县委副书记接待，午饭丰盛，每人只付4角钱。下午
2时以后，继续前行，雨很大，5时到达才溪。

**11日—16日**　中央根据地历史讨论会在才溪乡举行。第一天
发言的有龙岩地委宣传部长、上杭县委书记、厦门大学潘副校长和
孔永松等。随后讨论诸多问题如：红四军为何要进军赣南；古田会
议；中央根据地是怎样创建的；苏区中央局的历史地位；土地路线
的形成；罗坊会议；毛泽东和李立三路线的分歧；周恩来到中央根
据地后的工作；项英和毛泽东关于富田事变的争论；查田运动；瞿
秋白问题等。在讨论中，争论最大的是如何评价查田运动和瞿秋白
写的《多余的话》。

**17日**　会议组织参观闽西根据地诸多遗址，如光荣亭、列宁

台、才溪乡调查纪念馆、上杭汀属 8 县社会运动人员讲习所、古田会议旧址、中国工农红军第四军司令部旧址，还实地考察了瞿秋白在长汀英勇就义的地方。

## 10 月

6 日　和林树惠一起南下广州，参加中山大学和广东史学会举办的纪念辛亥革命学术讨论会，地点在流花宾馆。会议的主题报告为陈锡祺的"孙中山与辛亥革命"。小组会上，美国学者盛赞立宪派，否定革命派，中国学者与之辩论。会上见到林家有、张磊、黄彦诸学友。李绍基从香港来相见，蒙林家有相助，也住在流花宾馆。

# 1980年　56岁

**2月**

7日　美国学者柯文（Paul A. Cohen）赠所著 *Between Tradition and Modernity—Wang Tao and Reform in Late Ching China*。

**6月**

1日　中国现代史学会第一次学术讨论会在郑州举行。我讲了题为"中国现代史的几个问题"：1. 中国现代史的体系问题；2. 中国现代史教材中如何正确阐述毛泽东及毛泽东思想问题；3. 对立统一规律在现代史教学中的运用；4. 现代史中的人物处理；5. 史论关系。会议上我被选为中国现代史学会副会长。

**8月**

5日—8日　协助郑天挺举办明清史国际学术讨论会，担任会议秘书长。与会的有8个国家和地区的126名专家和学者。

**9月**

1日　主持举办中国现代史进修班，期限半年，1981年1月结束。学员来自全国各地高校40余人。主讲人除本校教师外，还邀请美国的黄宗智，北京的荣孟源、刘乃和、蔡德金、何理、刘炼来校讲授专题。我讲了7讲，题目为：中国现代史的若干问题；关于武汉政府；帝国主义经济侵华的几个问题；大革命时期的思想界；

日本侵华政策的演变；抗日战争时期的中苏、中美关系；中国民主革命的伟大胜利。

**是月**　博物馆专业正式设立，成立教研室，王玉哲为主任。这是新中国第一个博物馆专业。郑天挺与我设想多年，经高教部及南开大学校长滕维藻批准，1979年开始筹备。本学期从入学学生中选20余人修此专业。参加筹备的教师有傅同钦、傅玫、梁吉生，随后调入马子庄、张锡英、刘岱良。傅同钦、马子庄、张锡英到全国各地征集文物，二级的不少，也有一级的，建成陈列室。

## 10月

15日—18日　日本爱知大学代表团一行6人，由校长久曾神昇率领访问南开。学校接待事宜由娄平、滕维藻负责，我和朱维之、李宜燮、逄诵丰为成员，起草交流事项方案。16日，达成交流协议：爱知大学每年接受南开大学派遣教员1名，提供住房，每月每人生活费9万日元；两校为双方教员进修和科研尽可能提供方便；互派学者讲学，举办汉语学习班。17日，陪同日方人员游览市容，参观艺术博物馆、彩塑工作室、杨柳青画店。

## 12月

23日—26日　住石家庄第一招待所，讨论《晋察冀抗日根据地财政经济史稿》。

## 是年

《南开史学》首期出版。先前和郑天挺多次商议，创办《南开史学》杂志作为学术园地，由历史系学术委员会主办，经费由历史系项目下支出，1979年形成决议。

# 1981年　57岁

## 3月

21日　《天津日报》报道天津各高校教师晋升教授的消息。我因撰写《孙中山年谱》、《中国共产党历史讲义》,在学术上取得新成果,在晋升之列。

## 春

学校批准历史系建立旅游专业,本年度招生。两年前,南开老同学席潮海任国家旅游局办公室主任兼研究室主任,数次和我谈及在南开历史系设立旅游专业事,我报告副校长滕维藻。滕征求各方意见。校内外不少学者认为旅游不是学术,不宜兴办。滕再三思考,并商讨于校长杨石先,终得通过。南开与国家旅游局签订协议,旅游局资助270万元建一教学楼。筹办工作由薛蕃安、王金堂负责。两年后,旅游专业独立出去成为系的建制。

## 5月

南开选了几个系,采取民主选举办法选系主任。由系主任“组阁”,成立系领导机构。历史系全体教职工投票,我得票95％以上。副校长吴大任主持并讲话。我选王敦书为副手,担任副系主任,薛蕃安任行政副系主任,李宪庆为办公室主任,杨珣负责教务,朱桂仙负责资料室。

## 8 月

**3 日** 中国现代史学会年会在大连辽宁师范学院召开。时遇辽宁水灾，铁路交通受阻，我携女儿魏小静乘海轮前往，抵达时会议已结束，仍住辽师院。会议组织参观了旅顺港。因水灾来往旅客滞留太多，大连全市用水紧张。

## 9 月

**12 日** 美国密歇根州立大学代表团来校访问，建立两校合作交流关系。团长为 Ralph H. Smuckler，团员有 Warren Cohen 及其夫人、人类学系主任、农业和自然资源学院院长等。Cohen 教授为东亚研究中心主任、中国关系委员会主席。南开组成代表团，由滕维藻校长负责接待，我、王大燨、逄诵丰为成员。达成协议并拟定初步计划：南开大学生物、化学、外文、物理系 4 名教师去密歇根大学进修；两校生物系建立更密切的关系。

**19 日** 下午，旅游专业成立大会举行。历史系全体教职工参加，1981 级同学和 21 名首届旅游专业新生参加大会。国家旅游总局代表邓观利、市旅游局长徐婉华、南开副校长吴大任均参加，我主持大会。

## 11 月

**17 日—20 日** 赴瑞金参加"纪念中华苏维埃共和国临时中央政府成立 50 周年学术讨论会"。讨论问题集中于：1. 如何评价临时中央政府，有三种意见：①是王明领导下的产物；②是全国苏维埃运动发展的结果；③是王明领导下的产物，但它是重大的历史事件。2. 苏区中央局的工作范围：认为 1931 年前的路线是正确的，是指导全国工作的；11 月以后开始贯彻王明左倾路线，中共中央机构移至中央根据地后，苏区中央局依然存在。3. 武装与政权的关系：认为先有武装，后有政权。武装有暴动队、自卫队、游击队、纵队。政权建立后，乡苏维埃半年改选一次，区苏维埃一年改选一次。两级苏维埃脱产干部只限 3 人。4. 如何评价查田运动，有三种不同看法：①是王明路线的产物；②毛泽东的 8 县农村调查，未受王明路线影响；③查田运动的后果，侵犯了中农利益，伤害了大批干部，过重地打击了地富。5. 经济建设在苏区的重要地位。6. 法制与群众利益。7. "肃反"扩大化。

我发言的大意是：当时形势已发生变化，即九一八事变发生，应建立一个各阶级参加的政权；查田运动是左的；苏区"肃反"扩大化是事实。会议期间参观瑞金各革命遗址。据了解，苏维埃时期瑞金有 33 万人口，宁都有 40 余万。苏区分田时，每人最多分得二亩半，一般的为一亩多。

# 1982年　58岁

## 4月

**17日**　南开访美代表团启程赴美。这是改革开放后全国第一个大学代表团出国访问。代表团共5人，校长滕维藻为团长，副校长吴大任为副团长，张再旺、何国柱和我为团员，我兼秘书工作。行前，教育部浦副部长和我们谈话两小时，指出，时值中美关系处于紧张微妙时刻，遇事须请示大使馆。为准备赠送美国各校礼物，我请好友韦江凡画了几幅马，韦江凡又请孙奇峰画了几幅花鸟，都是国画。

乘机离京抵上海，再飞美国。当地时间17日上午9时到达旧金山。美国海关检查极严，我等箱子一一打开，逐个检查。陈省身、吴大业和南开校友会林、张姓两位先生到机场迎接，夜宿领事馆。领馆人员50多人，比一般大使馆人数还多。晚6时，旧金山南开大学校友会成员假中国城四川饭馆设宴招待。众校友偕夫人30多人参加，他们每人付16美元。滕维藻因所带礼物在领馆前被人抢走，未能出席。大白天，领馆门前还有警车防卫，也不安全。

**18日—21日**　应明尼苏达大学校长邀请，18日由旧金山飞往明尼阿波利斯市，下午1时15分到达，航程3个多小时。Philip Porter、许美龄、刘君若、CC萧、Hyman Berman、Sally Flax、Pat Needle到机场迎接，住明大校内宾馆。明大位于密西西比河畔，全校教职员3600多名，有6800名学生，有主校区和分校区。明大有11人获得过诺贝尔奖，1979年开始和中国各高校建立了多方面联系。

我特别关心历史系教学和研究状况，到Berman教授的课堂上听课。学校人文科学研究室颇有特色，就文学、哲学、史学、艺术、社会科学和自然科学对文明时期和主要人文问题进行综合交叉文化的研究。研究明清史的有 E. Farmer 和 R. Taylor 等教授，出版《明史研究》期刊。

明尼阿波利斯 1975 年建立的美国中西部中国研究资料所，目的在于了解中国人民和中国文化，拥有丰富的资料。

21 日—24 日　访印第安纳大学，受到东亚语言和文化中心主席罗郁正（Irving Lo）接待。校长 John W. Ryan 举行欢迎会。22 日，参观学校珍本图书馆、美术博物馆，还参观印第安纳波利斯赛车名人堂博物馆（Indianapolis Motor Speedway Hall of Fame Museum）。每年 5 月最后一个周末举行印第安纳波利斯 500 英里比赛（Indiana-polis 500），全美约 30 万人参加。学校共有学生 8 万多人，分 8 个校区。主校区在 Bloomington 市，人口 8 万多人，学生 3.2 万人，是大学城，小的校区有 2000 人到 1 万人。学校研究生占 1/3，世界各地学生占 1/10。学校由董事会管理，校长受董事会领导。学校经费出自州税、学生学费及公司资助。学生每年学费和吃住费用需 8500 美元。一个学分交 138 美元，一个学期必须学 12 个学分。教授平均年薪 3 万美元，最高达 10 万美元。学校设有蒙古史、西藏史等课程。南开校友柳无忌原在此任教，已退休他去。访问期间正值该校建校 160 周年。

郅玉汝赠我他编著的《陈独秀年谱》。

24 日—27 日　访问劳伦斯（Lawrence）城的堪萨斯大学。堪萨斯州人口约 200 万，劳城居民 7 万多，堪萨斯大学学生 2 万多。校长 Gene Budig，副校长 Carol Shankel、Frances Horawitz，东亚系主任、堪萨斯大学中国交流审查委员会主席李採贞（J. Lee），分别举行招待会。我们和 Budig 校长等讨论两校合作交流事项。堪大教授 1700 多人，教授年薪多为 2 万—3 万美元，高的达 5 万美元。航空、药物、计算机、有机分析化学和外文均居优势。东亚研究中心图书馆有 8 万册中、日、韩文书籍。Watson 图书馆拥有大量西语写的亚洲资料。Spencer 艺术博物馆则有从史前到当代的广泛的东方艺术藏品，特别是中国和日本的。中国汉代文物和 20 世纪水彩画、佛教艺术等很引人注目。在人类学和自然历史博物馆还收藏有康熙手谕。学校外国留学生以伊朗学生最多，危地马拉学生次之。我国大陆和台湾也有不少人来此留学，台湾学生约有 200 人。硕士生要修 34 个学分。

结识 Daniel H. Bays，赠我 *China Enters the Twentieth Century*。

**27 日—29 日**　访问兰辛（Lansing）密歇根大学。兰辛城居民 8 万多，密大学生 4 万多。Warren Cohen 是东亚研究中心和中国关系委员会主席，安排一切，和政治学、人类学、自然科学等方面的教授会见。住在 Kellogg 中心。密大美国史、英文均甚强，惟英文博士生毕业后就业甚为困难。大学学费每年需 8000 美金。28 日，我到 Cohen 课堂上听他讲 1920—1933 年美国的外交政策和商业政策。

**29 日**　早晨离开兰辛赴底特律转机，11 时到达纽约州奥本尼（Albany）。

**29 日—30 日**　访问奥本尼大学。奥本尼大学有 20 多个系、学科，18000 多名学生；有 4 个中心，Albany 是其中之一。我们住在 Thruwag House。社会学家林楠负责接待。校长为我们的到来举行了一个大型招待会，与会者多为奥市著名的金融家、企业家和学校董事会董事。各系发展不平衡，如中文系有 3 位教授，研究陶潜、韩愈、楚辞、《诗经》以及中国文化、文学等。经济系有 30 名教授，设立经济、数理两个研究中心，各国留学生较多。地理系有 9 名教授，开设社会行为地理、城市郊区规划、地图等课程。地区规划属新学科。社会学系有 23 名教授，设社会组织机构、心理研究方法等课程。30 日，时逢学校喷泉开放，学生相互泼水嬉戏，我们也分享了快乐。至学生食堂就餐，每人 1 美金。参观博物馆、城市建筑和蛋形剧场。林楠举行近百人晚餐会，与会华人多来自台湾。

## 5 月

1 日　由奥本尼赴纽约，飞行 40 多分钟。郭懿清、张子凡、桑恒康接我们至我国驻纽约领事馆。晚，南开校友会 70 余人假纽约全家福酒店举行招待会，孟治、王文田和严范孙的后代均与会。孟治在 Pace University 中美文化研究所工作，当年在南开与周恩来同住一室，都是敬业乐群社成员。孟说，他们 28 人组成一锻炼团体，周恩来排在 27 位，孟是 28 位。在日本，他和周恩来等曾组织敢死队，回国后在天津、北京积极组织革命活动。

2 日　桑恒康特约滕维藻和我参观自由女神像。

2 日—3 日　由纽约乘火车赴费城，访问坦普尔大学。坦普尔大学校长、历史学家 Marvin Wachman 和生物系牛满江教授等安排接待，参观学校科学实验室、语言中心和媒体学习中心。学校里商学院最大，人数最多。牛满江是杨生茂在燕京大学时的同学，现研究遗传学。我们参观了牛满江实验室。历史系设有世界通史课，多为国别史，如欧洲史、中东史等。系主任是犹太人，讲授美国史。中国近代史由赵善鸣主讲。

费城和天津是姊妹城市。5 月 3 日是费城建城 300 周年，全城沉浸于欢乐之中，载歌载舞，赶着古老的马车，穿着华丽服装的人群在街上表演。我们漫游费城国家独立历史公园，参观了富兰克林广场、独立厅和自由钟等名胜古迹。

3 日夜，段祺瑞孙子段开龄和程君复陪同我们去大西洋城。这是赌城，最近 5 年快速发展，属新泽西州，也是避暑胜地。

4 日　下午，应周自庄邀请，访问普林斯顿大学。校址在一村镇上，与校长和经济、数学、物理、历史各系主任及一些教授座谈，并参观爱因斯坦实验室。晚餐时，洛克菲勒基金会副总裁兼秘书长 Aurence Stifel 也参加。滕维藻提出 20 年代洛氏资助建立的一座大楼需要修整，是否可以继续资助。Stifel 谈，洛氏基金会现在只资助研究项目，重点是医、农，不再资助建筑之类。他对南开人口理论研究室计划颇感兴趣，表示今后双方可以找到共同感兴趣的问题。

6日　返纽约。上午桑恒康陪同游纽约市。下午4时桑恒康、郭懿清、黄中孚送至机场，乘环球航班至旧金山，航行5个多小时。

7日　访问斯坦福大学。斯坦福大学创办于1885年，1891年正式开学，校园广阔。1906年加州地震时岌岌可危，几乎要关门，二战后又迅速发展起来。学校由董事会管理，选举校长，联邦政府和加州政府无权管理。学校经费多是私人捐助。现有学生12000多人，其中研究生6000人，2000多人来自外国，中国约130人，本州研究生占1/3。学费每年不一样，如1979—1980年为5595美元，1980—1981年为6285美元，1981—1982年为7140美元；宿费及伙食费2600美元；个人花费及书籍费需800美元。

学校胡佛研究所创建于1919年，拥有中国和日本的书刊最多，宋子文档案藏于此。我国出版的文史资料，属内部发行。他们当时以60美元一本求购，逐本买到。历史系主任是范力沛（Lyman P. Van Slyke），主治中国现代史。贺萧（Gail Hershatter）女士曾作为高级访问学者在南开治学两年，是范的学生。范的另一学生关文斌也计划来南开。

加州大学伯克利分校的李卓敏，抗战时期是南开经济所教授，后创办香港中文大学，是滕维藻的老师，请我们到他家做客。他家在山丘之上。我们还参观了金门大桥。

8日　由旧金山乘机返回北京。数日后写出访美报告、结清账目。在美国境内经费共1761美元，统一由我支出。支出项目主要为交通费，如从纽约乘火车5人共336美元，其他为电话费、邮费、海运费、洗照片费用。额外者，即何国柱碰破了头，医药费220美元。生活费5人共用去80美元。尚余427美元，均交回学校。随同滕校长到教育部向彭沛云副部长做了汇报。

## 6月

25日　柯白（Robert A. Kapp）赠所著 *Szechwan and the Chinese Republic—Provincial Militarism and Central Power*，*1911-1938*。

## 7月

24日—25日　应郭清树邀请赴辽宁大学主持王维远、徐建东硕士的论文答辩。

## 9月

16日　应王宗华邀请去武汉大学历史系，主持1979级硕士研究生学位论文答辩，题目为《论第一次国内革命战争时期广西的统一》。

20日—24日　在南开大学主持召开《晋察冀抗日根据地财政经济史稿》编写组会议，确定了编写大纲和分工。星光、唐滔默、冯田夫、傅尚文均前来参加。

## 11月

4日　赴厦门大学参加中国现代史学会第三次学术讨论会，拜会傅依凌、何启拔。

## 是年

Warren Cohen 赠所著 *Amerian's Response to China—An Interpretative History of Sino-American Relations*。

# 1983 年    59 岁

## 1 月

3 日    在北京华侨饭店参加全国哲学社会科学规划会议，与金应熙住一室。教育部孙尚清讲话分三部分：规划会议的缘起；要贯彻的中央精神；传达中央 48 号文件。他讲哲学社会科学战线的战略重点之一是把哲学社会科学规划和开创新局面结合起来，哲学社会科学必将有一个大的发展。应领会战略思想的几个重点：哲学社会科学要加强薄弱部分；发展要有重点，要放在地方；各地方都有各自的特色，要分工合作，合理布局；落实规划通过几支力量，有社会科学院、大专院校、党校、党政部门、军事院校。

4 日    讨论规划。广东社科院金应熙讲广东史学界对陈济棠的评价问题，说陈在广州做了些好事，如建珠海桥、修电厂、建中山纪念堂等。这是邓小平在接见陈济棠的儿子时所持之观点。

5 日    继续讨论规划。荣天琳讲，去年政协开会纪念"七七"抗战，冯玉祥的女儿、冯治安的儿子、宛平县王冷斋的儿子均参加。他们认为，对国民党抗日将领应给予应有之历史地位。

## 3 月

京都大学人文科学研究所赠片冈一忠著《天津五四運動小史》。

## 4 月

3 日    野泽丰赠所编《中国の币制改革と国際関係》。

## 5月

21日—27日　在北京参加全国历史学科规划会议。

## 6月

17日—19日　接待美国明尼苏达中国中心计划协调人尼德尔（Pat Needle）博士及其夫人。王大燧副校长出面商讨两校交流事宜。

18日　尼德尔在历史系演讲"美国社会文化中的一些问题"。

19日　陪同尼德尔参观市容、艺术博物馆、工艺美术厂、地毯厂。

## 7月

22日　父亲从老家赶来，要亲送我赴美讲学。

25日　接美国驻华使馆文化处卢月柯来信，谈我作为富布赖特学者赴美讲学事。机票由美方预订，只能乘美国航班。原计划8月14日启程，因这一天无航班，推迟至8月19日。

26日　准备赴美教学用地图、图片、幻灯片，已基本就绪。

29日　所需挂图已购到。古文物照片已托人去翻拍。

## 8月

1日—11日　集中拣选复印的卡片，归类、装订，尽可能减轻行李重量。衣物准备在美国添置。

12日　美驻华使馆一秘浦琳达女士来南开约见，面谈赴美讲学行程等事宜。

16日　乘汽车赴京，至国家教育部领取护照。与美驻华使馆文化处通话联系，彼方已购得泛美航空机票。富布赖特基金会对应聘赴美的学者均负担旅途费用。富布赖特基金会是美国国际学术交流的两大基金会之一，半官方组织，联邦出资2/3，基金会自筹1/3。

每年享受此基金由美国派出及请进讲学的学者约百人。我为今年赴美讲学者之一。

18日　至美驻华领事馆办理签证手续。一秘斯里昂在国际俱乐部设便宴招待，陪同者2人。席间漫谈，斯华语甚流利，对学术问题饶有兴趣，问如何讲授"文化大革命"。说到日本投降，他认为应是美国原子弹的威力。

19日　美使馆派汽车早至三里河下榻处来接，送至首都机场，卢月柯与我家人送行。班机9时20分起飞，至上海，再飞离。此行为我第二次去美国，初次系作为南开大学代表团成员，此次截然不同，只身一人，并负有讲学任务，愿自己能圆满完成使命。飞机于东京着陆，休息两小时，飞往旧金山。

翌日（美国仍为19日）下午3时15分抵旧金山。中国驻旧金山领事馆领事高仪来接，陪同游日本文化贸易中心。夜宿领事馆。

20日　午后4时半乘美国西北航空公司飞机由旧金山经西雅图赴蒙大拿大学（University of Montana），晚8时半抵达蒙大拿州米苏拉（Missoula）市。寄住华裔王荣勤（John B. Wang）神父家二层楼上。蒙大拿昵称珍宝州，1889年成为美国的第41个州。州政府设于Helena，人口2.5万人，州的总人口78.5万人，面积14.7万平方英里。山脉占全州面积1/3，境内湖泊200多个；北部有冰河公园；矿产有石油、天然气及铜等。农牧业发达，森林和牧场特多。农产品有小麦、马铃薯、甜菜、干草等。

21日　王荣勤假华园饭店设欢迎宴。王50余岁，山东人，早年求学欧洲，获法学、文学博士学位，居美国已20余年，为人敦厚热情，诚为益友。应邀者9人，此为接触美国社会之始。菜肴颇具中国风味。此地华人甚少，而中国餐馆却有五六家之多。可见美国人喜中餐之一斑。

22日　拜会文学院正、副院长，参观校园。蒙大坐落于一山脚下，面积较之我参观过的美国大学不算大，各教学楼错落有致，风景清幽秀丽，是读书、研究的好地方。学校入口处有一雕塑——熊，是学校的标志。在校学生 9000 余人，住校生 5000 人，外国留学生 217 人，来自 51 个国家，其中研究生 134 人。特至外文系熟悉环境。我的办公室设于外文系，系秘书 Stephanie Andersen 正忙于工作，告诉我办公室在 328 房间。

**23 日**　时差尚未转换过来，晚上睡眠不好，白天昏昏欲睡，将国内携来部分书籍移入办公室。

**24 日**　游览部分市区。米市位于蒙州西部，建于一盆地之中，周围尽是山脉。市内有一河流通过，无高大建筑物，偶尔可见四五层的楼房，商店多为一层者，民居多为两楼一底的别墅式小楼。每家每户的住宅不仅样式不同，颜色也各有差别。房前屋后绿草敷地，各有庭院相隔。树木参天，花草种类繁多，或为点缀，或类篱笆，郁郁葱葱，松鼠逍遥于路侧，从不惧人。以美国区划而论，系一县城，人口 6.3 万余人。其幽静为本地区人之骄傲。他们常征询来访客人："喜欢 Missoula 吗？"当然，他们必知你的答复是肯定的。

**25 日**　赴超市，购零星食品。

**27 日**　友人邀晚间同造访一老医生。医生夫妇去年曾游历中国，对中国文化甚景仰。老医生已年近 80 岁，身体颇康健，为免去房屋保养修葺之烦，卜居一公寓。公寓处于半山腰上。夫人所制酒食甚丰，畅谈中国见闻。饭后至室外俯观米市夜景，发现市景全貌远比我之想象辽阔得多，是不能以人口数字估城市面积的。眼前一片灯火海洋，由市中心延伸开来，直至四周各处山腰，犹若繁星。地阔人稀是米市优势所在，据说富人近年多向边沿觅地建居，意寻清幽。

**28 日**　假华园饭店，宴请文学院正、副院长，人类学系系主任白智仁（Frank Bessac）夫妇、王荣勤神父和课堂翻译彭南宇小姐。

**29日**　数日来对美国大学教学方式已略有所闻。至校图书馆熟悉情况，查阅资料。图书馆以联邦参议院领袖曼斯菲尔德之名命名，缘于当初建设资金为彼所捐赠。所藏中文图书有限，关于中国的外文书籍有不少。我所需近现代史有数种，从中选取学生用阅读教材。馆藏各国地图颇多，包括抗日战争时期和解放战争时期中国华北各县地图，标有村落名称，可谓详尽。

**30日**　在外语系我的办公室备课。

## 9月

**1日**　早登 M 山。由校长办公所在楼后沿人行小路直登山顶，半山处有一白色大字 M，此即校址之标志。据云此字只要视线不被遮断，全城到处都能望见，其大可以想见。

**2日**　谢培智夫妇及数名中国留加拿大学生由黄石公园来。黄石公园闻名全球，距米市约 8 个小时汽车路程。

**7日**　连日埋头书籍中，今日应邀游冰河公园（Glacier Park）。此为著名国家公园，一半坐落于美国，一半坐落于加拿大，门票两美元，自然风景，不事穿凿，看高山、大湖、森林。汽车可直至山巅，观瀑布、高山积雪等美景，往返历时 12 小时。

**8日**　如约至人类学系系主任白智仁（Frank Bessac）办公室商谈授课事宜。白智仁教授已年近花甲，早年曾就读于北平辅仁大学。在辅仁时虽不相识，此次在米苏拉邂逅，共话学生生活，极友善。研讨后至图书馆、学校书店，探问课本问题，颇费思索，决定用费正清的《美国和中国》作为教学参考书。学校书店要根据我的决定，购入此书，供学生购买。

**19日**　参加全校教师会议。各院院长介绍新教师，发放校园刊物 *Campus Newsletter*，我在被介绍之列。副校长召集新教师，由各部门负责人介绍学校各种制度，称之为 Orientation Meeting。新生亦有类似活动，有点像中国的开学典礼。

　　降初雪，山上积雪皑皑，未知"胡天八月即飞雪"之我国齐齐哈尔、满洲里地区如何。初雪来临之速，预示着此地冬日寒冷绝非寻常。《米苏拉人》（*Missoulian*）日报刊出对我的采访新闻，配发照片一帧，简介我的学术研究及家庭状况，出我意料。

　　**20 日**　参加外语系系主任召开之会议。外语系共有教师 28 位，设有法、意、德、俄、中、日及西班牙等语言文学课。我的办公室设在外语系，教学由历史系、人类学系共同安排，故与各系均有接触。

　　**21 日**　距 Missoula 150 公里一研究中国陶瓷的学者 William Sorsby，循报载来访，请求帮助翻译难题。因对陶瓷素少接触，借助辞典，以数日时间完成。

　　阅台湾《联合报》，1983 年 4 月 3 日第 1 版载新闻云："武汉同胞 20 多年来没有吃过黄豆做的豆腐。"实属荒唐。

　　**25 日**　文学院院长 Howard E. Reinhard 设宴招待，副院长夫妇、Bessac 教授夫妇和我应邀出席。院长寓一山中，距市区甚远，乘副院长车前往。院长是一数学家。夫人为韩国人，专事料理家务，善烹调，菜肴味美可口，微有辣味。席间谈到森林中有野兽出没，居山中者须防范。

　　**26 日**　正式上课。白智仁（Frank Bessac）陪同步入 SS238 教室时，学生已挤满各角落，有人临时移来座椅，有的径直坐于地上。听众多的原因有二：其一，学年伊始，学生试听为选课做准备；其二，我为中国学者来校讲学之第一人。白智仁教授为我做热情介绍。我以英语向学生致辞，随即转入研究中国诸问题之演讲，展望世界各国学者研究中国之浓厚兴趣，指出日、美学者研究中国的人很多，就中国地理、人口、民族做梗概介绍。我讲明选用费正清的《美国和中国》一书作为教材，并不等于我同意他的所有观点。举书中一例，林则徐抵抗引起鸦片战争，学生会心地笑了。我心甚慰，足见美国及各国青年当其真正了解中国实情时，更将会理解中国人民艰巨之革命。结束前征询授课意见，一同学讲，要听你自己的观点。我内心嘉其坦率，愿做中美人民相互了解之桥梁。讲课结束，一些学生前来祝贺，对讲课表示满意。

经历史系、人类学系商定，我开设课程共为中国近现代史、中国古代文明史、武汉政府和今日中国等。听课的有历史学、人类学、政治学、地质学等科的学生，还有一位印第安部落的学者。

**27 日**　为研究生班演讲亚洲问题研究，学生共 7 位：巴基斯坦夫妇 2 位，朝鲜 1 位，余者为美国人。

中国浙江美术学院郑胜天等人的油画将在蒙大展出，中国驻美使馆文化参赞王子成及一秘舒璋由华盛顿特区赶来。当晚，校长在家中举行招待会，米苏拉（Missoula）文化界人士七八十人出席。我应邀与会，并乘此机会赠蒙大拿大学国画奔马一帧，系我国著名画家韦江凡的作品。

**28 日**　讲中国古代史，着重于原始社会，边讲边放映幻灯片。课后征询白智仁教授的意见。据云，学生非常满意。白智仁教授欲更换一大教室，我则认为，挤满一些更好，请他不必调换。蒙大是有晚课的，即晚饭后上课。校内校外人都可以听。听课者须办理手续，交纳学费，学校借此可得一些收入，不失为两利之策。我的课上有近百人，这么多人热切希望了解中国，是始料未及的。有一位与我同龄的女士 Helen Buker，开车需两个小时才能到达蒙大，无论好天气还是大雪纷飞，她从未缺席过，求知精神令人钦佩。

**29 日**　借我国驻美使馆王子成及舒璋来参加画展开幕式之机，请代为借中国近代史有关影片。王、舒两位均热情支持，允将从旧金山领馆寄来。

## 10 月

**3 日**　讲鸦片战争，利用蒙大的有关鸦片战争照片，加以英语解说，课堂活跃。学生常提出问题。我把他们提的问题和中国学生提的问题做比较。

**5 日**　讲鸦片战争。一学生提问：美国没有参战，为什么也强迫中国签订不平等条约？

**7 日**　讲《北京条约》时，一学生提出：沙俄以什么理由占领中国领土？

**8 日**　外语系教师举行野餐会，地址选在系秘书家。系秘书 Stephanie Andersen 家居 Lolo 山中，有网球场、养马场，养马 3 匹。此山中仅有此一户人家，居室幽雅，庭院开阔，室内外皆可供聚会。我与俄语教师 Steve Kraemer 同行。与会者 30 余人，每人皆携来食品，我带的是茶鸡蛋，美国学者未曾吃过。

**10 日**　讲授太平天国运动。外国人难记中国人名。我尽量减少人名，使之易记易懂，并为学生印发太平天国地图。

**17 日**　Jim Todd 等 4 人开始跟我学打太极拳。

放映林则徐影片，片子过老，又无英语配音，虽尽力给予讲解，效果仍不理想。然而对中国文化极感兴趣者一直全神贯注，也有人因听不懂而离去。

**19 日**　讲授洋务运动，讲民族危机时，话及沙俄侵占中国 150 万平方公里土地，约等于 3 个法国。一女生大为惊讶而吐舌。

**26 日**　历史系系主任 Linda Frey 于其家为我及另一位教授举行欢迎会。Frey 教授法国史，年轻精干。她家建于山之半坡上，设计别致，陈设幽雅。此处可俯瞰全市，除院落外，拥有极大一片土地，包括一些大大小小的山包。与会者有副校长、校长助理、副院长及原副院长等 30 余人。Bessac 教授夫妇也应邀，途中迷失方向，行车两小时余，赶到时，客人已在告辞。主人设酒食，器皿甚别致。

27 日　Susanne Bessac 邀请参观野生动物保护区，看见美洲野牛及鹿，皆二三十成群。

29 日　为 William Sorsby 翻译完去中国申请书。他正在编一部清朝瓷器百科全书，约有 7500 个条目、3000 个交叉引证、7500 幅插图。

知昨日早 8 时 6 分临近的爱达荷州发生地震，有两个儿童死亡。地震时我适于校园打拳，未曾察觉。当时在室内者均感震动，灯等悬挂物摇晃。

31 日　开始讲义和团。一些学生对慈禧与光绪的关系颇感兴趣。于是翻阅许多外文书刊，归纳资料发给学生。

今日万圣节。入夜，儿童化装，穿种种奇装异服，戴各种面具，争相营造恐怖气氛。我与友人去市区观看，有的三五成群，有的结成一帮，挨门逐户敲门要糖。主人即开门递出糖果。9 时后大人们也相继走上街头，因戴面具、化妆之故，互不相识，不同之处是他们不向人要糖果。米苏拉人口较少，尚不算热闹。午夜方回住处，一为观赏美国风俗，二为躲糖债也。

## 11 月

1 日　应 Marj Burgan 邀请，到她家看她去年游中国幻灯片。她边操作边讲解，共两小时。米苏拉人近几年旅游中国者甚多，很欣赏中国文化，每年均组成旅游团。Marj 去年全家游中国，买了许多中国工艺品，陈设于客厅中。

6 日　得叶嘉莹信及诗 24 首，感谢我为她向范曾求画，其中一首为得范曾画而写。叶于 1979 年 4 月中抵北京，"于碧云寺中山堂画展中得睹范曾所绘巨轴屈原像一幅，以飞扬之笔，写沉郁之情，恍见千古骚魂，为之叹赏无已。正观赏间，遽为管理人员取下，云已为一日本旅客购得矣。当时曾极表怅惘。无何，既在南开授课 2 月，于欢送会中忽得赠画，展视，则赫然范曾先生所绘之另一幅屈原像也"。"画家范曾适为历史系校友，因请得历史系教授郑天挺、魏宏运诸先生共同联名写信向范曾先生求画。"诗云：

> 当时观画频嗟赏，如见骚魂起泪罗。
>
> 博得丹青今日赠，此中情事感人多。

实际叶嘉莹尚有未尽知者。当时求画之人，尚有吴廷璆，吴为范曾与我都非常钦敬的老前辈。

**7 日**　本周讲义和团，阅读几本英文书有关义和团部分。其中有：John A. Harrison, *China Since 1800*；Henry McAleavy, *The Modern History of China*。

**16 日**　讲辛亥革命，一学生说："中国历史很有意思。"当听到历史安排光绪先于慈禧 1 天死去时，学生听得入了神。

**是月**　蒙大拿大学刊登我的简历和照片。

## 12 月

**22 日**　受聘为天津市干部管理学院教学导师。

## 是年

唐盛镐（Peter Tang）赠所著 *Russian and Soviet Policy In Manchuria and Outer Mongolia 1911–1931*。

# 1984 年　60 岁

## 2 月

3 日　受聘为天津市哲学社会科学规划历史学科规划小组副组长。

8 日—10 日　应爱达荷州州立 Lewis Clark 学院社会科学部主席 Gene Mueller 邀请，参加这所学院举办的国际交流学术讨论会，提交论文为《中美关系的发展和展望》。学院所在的 Lewiston 市人口 3 万，Shatre 河将全城划为两半。海港地处重要地位，和各国通商。物产主要为小麦、木材。城中有三四家华裔开的商店，交谈中得知他们已是第四代的移民，原籍广东省。10 日离开时 Robert Kapp 到机场送行，送我一张当天的当地报纸，名为 *Lewiston Morning Tribune*，上有我的大幅照片，摘录了我国大使级参赞张再及我的发言：

"There is only one China at this conference that we have been talking about," agreed Zhang's countryman Hongyun Wei of Nankai University. He is a Fulbright Schoolar and visiting professor at the University of Montana.

The two Chinese visitors also discussed the population problem of China and its solution.

With more than a billion people, if each Chinese was stood on top of another, the line would go to the moon and back 4.5 times, Wei said something in response to laughter from the audience.

18 日　应 Ward Powell 邀请，越过落基山脉，赴蒙大拿首府 Helena，参观州政府大厦、博物馆等处。Helena 居民仅 2.4 万多人。

23 日　应 Billings 市外交委员会（Billings Committee on Foreign Relations）主席 Duane W. Bowler 邀请，赴 Billings 演讲"今日中国"，听讲者 50 余人，医界人士不少，宿西北旅社。翌日，当地报纸 *Billings Gazette* 刊登我的演讲照片并以"Chinese Limit Families to 1 Child"为题，摘要登载我的演讲内容。

28 日　王黎由北京来米市。

## 3 月

2 日　应 Jinny 及其丈夫 Ronald Therriault 邀请，和王黎赴 Flathead 印第安部落做客。部落地 Stignatius 1934 年成立政府，直属联邦。印第安人原无文字，他们的历史是口述的，所以讲故事是他们很重要的活动，其中关于人物的最多，在陈列大厅中，四周墙壁上挂的全是人物像。现正借国际音标，创立自己的文字。访问中拜会了他们的精神领袖，头饰依印第安传统，仍然是长辫，但服装与普通美国人一般无二。五年前成立一学院，学生 500 多人。他们和白人颇有矛盾，认为白人占领了他们的土地。据称印第安人至今仍依恋他们与自然一体的生活，特别是老年人，不少人每年都要带一只狗一顶帐篷在居留地内过野外生活，他们与野生动物从无冲突，现正集资想买回被白人占领的一些土地。

4 日　Helen Buber 邀请我和王黎到她的家乡 Hamilton 市做客。她住的镇有 7000 多人，由 6 人组成的委员会领导。Buber 女士还领我们参观了她表弟经营的牧场和坐落于蒙大拿州和爱达荷州边界的越野与高山滑雪场。晚上则在她表妹家就餐。她妹婿是二战时军官，退休金丰厚，新建一豪宅刚刚启用。厨房设计很别致，很大，中央为 8 个灶眼的灶台，三面均为操作台。主人解释说，她的亲族甚多。

5日　我授课共两学期，连同考试、判卷，已经全部结束。讲课结束时，听课学生22人签名赠 Howard Zinn，*A People's History of The United States* 一册。

王黎代为清理资料。

7日　应明尼苏达、布兰戴斯（Brandeis）等大学邀请讲学，决定16日离米市。嘱王黎计划分数次准备便宴，向诸方友人答谢告别。

12日　打理行装，能海运的尽量海运。此次东行将换乘六七次飞机，还要去日本，必须轻装，颇费思量。

14日　和王黎到米市不远的地区，参观外语系秘书 Stephanie Andersen 丈夫工作的造纸厂。从上料到出成品，均由电脑控制，除看得见上料孔之外，其他生产程序全为封闭式。全厂800多名员工，清洁工每小时工资12美元。她丈夫为机械师，每小时20美元。所产纸卷运往日本，部分运往中国。

15日　至蒙大人事部门办理离校手续。因提前两天离去，扣两日工资，制度健全如是。

15日—17日　由米市飞往明尼阿波利斯访明尼苏达大学，入夜宿 Romeyn Taylor 家。他研究明史，家中陈列多件明代字画和瓷器，还有刺绣的汉文诗屏。翌日，历史系主任 Stanford E. Lehmberg 夫妇、Romeyn Taylor 夫妇、E. Farmer 夫妇、Hyman Berman 夫妇和许美龄、陆镜生陪同参观议会大厦。大厦建筑富丽堂皇，镏金装饰。州参议会议员60人，众议会议员多两倍。还参观了历史协会和博物馆。历史协会成立于1849年，是州里最老的机构，致力于保管、分析明尼苏达的文献，书籍档案多系学者捐赠，也供学者研究，是政府机构又不是政府机构，工作人员可享受州政府人员同样的福利，90％的费用（包括工资）来自州政府，10％来自联邦。协会会长是 Russell Fridley。博物馆中专设中国文化展厅，有明清瓷器及清代服饰。观看密西西比河上的大桥及居民区，时白雪覆盖大地。

19 日—22 日　飞抵波士顿，在布兰戴斯大学讲中国之发展，在波士顿学院讲中美关系，并访问了哈佛大学东亚研究所。期间与 Ralph Thaxton、唐盛镐、陈月娥及其丈夫丁教授、杜维明等交谈。波士顿是由许多城镇组成的，是一文化城，各类学府 170 多所，学生有 30 多万。

22 日—25 日　由波士顿抵华盛顿特区，下榻大使馆，舒璋、蔡馥儒为我预订房间。漫游华盛顿市区，参观白宫、议会大厦、自然博物馆、航空博物馆、美术博物馆。适逢亚洲学者年会在此举行，到会场访问泰勒、范德和许美龄等友人，并参加大使馆为华侨华裔学者举行的招待会，与余英时晤谈良久。因要顺访日本，持立命馆大学校长天野和夫函，到日本驻美领事馆申请办理签证手续。

26 日—28 日　应弗德曼（Edward Friedman）邀请，赴麦迪逊（Medison）市威斯康星大学，住在他的家中。在威大演讲抗日根据地和游击战争诸问题。同学们提的问题有：1. 中国人何时具有抗日意识？ 2. 用道德经济学来解释中国共产党和农民的关系是否合适？麦迪逊是威斯康星州首府，地处平原，湖泊纵横，人口约 17 万。学校建于山坡之上，旁有一大湖。全校学生 4 万多人，留学生 4000 多人，中国留学生占第二位。弗德曼的学生来自拉美、阿拉伯国家和非洲。他是研究中国问题的，早年留学台湾。此次相识，交谈内容甚广。还结识了王正义、林毓生、赵冈、周策纵、孙树宣等华裔学者。弗德曼赠我一套《北洋军阀史话》及其所著 *Backward Toward Revolution—The Chinese Revolutionary Party*。

王正义赠我吴相湘的《第二次中日战争史》。

28日—30日　在斯坦福大学和范力沛（Lyman P. Van Slyke）相会，再次参观胡佛研究所。据范讲，因就业出路问题，研究东亚历史的人不多。提及宋子文档案事，称按规定禁期将满，数年后可部分开放。

31日　乘机经西雅图到东京，笠原十九司、味冈到机场接迎，下榻东京汤岛会馆。

## 4月

1日—2日　参观新宿、上野公园、国立博物馆、八王子中央大学等地。2日，应日本人文科学研究会邀请，在中央大学演讲中国近代史诸问题，包括对辛亥革命的评价，中国农村是否有变化，工业的发展，新文化运动以及毛泽东、周恩来的思想转变等问题。东京近代史学会同行参加听讲。初识野泽丰、山田辰雄、姬田光义、三谷孝、石岛纪之、安井三吉、斋藤道彦、井上久士、前山加奈子等数十位学者。野泽丰是位长者，赠所著《孙文》一书。

参观中央大学新建图书馆。馆内设备先进，有地下书库，升降均为机械操作。为保存珍本书，书库与阅览室间有小轨道，以小书箱运送，提书相当迅速。

3日—4日　从东京到京都，立命馆大学校长天野和夫、副校长池田诚和关西现代史学会安排接待。和池田诚、芝池靖夫、西村成雄、安井三吉、田中仁等交谈甚欢。3日下午，讲抗日战争时期诸问题，比如如何看待抗日战争、百团大战、皖南事变、抗日根据地等问题。池田诚、西村成雄陪同游岚山，在周恩来碑前献鲜花并摄影，即兴吟打油诗两首以志念：

## 其一

早春游岚山，舟桥尽欢颜。

周廖已千古，帝都物依然。

## 其二

岚山早春游，樱苞幼如豆。

不为观美景，诚效廖吊周。

京都是一古都，名胜古迹很多。市内除御所外，还有寺院、神庙和许多优美庭园，寺院多至千余，人口约 146 万人。立命馆大学图书馆藏有中国抗战资料多种，包括传单、布告、画报、漫画等。池田诚正在整理，计划两个月以后出版。

天野和夫赠所著《大学の内と外》，池田诚赠所著《孙文と中国革命》。

**6 日**　由东京回北京，胡霭立和家人迎接。

**是月**　Paul A. Chhen 赠所著 *Discovering History in China—American Historical Writing on the Recent Chinese Past*。

## 5 月

向校长滕维藻汇报赴美讲学及访日事，并提出辞去系主任职务。滕校长交给我一份蒙大拿大学 3 月 13 日给他的来信，称赞我的教学，内容如下：

Dear President Teng:

This is just a note to let you know how much we at the University of Montana have enjoyed Professor Wei Hong-yun. His classes and the seminar we taught together were very well attended, the students were very appreciative. Professor Wei's enthusiasm, interest in his subject matter and humor were very welcome. He made a definite contribution toward a better understanding of the People's Republic on the part of students and faculty alike.

I hope he also gained something of value during the last two quarters.

> Sincerely
>
> Frank B.Bessac
>
> Chairman/Professor
>
> Department of Anthropology

南开大学历史研究所从历史系分离出去。

## 6 月

**21 日—28 日**　和王黎、左志远同去参加财政部在太原迎泽宾馆召开的晋冀鲁豫边区财政经济座谈会。会议由当年晋冀鲁豫边区副主席、共和国成立后任财政部常务副部长的戎子和主持。抗日战争时期参加这一地区创建，或在某一部门担任领导的共数十人与会。他们分别就边区的财政、金融、工商、贸易、军队后勤、生产和救灾做了系统的介绍。财政部会同四省财政厅、档案馆及南开大学教师组成编辑委员会和编写组。编委会共 13 人，戎子和任主任，编写组由我和星光任主编。财政部科研所于 1985 年 8 月 15 日出版了这次会议的资料集，名为《财政研究资料》。

**是月**　和梁寒冰共同主编的《中国现代史大事记》由黑龙江出版社出版。纪事年限始于 1919 年五四运动，止于 1949 年中华人民共和国成立。

得池田诚赠书《立命馆大学图书藏·中国抗战资料》，其中包括有文字资料与影印资料，如《告武装团体书》、《告战地同胞书》、《告伪满官兵书》等布告与传单，也有油印的抗日画报、漫画及抗日歌曲，保存甚完好。

## 7月

我主编的《抗日战争时期晋察冀边区财政经济史资料选编》，分总论、农业、工商合作、财政金融四编，共4册，由南开大学出版社出版。编委会主任为许毅，委员有丁俊歧、卜宗义、冯田夫、刘欣、王建章等12人，副主编为星光、傅尚文。

范力沛赠 *Making Revolution—The Communist Movement in Eastern and Central China 1937-1945*。

## 8月

1日—4日　在天津主持"抗日根据地史国际学术讨论会"，来自美国、日本、加拿大、荷兰、澳大利亚和我国的90余名学者参加。讨论内容有：抗日根据地形成的特点；抗日根据地在抗战中的地位和作用；农民在抗日战争中的地位和作用；抗日根据地的"三三制"政权与中国政治民主化的关系；根据地的财政经济建设；根据地历史的分期及研究方法诸问题。我在大会上提交的论文为《论华北抗日根据地发展经济的道路》作为主题报告。会议论文后于1985年由档案出版社出版《中国抗日根据地史国际学术讨论会论文集》。

会后，组织与会者去延安参观，国外学者多参加。16日得斯坦福大学范力沛反馈，此项安排深得嘉许。

## 9月

获中共天津市委员会、天津市人民政府颁发的从事教育事业30

周年纪念证书。

## 10 月

接待美国一访华代表团。

## 12 月

**上中旬**　和星光、冯田夫、王黎赴曲阜，参加由韩哲一、秦和珍召集的冀鲁豫边区党史资料征集座谈会，下榻于孔府招待所，会期为两周。我在座谈会上介绍晋察冀抗日根据地财政资料的编辑情况。与会人员参观了孔林、孔庙、孔府、孟庙、颜庙，还去新建而尚未启用的曲阜宾馆观八佾舞，赏古乐。

**20 日**　秦和珍、韩哲一引导赴济宁参观。济宁管辖 7 个县，原是地区所在地，1983 年 10 月地改为市，曲阜为其中一县。市委丁书记介绍，济宁 103 万户、460 万人，其中 50 万户为非农业户，每一平方公里 85 人。1978 年粮食亩产 560 斤，1984 年亩产 1160 斤，人均占粮 1100 斤，所产土豆运销香港。以家庭承包为主的责任制已显示出它的威力。市领导很重视科技发展，农业技术员有 1 万多人。我们参观了太白楼和李白纪念馆、运河码头和一座酱菜工厂。此地教堂很多，有法国的、美国的和伊斯兰教中心。

济宁市委党史办杨新力赠我由他们编写的《湖西抗日根据地简史》。

## 是年

Frank Bessac 赠所著 *China's Forty Millions*。

# 1985年　61岁

## 2月

**15日**　范力沛（Lyman P. Van Slyke）赠所著 *The Chinese Communist Movement—A Report of the United States War Department, July 1945* 和 *Enemies and Friends—The United Front in Chinese Communist History*。

**16日**　国务院学位委员会第六次会议通过第二届学科评议组成员名单，18日公布于《光明日报》。历史学科评议组成员为：田余庆、石泉、刘大年、齐世荣、李学勤、吴泽、吴于廑、张岂之、杨生茂、林甘泉、章开沅、宿白、韩振华、蔡美彪、魏宏运、戴逸。

## 3月

**22日—28日**　赴涿县参加"孙中山研究述评国际学术讨论会"，提交论文《孙中山民权主义研究述评》。涿县距北京70公里。安排住桃园饭店，和萧致治同室。每天交全国粮票1斤，伙食费2元。会议负责住宿及伙食补助。讨论会由孙中山研究学会正、副会长胡绳、刘大年签发邀请函。会议中和贾亦斌、陈锡祺、山口一郎、久保田文次等多次接触，对孙中山何时具有共和国思想、孙中山和日本订立的11盟约是真是假的讨论时间最长，意见分歧。狭间直树根据《原敬关系文书》记载，肯定1895年乙未广州起义"使两广独立成为共和国"是一大发现。27日，访问古井、楼桑庙。古井为张飞之家乡，有古井遗址。楼桑有明代庙宇遗址，这里上了年纪的人对桃园三结义的故事都能讲得绘声绘色。

**是月**　何理赠他主持选编的《百团大战史料》。

## 5 月

应聘为上海人民出版社中国现代革命史丛书编委。

## 9 月

秦惟人赠《菊池贵晴先生追悼论集——中国近现代史论集》，汲古书院出版。

## 11 月

9 日—12 日　回陕西故乡魏家寨探视父病，王黎同行。

12 日—14 日　住陕西省委党校。14 日，在省委党校党史研究班讲国外关于中国抗日战争研究状况。

15 日　赴成都参加中国现代史学会年会。

17 日　在成都参加"中国现代史学会第二届会员代表大会暨第四次学术讨论会"。会议期间，四川大学特邀李新和我前去，浏览川大图书馆、博物馆，参观校园。

会后，应西南师范大学杨光彦、黎邦正邀请赴重庆，王黎、谢再刚、刘文君同行。我演讲题目为"美、日学者对中国近代史之研究及其热点问题"。参观市档案馆，对馆藏资料有了概括了解。

19 日　参观大足。归程 4 人同乘一船，过三峡，至武汉北上。

20 日　被选为中国现代史学会第二届副理事长。

## 12 月

30 日—31 日　弗德曼来校访问，冯崇义到北京机场接站。凌晨两点多到达，翌日他为研究生讲"经济霸权主义"。

是月　狭间直树及京都大学、神户大学、大阪大学等校教授赠再版《アジア歴史研究入門》。

日本历史学研究会赠《アジア現代史》（一、二、三、四、别卷）。

## 是年
被邀请为日本中国现代史研究会特别会员。

# 1986年　62岁

## 1月

2日　父病逝，享年81岁，逝世前为长安县政协委员。政协送挽联云"浩然正气"。

## 4月

19日　应金普森邀请，与王黎南下杭州，就便经苏州，与王迈、张圻福相会，游观前街、东山、雕花大楼、虎丘等地。

22日　夜乘船沿运河于23日晨抵杭州。金普森、邱钱牧、范展来接，见到杨福茂。

24日　为杭州大学历史系学生讲我国共和思想的演变与发展。

25日—27日　游瑶林仙境、严子陵钓鱼台、千岛湖、桐君山。

29日—30日　给杭州大学历史系研究生讲中国现代史研究中的若干问题。

## 5月

2日　应张关钊邀请，赴金华浙江师范大学讲研究中国近现代史的方法，并结合抗战时期金华的地位，阐述地方历史研究的重要性。

3日　游金华北山的冰壶洞、双龙洞。

11日　应张万禄之邀，与王黎乘火车赴西安。

13日　在西北政法学院讲美国学者对中国现代史的研究。

14 日　讲中国的共和国政治体制演变第一讲。

15 日　讲中国的共和国政治体制演变第二讲。

与中学同学丁风、石文琰一起看望武伯纶。

16 日—17 日　时杨圣清亦在张万禄邀请之列,得同登华山,实地领略了它的险要。路遇一石刻,篆道是:吃饱撑着,闲着没事。夜宿华山西峰。山上用水极艰难,全需取自山下,一暖瓶热水卖 1 元,能否全额供应,还需看运气。17 日晨起,赶赴东峰看日出。

18 日　应马玉卿邀请,移住解放军西安政治学校招待所,上、下午演讲美国见闻。

25 日—6 月 2 日　参加国务院学位委员会学科评议组第三次会议,会址在北京京西宾馆。

26 日　听取何东昌、黄辛白报告,了解到全国高校教育发展和学位制度建立的全面情况。至 1985 年底,各类普通高等学校达 1016 所,其中本科高校 573 所;全国已有博士学位授予权单位 196 个。

据国务院学位委员会办公室撰写的《我国学位条例实施五周年回顾》,经过 1981 年和 1983 年两次专家学者同行评议审核,全国有权授予学士学位的高等学校共 525 所。有权授予硕士学位的单位 425 个,其中高等学校 320 个,科研机构 105 个。授予硕士学位的学科、专业点 4254 个,其中高等学校 3587 个,科研机构 667 个。有权授予博士学位的单位 196 个,其中高等学校 153 个,科研机构 43 个。授予博士学位的学科、专业点 1151 个,其中高等学校 886 个,科研机构 265 个。此次会议学习了关于审核第三批文科博士和硕士学位授予单位工作的几点意见,关于博士和硕士学位授予单位复审办法,关于做好复审工作的几个问题的补充说明。

## 6 月

2 日　何东昌在闭幕式上讲话,谈到授予学位的学科、专业目录是审核授予单位及其学科、专业时的一个重要依据。对现行的专业目录要进行必要的调整和修订。谈到博士生指导教师，是一项光荣任务，而不是一种荣誉称号，也不表明一种特殊地位。

19 日　杨志玖师赠我他的《元史三论》。

20 日　南亮进赠《どこへ行く中国经济》。

## 7 月

15 日—16 日　赴吉林市参加国家教委一司科研处召开的审议"七五"科研规划会议，陈志让主持，住银花宾馆。

17 日　审议"七五"高校史学规划。

18 日　游小丰满水电站及松江湖。水电站始建于 1937 年，1942 年部分发电，1945 年日军投降时苏军拆走 5 部发电设备。现有职工 2000 余名。

19 日　继续审议项目。

## 8 月

28 日　赴北京美国驻华大使馆，参加庆祝富布赖特学术交流项目 40 周年招待会。获美国富布赖特基金会证书，称："魏宏运先生作为富布赖特学者，以其学术成就促进了中美两国人民之间的相互了解，特予奖励。"

**是月**　末次玲子赠《五四運動史像の再檢討》。

## 10 月

20 日—22 日　参加《历史教学》创刊 35 周年学术讨论会并讲话。

29 日—11 月 4 日　在北京参加全国哲学社会科学"七五"规划会议，讨论"七五"期间国家重点研究课题。讨论《国家社会科学基金暂行条例》。

## 11 月

**1 日**　胡耀邦、杨尚昆等党和国家领导人在人民大会堂接见参加规划会议的全体代表。我们由京西宾馆乘车前往。

**21 日**　南开经研所经济史研究室赠《中国近代盐务史资料选编》。

## 12 月

**24 日—29 日**　和傅同钦、崔宝衡、苏驼、姜尚谦一起参加国家教育委员会在广州中山大学召开的文史哲、法学类、外语类本科专业目录审定会。夏自强主持会议。

**是月**　贺萧（Gail Hershatter）赠所著 *The Workers of Tianjin, 1900-1949*。贺萧曾从学于我两年。

王赓武赠所著《东南亚与华人——王赓武教授论文集》，中国友谊出版公司。

宇野重昭、小林弘二、矢吹晋赠《現代中国の歴史（1948—1985）毛沢東時代から鄧小平時代まで》。

# 1987年　63岁

## 2月

15日　《陕西党史资料通讯》今年第2期（总第64期）刊登我和任登弟写的《兴国中学民青社的活动》。

## 3月

张宪文赠送其著《中国现代史史料学》。

## 5月

30日　与王黎乘车南下，参加财政部和财政学会在黄山召开的抗日根据地财政史学术交流会。先至南京，住第二档案馆招待所。

是月　日本中国现代史研究会赠《抗日戦争と中国民衆》。

## 6月

1日　见到胡菊蓉。她正在整理南京大屠杀图片。

2日　游秦淮河、夫子庙。

3日　赴歙县（徽州）。此地是一山城，江水流经城中。会议原计划在此举行，后改在黄山。王黎、刘健清、左志远、张洪祥和我即赴黄山宾馆。

4日　抗日根据地财经史学术交流会开幕，戎子和主持。下午，我在大会上讲晋察冀和晋冀鲁豫边区财经史料及史稿的整理和编写情况。

5日—7日　各根据地编写组讲各自的编写情况和经验。

8日—9日　登黄山。黄山原名黔山，公元747年改名黄山。我们徒步而上，欣赏奇松、怪石、云海，夜宿北海宾馆。早观日出。

10日　乘汽车返回南京，路经当年新四军活动的泾任县、**繁昌**、铜陵等地。

11日　到第二历史档案馆看毛丁捐献的有关蒋介石的档案，约163卷，粗略看了展出部分。

12日　参观灵谷寺、中山陵、明孝陵等地。晚在解放军通讯工程学院讲美国的面面观及美国学者对中国历史的研究。

13日　给南京大学历史系研究生讲中外学者对中国近代史的研究。

## 8月

15日　录取两名博士生：冯崇义、袁鸿林。去年获得国务院学位委员会博士生导师资格，因无合格者没人录取。今年始录取两人。

25日—30日　接待德国汉学家李博（Wolfgang Lippert）来系讲学。李介绍了德国汉学研究概况。

## 9月

1日—5日　接待哈佛大学柯文（Paul Cohen）教授。彼此次来南开收集义和团资料。请冯崇义为其复印1959级调查的《义和团运动在天津》油印稿调查资料一份。柯文所著《在中国发现历史》在我国颇有影响。

5日　明尼苏达大学Hyman Berman来访，与陆镜生、王黎、冯崇义、袁鸿林、魏晓明到天津站迎接。

9 月　姬田光义赠所著《中国革命に生きる：コミンテルン軍事顧問の運命》，中央公论社刊。

## 10 月

7 日—10 日　参加中国第二历史档案馆、南京中华民国史研究会主办的"民国档案与民国史学术讨论会"，会址在金陵饭店，提交的论文为《抗战初期国民政府经济政策透视》。和丁日初、孙思白、陈志让、陈旭麓、麦金农等多所交谈。丁、孙颇赞魏晓明撰写的硕士学位论文《试论北洋军阀官僚的私人经济活动》。会议赠与会者《抗日战争正面战场》（上、下册）等书。

9 日　参观中国第二历史档案馆。

11 日　为南京大学历史系研究生讲中国现代史研究的方法论问题。

13 日—20 日　财政部科研所赵秀山、星光、冯田夫组织晋冀鲁豫财政经济史编写组成员赴太行山实地考察，南开有我、王黎、左志远、刘健清参加。13 日，集中邯郸，河北财政厅厅长丁俊歧安排参观访问。14 日，到邯郸档案馆，看到 40 年代当地国共双方的统计调查资料。16 日，访晋冀鲁豫中央局机关所在地武安冶陶。此地是一大镇，有数家富商，当年户数 3067 户，人口 12064 人。中央局在此地召开过边区土地会议、华北财经会议，边区政府与联合国救济总署谈判也是在此举行，刘邓大军南征从这里开始。20 日，参观涉县赤岸刘邓纪念馆。馆里陈列许多珍贵资料，有当时的报刊、土地调查详情记录、兵器。我们考察了附近的河南店、索堡、弹音等地。

21 日　参观黎城北社村黎城会议旧址，此地现为一小学。

24 日—28 日　参观王家峪八路军总部和武乡八路军纪念馆、辽县麻田、桐峪等地，调查抗战时期土特产出口和一般商业状况。

27 日　游沁源灵空山。参观应县木塔，塔高 67 公尺，砖壁三面临沟一面靠山，地势险要。

29 日　参观砖壁八路军总部。

30 日—31 日　由太行山直接赴北京，参加中国近现代史规划小组第二次会议。

## 11 月

30 日　召开《中国通史简明教程》审稿会，请历史系诸学友提意见。与会者提出许多宝贵意见，如应减少政治史的内容，增加物质文明史内容；魏晋南北朝时期应多写点文化融合，如汉人也骑马；应突出城市的发展，如北魏时的洛阳、唐代的长安等。高教出版社徐敦复、王宏凯与会。

## 12 月

三谷孝赠小林弘二编《中国农村变革再考——传统农村と变革》一书，其中收有三谷孝撰《抗日戦争中の「中国農村」派について》。

# 1988年　64岁

## 3月

**5日**　到怀柔雁栖湖边雁栖园，和星光、赵秀山、冯田夫、王黎一起讨论《抗日战争时期晋冀鲁豫边区财政经济史资料选编》的定稿，为时两周。

**11日**　我等一起赴慕田峪观长城风光。

**20日—23日**　英国 Kent 大学 3 位教授和 2 位夫人来系讲学，请冯崇义到北京机场迎候，21 日和他们座谈。

**是月**　武伯纶赠我他的《古城集》，1987 年三秦出版社出版。武是我中学老师。

## 4月

**18日**　与高德福、李梦棠、魏晓明赴河北大名县考察三四十年代大名之农村，以兹决定下一步调查事宜，去途夜宿邯郸。

**19日**　由邯郸乘汽车赴大名，行程 70 公里。

**20日**　与大名县宣传部长、县党史办、县志办、档案局负责人谈调查提纲。县档案很少，魏晓明去北固调查盐民斗争。

**22日—29日**　应王淇邀请，赴北京钢铁学院参加中共党史审读会，审读抗日战争、解放战争部分。与郑惠同住一室。会议由沙健孙、郑惠主持。

## 5 月

**15 日**　和王黎赴开封河南大学讲学。此行应李光一邀请，为其所办的助教第二期进修班授课。

**16 日—19 日**　授课，先后讲了以下几个问题：历史学科的作用；毛泽东思想中的儒家思想；关于辛亥革命的理论问题；十年内战与十年建设；抗战时期国民党的（经济）方针政策。课余李光一陪同参观铁塔，并至黄河边。此处河床高于地面，河对面即焦裕禄治理的兰考县。

**20 日**　参观龙亭、包公祠、宋朝一条街、相国寺等地。

**21 日**　从开封赴合肥，应吴寿祺邀请在安徽大学讲学。

**22 日—24 日**　给安徽大学历史系研究生讲抗日根据地研究状况。再讲辛亥革命研究的若干问题。给本科生讲历史研究法，及目前史学界对二战时期研究的若干问题。

**25 日**　参观安徽博物馆、逍遥津，徐承伦、武菁陪同。应聘为安徽大学历史系兼职教授。

## 6 月

**4 日—6 日**　和日本学者姬田光义、三谷孝赴北京，宿香山宾馆。与中共中央党史研究室郑惠等人座谈。张琦、张会才陪同游香山。

## 7 月

姬田光义赠中央大学人文科学研究所编的《五四運動研究史シンポジウム記録》2 册。

## 8 月

**5 日**　在水上公园会宾园参加研究"龙魂馆"设计方案，会议由毛昌五主持，文化局负责设计。

**20 日**　与刘健清赴内蒙古，途经北京，夜宿沙滩《红旗》杂志社地下室招待所。同室李强、小周讲新出现的家族利用批条赚到大量财富；上海青年人去日本的很多，今年 7 月统计已有 4 万多人，1.5 万元买一本护照，到日本去不是求学，而是打工挣钱。

**21 日**　抵呼和浩特，参加中国现代史学会年会。我演讲"档案整理与历史研究"。

**27 日**　赴成吉思汗陵参观。成陵坐落于内蒙古西南部伊金霍洛旗甘德利草原上，从呼市到成陵约 350 公里。陵园有三幢穹庐式宫殿，黄蓝两色的琉璃瓦顶。正殿即纪念堂，高 24 米，堂内立着 5 米高的成吉思汗塑像。董谦让我代表中国现代史学会向成吉思汗塑像献哈达。夜宿蒙古包，每人付 12 元。

**29 日**　参观云冈石窟。云冈石窟位于大同市城西 30 多华里的武周山河谷北侧。在大同受到蒙莉莉父母的款待。

## 9 月

**7 日**　英国萨克斯大学 Stephen Yeo 博士在天津师范大学北院讲口述历史。庞卓恒约我主持会议。Yeo 是研究工人运动的，是马克思主义者。

**11 日**　与张友伦、陆镜生陪同明尼苏达大学的 Stanford Lehmberg 教授游古文化街。

**12 日**　学校宴请久保田文次和小林一美等参加义和团调查的中外成员，我亦参加。

**16 日**　魏晓明赴美国蒙大拿大学学习人类学。

**是月**　石岛纪之来南开，请其为现代史师生讲"'安内攘外'政策"。

## 10 月

27 日—28 日　在京参加国家教委社科中心举行的十一届三中全会以来理论成就展准备会，武兆令主持，地点在北京外国语学院。

## 12 月

胡德坤赠其新著《中日战争史（1931—1945）》。

# 1989 年　65 岁

## 1 月

**12 日**　参加"纪念天津解放 40 周年学术讨论会"，在干部俱乐部举行。

**14 日**　神户学院中村哲夫来访，交谈抗日战争及孙中山研究诸问题。

**15 日—16 日**　在京参加中国现代史学会会长、秘书长会议。在中国革命博物馆会议室讨论现代史学会的组织机构调整，换届及纪念中华人民共和国成立 40 周年学术讨论会的筹备工作。李新、董谦均参加。

**30 日**　宍户宽、内田知行、马场毅、三好章、佐藤宏赠《中国八路军新四军史》。

## 2 月

池田诚赠《中国近现代史》一册，乃池田诚、安井三吉、副岛昭一、西村成雄合著。

## 3 月

**23 日**　历史系学生成立今日中国研究会，并摄影留念。

**25 日**　日本横滨市立大学山极晃来访，交谈解放战争和抗美援朝时期的中苏关系。

**26 日**　今日为南下工作团 40 周年纪念日。1949 年的今天，南开南下同学从新兴路护士学校集合出发。

**30 日—31 日**　住学校谊园，听取文科各项优秀教学成果申报人汇报，审阅各单位申报材料，写出评语。

## 4 月

**1 日**　日本一电视台录制《范曾在南开》，我和几位老教授应邀参加。

**12 日**　和王黎访问肖黎及其夫人张彬，交谈中国史研究现状。

## 5 月

**3 日**　应聘为南京大学特别聘评委员会委员，评审张宪文副教授的教授资格。

**3 日—8 日**　参加中国社会科学院在北京举行的"五四运动 70 周年学术讨论会"，住国务院第一招待所。会议主题为"五四运动与中国文化建设"，港、澳、台学者和不少外国学者参加。我熟识的有野泽丰、森时彦、林毓生、周策纵等人。我提交的论文为《五四新文化运动的探索》。会议讨论的问题主要为：1. 五四和辛亥革命的内在关系；2. 五四精神与"五四"内涵；3. 新文化的反传统；4. 五四的理性与非理性；5. 救亡与启蒙的关系；6. 从五四看知识分子的命运；7. 新权威主义；8. 中西文化比较研究；9. 传统和继承的关系；10. 20 世纪 30 年代中国社会的再估价。

我于 4 日访梁寒冰，6 日访聂真。

**14 日—15 日**　与王黎赴塘沽海军勤务学院，石法成来接。在学院举办的革命史讲习班授课，讲如何研究革命史，近年来革命史讨论的问题，档案利用的重要性。

参观天津开发区。

## 6月

21日　应乔志强、任茂棠邀请，赴山西大学主持历史系4位硕士研究生毕业论文答辩。

26日　参观平遥古城、双林寺及乔家大院民俗陈列馆。

## 7月

19日　应黄存林、靳丰龄、张文彦之邀请，赴秦皇岛市委党校讲课，王黎同行。

21日　秦皇岛市委党校讲习班开学，约40人。我讲授为什么学习历史，怎样研究历史，怎样提高教学质量，怎样写文章。

22日　讲近代史研究中争论的若干问题。午后游北戴河。

24日　游山海关、老龙头、姜女庙。

25日　讲抗日战争国民党战场的若干问题。参观秦皇岛码头机械化装卸线。

26日　讲抗日敌后根据地并解答问题。

## 8月

12日　和江沛陪同美国学者Ralph Thaxton赴北京全国政协，访聂真、王从吾，座谈20世纪30年代冀南、豫北的革命斗争。

19日　赴北京八宝山向梁寒冰遗体告别，聂璧初亦参加。

28日—31日　陪同浜口允子、前山加奈子访问天津女青年会成员，了解妇女解放运动及当前女性组织及活动状况。

## 9月

8日　陈平从唐山来，他和姬田光义合写的《日军三光作战》已出版。

11日　和张洪祥赴唐山，了解冀东社会调查进展状况。与果峰交谈，他已完成猪鬃产销调查，丰润土布调查正在进行中。

**19 日—22 日**　参加国家哲学社会科学基金评议会。会址在北京西山八大处，环境优美，晚饭后常爬山。高德、张海鹏主持会议。

**是月**　肖黎主编的《中国历史学四十年》出版，收入我的《中国现代史》一文。

## 10 月

**16 日**　厦门大学陈诗启来访。午后参加校友赠给母校 70 周年的石碑揭幕式。

**21 日**　应王宜恭之请，去天津历史博物馆参观中国通史陈列。

**26 日**　赴天津政治干部管理学院，参加纪念李大钊诞辰 100 周年学术讨论会，演讲"李大钊和天津"。

## 11 月

**9 日**　赴北京八宝山参加王致远追悼会。王是我中学同学，其名著为《胡桃坡》。

**23 日—24 日**　参加国家教委文科教材座谈会，地址在中国人民大学。何东昌、王忍之讲：教学应坚持四项基本原则；好教材应予推荐；一门课程可有几种教材，在四项基本原则指导下，可有不同看法；哲学社会科学应更多地研读马列主义，回答现实问题。

**26 日**　赴宁波，参加中国现代史学会讨论会。

**27 日**　经杭州，邱钱牧夫妇接待，夜宿杭州大学招待所。

**28 日**　至宁波，参加大会两天，对陈独秀评价尚不能畅所欲言。会议组织参观奉化溪口镇，和李茂盛等看了蒋介石住宅及张学良被扣时之住房、雪窦寺、庙高台等处。

## 12 月

**15 日—17 日**　苏联科学院远东研究所高级研究员尤里及乌索夫来南开访问。16 日，教研室教师及研究生与他们座谈。17 日，我陪同参观教堂、李鸿章督统衙门及文化街。

**22 日**　应张荷顺及利顺德饭店田经理邀请，论证孙中山 1912 年 8 月 23 日抵天津时下榻利顺德饭店。利顺德拟设一孙中山总统套间。我查阅《大公报》关于孙中山抵津时的欢迎场面，以及下榻利顺德，在广东会馆与河北公园天津商品陈列所演讲的状况，并将孙中山喜爱的饮食特点提供给他们。

**27 日**　历史系举办郑天挺 90 诞辰及逝世 8 周年学术报告会，我讲了郑天挺由爱国主义者转变成为共产主义者的历程。

## 是年

获中国财政学会"全国财政理论研究佳作奖"。于可赠其主编的《世界三大宗教及其流派》，湖南人民出版社 1988 年出版。

# 1990 年　66 岁

## 1月

池田诚赠《歧路にたつ国際秩序》。

## 2月

13 日　受刘健清、王家典之托，请贾亦斌为他们撰写的《中国国民党史》作序。贾亦斌来函应允。

23 日　三谷孝赠《社会的結合》。

## 3月

19 日　《南开周报》刊登江沛文章《老骥伏枥志在千里——记魏宏运教授》。

**是月**　孙中山基金会成立，任第一届理事会理事。

## 4月

18 日　参加李来福（Lief Littrup）在系资料室举行的学术报告会，讲题是"北欧汉学家研究中国历史的状况"。

## 5月

10 日　到天津干部俱乐部南楼参加天津市社会科学规划会议。

## 6 月

2 日　参加学校召开的纪念鸦片战争 150 周年座谈会。我发言，希望广大学生珍视来之不易的建设成果，努力学习历史，增强民族的凝聚力，增强我们自己的历史责任感，深切理解中国共产党的领导和社会主义道路是历史的选择。

12 日　赴凯悦饭店参加美国驻华大使主持的钢琴演奏会。

13 日　参加美国驻华大使举行的招待会。

25 日—30 日　在北京京西宾馆参加国务院学位委员会学科评议组第 4 次会议。29 日，江泽民、李鹏在人民大会堂接见。江泽民在简短的讲话中，引用了王羲之"群贤毕至，少长咸集"的名句。

## 7 月

18 日　参加南开、明尼苏达两校建立关系 10 周年庆祝会。

## 8 月

18 日　与日本学者三谷孝等 7 人赴顺义县开始调查。此项合作经过国家教育委员会批准。国家教委批转南开大学的文件内容如下：

### 关于历史系魏宏运等人与日本学者进行合作研究事

教外司亚（1990）848 号

南外发（1990）64 号、140 号文均悉。

经研究，同意你校历史系魏宏运教授等 3 人与日本一桥大学三谷孝教授等 7 人，联合进行有关中国近代华北农村的综合性调查与研究工作，研究成果由中日双方共享，所需经费由日本文部省国际学术研究基金中支付。

该项研究涉及内容广泛，且时间较长，请在合作中严格遵守国家有关规定。力争该项合作研究为我所用。

国家教育委员会国际合作司

1990 年 8 月 4 日

抄送：天津市、北京市外办、顺义县人民政府、房山县人民政府

**19 日**　顺义县李县长等做梗概介绍：顺义人口 52 万，土地面积 1016 平方公里，11 个镇、17 个乡、434 个村。1978 年后发展很快。村民 75% 从事工业，10% 务农。上年人均收入 1300 元，人均储蓄 1300 元。亩产 745 斤，新中国成立初期为 84.5 斤。

**20 日**　上午调查团访问沙井村，下午至顺义县档案馆查阅资料。沙井村生产大队分两个小队，1984 年生产队解体。现由 3 人的村委会管理，村干部共 10 人。村拥有一服装厂，是 1982 年创建的，为加拿大、意大利、西德、日本、法国、瑞士进行服装加工。

**24 日—30 日**　由顺义到房山县吴店村调查。赵区长介绍当地农业发展概况。

**31 日**　参观周口店、琉璃河。午后返津。

## 9 月

**7 日**　参加校工会举行的教师节座谈会，李国骥主持，母国光、温希凡讲话。

## 10 月

**20 日**　启程赴日。与王黎乘民航抵东京成田机场，三谷孝、中生胜美来迎，住宿上智大学招待所。上智为教会学校，位于东京都千代田区，学生多为在东京的外国留学生。招待所是为各国交流学者而设，设备齐全，厨房中一切炊具尽有。

21 日　拜访顾琳（Linda Glove）家。顾琳丈夫近藤秀实研究中国明清绘画史。赠他中国著名画家韦江凡奔马图一幅。

22 日　参观上智大学顾琳办公室。顾琳属比较文化学科，近时在研究中国高阳土布业。研究经费较充足，每年 20 万日元研究费全由个人支配，可购书籍，退休时须交还学校。

午后，访一桥大学，三谷孝陪同参观图书馆。15 时在三谷孝主持的研究班主讲四个问题：1. 中日战争有 15 年战争与 8 年战争之说；2. 国民党战场与共产党战场；3. 太平洋战争与中国抗战；4. 如何评价蒋介石。

23 日　笠原十九司陪同宋志勇、王黎和我参观外务省外交史资料馆，借阅 1919 年日本商务部的部分档案。在华日本各地领事馆对所在地五四运动均有详细陈述。之后参观日本国立图书馆，借书很方便，20 分钟即可借到手。傍晚访中央大学斋藤道彦家。斋藤曾作为访问学者在南开研究了两年中国现代史，中国话说得很地道，现于东京办了一所日中语言学校，自任校长。斋藤的双胞胎女儿已上小学，课程包括社会、道德、家庭。我们带回了几本日本小学课本，计划将来写一点有关日本教育制度的文章。

24 日　中生胜美陪同参观皇宫广场，浏览旧书店。而后，在东京大学讲学的南开好友鲁德才邀游上野叫卖市场。这里物价较低，一日数变，早晚不一。

25 日　顾琳陪同参观小林弘二所在的亚细亚经济研究所，位于东京都新宿区市。

26 日　顾琳、浜口陪同赴国立艺术博物馆，参观庆祝平成天皇登极而举办的上野公园内的特别展览。特别之处就在于这些展品平日是不展览的，多是国宝级的，有的还属于宫廷所有。中国唐代和唐代日式的展品，精美异常，观者赞叹。

27 日　在上智大学讲抗战时期国民政府的经济政策。

28 日　浜口、末次陪同游览横滨，参观横滨港、开港资料馆、外国人墓地和唐人街。外国人墓地以墓碑艺术造型吸引游人。唐人街有中华会馆、关公庙，中餐馆特多。

29 日　上午，三谷孝陪同赴米原换特快去金泽。下午到达目的地，内山雅生接至兼六庄宾馆住宿。宾馆是私立学校集资建立的，两人间日付 8000 日元，一人间 4300 日元。晚间内山夫人招待于有 200 多年历史又具欧陆遗风的饭店。

30 日　上午内山雅生、三谷孝引导参观金泽大学校园。校园是江户时代加贺藩主的领地，城堡是凿石对缝砌成的，江户时代的 30 间长屋仓库至今保存完整。下午，内山雅生主持会议，我演讲"抗日根据地诸问题"，听众为研究生、本科生。后参观校图书馆，不少书已输入电脑，借书手续相当简便。

31 日　上午，参观百万石文化园江户村。11 时，参观檀风苑。下午，和三谷、内山一起，乘"雷鸟号"特快至福井。长谷川学安排我等宿于福井厚生年金会馆。长谷川学现为《朝日新闻》记者，曾在南开从学于我。

## 11 月

1 日　长谷川学、内山雅生陪同参观国家游览胜地东兼坊，乘游艇下海，从海上观东兼坊甚壮观。景色虽美，却是著名自杀地点。下午内山陪同乘火车赴京都，沿途多稻田。抵达后，见到中生胜美和祁建民。京都大学森时彦安排我和王黎住京都大学职员会馆，两人间宿费 8000 日元。祁建民住光华寮，单人间每日宿费 2000 日元。郭沫若住过光华寮，《十批判书》就是在这里写成的。

2 日　上午，森时彦及其夫人森纪子陪同我、王黎和祁建民游比睿山。下午，在京都大学人文科学研究所讲国民党南京政权的经济建设，内容有：1. 经济和社会基础；2. 经济政策；3. 工业化计划；4. 农村复兴问题；5. 经济转入战时轨道；6. 西迁运动；7. 经济思想；8. 官僚资本。会议由狭间直树主持，约 20 多位学者参加。

狭间直树、森时彦赠《中国歷史学の新しい波——辛亥革命研究について》。

3 日　上午，和森时彦同去参加日本汉学家在京都举行的年会，并与伊原泽周交谈。下午，随铁山博乘京阪特急赴大阪，车行 30 分钟，票价 400 日元。他讲到，这段铁路自改为私营后，乘车又快又便宜。晚餐，铁山博邀在大阪著名中菜馆绵城阁就餐，他夫人带女儿急急赶来。铁山博在南开研读时就学于我，研究课题为清末内蒙古的农业经济。席间交谈涉及日本史学界目前研究热点问题和不同见解。晚，西村成雄来访，赠刊物、文章各一份。

4 日　芝池靖夫原计划引导我们去奈良，因天下雨，改为漫游大阪地下商城。下午，中国现代史研究会诸友人来，我为研究会特邀会员。池田诚、芝池靖夫、西村成雄、田中仁、安井三吉、铁山博、副岛昭一、深尾叶子等均来相聚。芝池先生整日陪我们。

5 日　晨 10 时与中村哲夫相会于火车站。祁建民仍陪同，赴神户。抵神户，登诹访山，观神户港全景，远眺可看到孙中山秘密来日本时之登陆地点。孙中山秘密居处为川崎重生家，一般则住和田岬。下山后参观关圣庙、中华商会会馆、南京街。关圣庙至会馆间，有当年兵库县神户女子学校校址，是孙中山演讲"大亚洲主义"的地方。我度其时应为 1924 年 11 月 28 日，现学校已不存在。至市立博物馆，运气不佳，时值闭馆。步行至海港参观。

午后参观华侨博物馆。此地原为中华同文学校，为麦少彭所建，建立时梁启超来参加庆典，有徐世昌笔迹"如流云在"，有孙中山书赠寺冈的"博爱"二字。

6 日　中村引导参观移情阁孙中山纪念馆。山口一郎是孙中山研究会会长，是位长者，特来接待我们，赠我《孙文》一书，并命令开阁楼供我们参观。为保护木质楼梯及所藏实物，平时是不对外开放的。他说，移情阁原为吴锦堂的别墅。吴是加入日籍的有钱华人，后将此阁赠给孙中山纪念馆。孙中山作为铁路督办时曾至此。馆内有孙中山笔迹三幅和当时的外交文书，和胡汉民书写的"大道之行也天下为公"的条幅，还有黄兴为中国设计的国旗图样，呈井字形。山口一郎赠所编《孙文選集》第一卷。

下午，祁建民返回东京。我与王黎飞抵鹿儿岛。是日机场检查异常严格，为天皇平成登极事。铁山博、田尻利迎至城山观光宾馆。

7日　早，铁山博、森时彦驱车来接，邀观鹿儿岛。下午，在经济大学演讲"中国历史学界现状及研究之问题"。夜宿温泉旅馆——白水馆，共开两个房间，铁山博也住宿，照顾我。晚餐前后，均把握时间洗浴。温泉浴场分大浴场、露天浴场及沙浴场。我生平第一次洗沙浴，沙极洁净，呈黑灰色，温暖适度，诚一享受，只是太贵了，虽是住本旅馆客人，每次收费也要1030日元。

8日　早去长崎鼻，铁山博驾车，一路观鹿儿岛景色。长崎鼻确像伸出的鼻子，是鹿儿岛的最南端。铁山博说，外国人访鹿儿岛是件难得的事。继续驱车至枕崎市观渔港。再前行到坊津町。再车行40分钟，村落稀疏，参观鉴真大师登上日本国土的地方。

晚，又换一极考究之中西合璧宾馆，观夜景最佳。校长野久尾德美来宾馆设宴，席间对中国大学的经济来源、管理及教学设备诸问题询问较详。

9日　参观平川动物园。冒雨往观天保山炮台。参观鹿儿岛历史资料中心——黎明馆。下午飞回东京。晚仍回上智招待所。

10日　在东京专修大学与笠原十九司合讲关于华北农村调查，侧重面不同。我讲吴店村概况、晋察冀边区与吴店村；笠原讲中国农村变革概况、吴店村的历史。课后，笠原陪同乘地铁离东京去参观宇都宫大学。

11日　笠原约中国留学生陈宁作陪，驾车同游日光市看红叶。陈宁为上海人，靠打工所得收入交学费，维持个人生计。笠原在与对面车礼让中倒车，碰坏了后灯。车是花150万日元刚买的，我很过意不去。夜宿足尾温泉别馆。

12日　参观一废弃铜矿。笠原介绍，抗日战争期间，曾有中国劳工死难在这里。中日邦交1972年恢复，翌年即在此建纪念碑、纪念塔。当年有257名中国人被迫当劳工，在短短时间里死了109人，这些人来自河北房山，以"学习技术"名义被骗来。

13日　返回东京，去防卫厅查资料。

15日　早，整理书籍，海运。此次来日本获赠书不少。上午，李卓和李小林来，交谈对日观感。不久浜口来，同去新宿游览。下午，在女子大学演讲"辛亥革命"，久保田文次主持，宋志勇、张思参加。

久保田文次、久保田博子赠《萱野长知研究》。

伊藤道治赠《中国古代王朝の形成——出土资料を中心とする殷周史の研究》。

小林弘二赠其与加加美光行的《延安革命——第三世界革命の原点》及《中国の世界认识と开发战略——视座の转换と开发の课题》。

鹿儿岛经济大学赠《近代东アジアの诸相》。

路遥、佐佐木卫赠合编《中国の家・村・神——近代华北农村社会论》。

16日　由东京返回北京。

# 1991 年　67 岁

## 1 月

24 日　当选为中国抗日战争史学会理事。

## 3 月

17 日　赴京参加"纪念巴黎公社 120 周年学术讨论会"及首都中青年马克思研究会成立大会，住蓟门饭店。

18 日　在人民大会堂举行的会议上听李锡铭、何东昌讲话。下午大会发言移至北航礼堂。

20 日　于北航礼堂听军事专家分析海湾战争，大会代表继续发言。

21 日　参加《高校理论战线》编委会成立会，何东昌到会致辞，并向受聘编委一一颁发聘书。随后，讨论如何办好这一刊物。

22 日　《高校理论战线》编辑部邀请《人民日报》、《光明日报》、《中流》、《当代思潮》等刊物编辑与编委座谈，地址在北航科学馆。

## 4 月

17 日　和王黎陪同笠原夫妇游房山石花洞、九渡、十渡。十渡有平西革命纪念馆，陈列有抗日战争平西根据地历史人物及文物。

30 日　参加南开大学校工会举行劳模"七五"立功受奖座谈会，因我被评为 1990 年天津市劳动模范，获得奖状、奖章及奖品。

**是月底**　笠原十九司赠其作为证人在教科书裁判（第三次诉讼控诉审）的证言"意见书"，《世界に知られてぃた南京大虐殺——「南京大虐殺」、「婦女凌辱」、「日本の侵略」記叙への検定につぃて》。

## 5 月

1 日　浜口允子、顾琳、渡边惇来中国参加周学熙研讨会，王黎与我陪同赴杨柳青石家大院参观。

2 日　与顾琳、浜口、渡边、张利民等赴秦皇岛参加"周学熙实业集团与中国现代化学术讨论会"。

3 日　讨论会开幕，王光英、丁日初等讲话。我演讲"周学熙在中国近代工业发展史上的地位"。下午参观耀华玻璃厂、秦皇岛港口。

4 日　游山海关。顾琳、浜口后来均曾来系讲学一周。

12 日　接待冯崇义在英国里兹大学时的导师蒂丽亚，请其给研究生讲英国大学培养研究生的方法。

17 日　蒙大拿大学 Larry Gianchetta 来校访问，我和王黎、王筑津陪同游东陵。

## 6 月

5 日　参加南开大学授予吴大猷名誉博士仪式，地址选于东方艺术系。

7 日　请星光为研究生系统讲授抗日根据地财政经济政策之建立、发展、成功经验及教训。星光为财政部科研所副所长。

27 日　和王黎随历史系教师去白沟参观。据记载：自清代开始，白沟人就长于生产冒牌货，各色物品，乃至枪支。我们目睹其交易之繁茂，了解到许多商品生产及流通之状况，既是参观也是调查。

28 日—7 月 6 日　应 Mabel Lee 邀请赴澳大利亚参加悉尼大学主办的第二届澳中研究协会年会。我提交的论文为《从沙井村看中国农村的现代化》。7 月 4 日，用英语简要宣读论文内容。与会华裔学者不少，对中国农村变化兴趣浓厚，希望知道南方与北方、东部沿海地区与内陆农村发展的差距。我谈的主要有两点：一是农村发展不平衡；二是中国面对现代化还有很长的道路要走。Mabel Lee 祖籍广东，落户异域已四代，从事文学翻译工作。蒙华裔学者萧红相约，住她家中。萧红祖籍江西，从美国移居澳洲，专治女性运动史。

魏宁、粟明鲜、王大冈等学友陪同参观悉尼歌剧院，漫步海湾、海滩，乘游艇，观夜景。

## 7 月

冯兆基（Edmund S. K. Fung）赠所著 *The Diplomacy of Imperial Retreat—Britain's South China Policy, 1924-1931*。

## 8 月

中文系教师刘福友拟举办"纪念花岗起义死难烈士展览会"。我应约以中楷书感怀一幅相助：

> 日军侵略，肢解中华。烧杀抢掠，壮丁被抓。
> 青年劳工，地狱生涯。铁路开矿，病饿交加。
> 花岗起义，惨遭镇压。民族仇恨，无以复加。
> 陈列佐证，意义重大。历史悲剧，教育天下。

1 日—4 日　主持召开"中国抗日根据地第二届国际学术讨论会"，讨论会在天津市科技大厦举行。美、日、英、德、法、澳、荷等国的 34 名学者和国内 60 余名学者参加。我的主题报告是"抗日游击战争推动了抗日战争的历史进程"。会议讨论的问题主要集中于：1. 毛泽东思想与抗日根据地的形成；2. 抗日根据地的军事斗争；3. 抗日根据地的社会形态；4. 农民的觉悟与抗日根据地的兴起和发展；5. 根据地的财政经济建设。会后，冯崇义、田酉如陪同部分外国学者赴太行山参观，部分随旅行社前往西安、延安。

12 日—17 日　按预定计划和日本学者三谷、顾琳、笠原、内山、浜口、末次、中生及中国诸友在静海府君庙乡冯家村调查访问。

**是月**　Edward Friedman 和 Mark Selden 赠所著 *Chinese Village, Socialist State*。

竹内弘行赠《十八史略（鑑賞中国の古典）》。

Lyman P. Van Slyke 赠所著 *Yangtze—Nature History and the River*。

## 9 月

2 日　应聘为全国哲学社会科学规划领导小组"八五"期间中国史学科规划组成员。

15 日　赴沈阳参加"九一八 60 周年国际学术讨论会"，提交的论文为《"不抵抗主义"剖析》。

17 日　《天津日报》刊载记者采访我的文章《老树繁花》。

18 日　参观柳条湖、张学良故居。

19 日　主持一小组会，到会约 50 余人，对"不抵抗主义"有不同认识。

20 日　评论蒋永敬的《顾维钧与九·一八事变》。

21 日　大会评论，10 人发言。我讲了两个问题：1. 从九一八事变时期的现象看日本侵华的本质；2. 对九一八事变，中外有不同记载，史学工作者应多加分析。会议赠《"九·一八"抗战史》、《"九·一八"事变实录》、《"九·一八"事变档案史料精编》、《"九·一八"事变图志》。

**22日**　在返回天津火车上和唐德刚交谈良久。唐讲述了他的留学经历及任教哥伦比亚大学的教学和研究状况。

**25日—29日**　参加在北京国谊宾馆召开的1991年度国家哲学社会科学基金课题评议会。

**是月**　受聘为首届光明杯优秀社会科学学术著作评审委员会委员，并参加了光明日报社优秀作品评审会。

西村成雄赠所著《中国ナショナリズムト民主主義——20世纪中国政治史の新たな視界》。

## 10月

**9日**　天津市委宣传部、天津社联、天津社科院、天津史学会联合举行"辛亥革命与国情学术讨论会"，我做一简短发言。

**10日**　南开大学校党委宣传部、统战部、历史系联合举行辛亥革命学术讨论会，我的发言是"从两个飞跃谈对辛亥革命的认识"。

**11日**　和张洪祥、付建成、朱德新、温锐、江沛同赴唐山，开展冀东农村调查，果峰安排夜宿军分区招待所。

**12日**　请陈平、吴裕民、李拯民与冀东调查编写组成员座谈冀东革命。陈平于抗日战争中在冀东开展工作，著有《千里"无人区"》。

**28日**　参加天津社会科学院举办的第三届近代中国城市研究学术讨论会，会址在天津师范大学。

## 11月

**17日**　接受校长母国光、党委书记温希凡在谊园三楼会议室颁发的"政府特殊津贴证书"。

19 日　陪和歌山大学副岛昭一赴天津市政协，与被邀请的几位老人张润山、孙新源座谈日伪统治时期诸问题。座谈由杨大莘安排，内容丰富，我也因此对日租界之特务与汉奸有了更深的了解。

**是月**　接待苏联科学院通讯院士波利雅科夫、尔热舍夫斯基，座谈二战史。我特别提出，在编写第二次世界大战史时应该以足够的分量反映中国抗战的地位和作用。

## 12 月

4 日　星光、赵秀山、冯田夫由京来津，讨论晋冀鲁豫财政经济史的编写问题。

23 日—25 日　澳大利亚格里菲斯大学冯兆基来校访问，请他给研究生讲西方对中国现代史的研究；20 世纪 20 年代中英关系；英国在华南的退却。

### 是年

获得国务院学位委员会颁发的奖状，名称很长：向为建立和完善中国学位制度做出贡献的同志致以崇高敬意。

# 1992年　68岁

## 2 月

斋藤道彦赠所著《五四運動の虚像と実像》。

## 3 月

2 日　母病逝，享年 79 岁。

31 日　久保田文次赠《中国近代史研究入门》。

**是月**　刘泽华赠他主编的《中国传统政治思维》。

## 4 月

1 日　根据国家教委与日本学术振兴会的学术交流协议，日本宇都宫大学笠原十九司来南开与我合作进行研究，从今日开始至 1993 年 1 月 31 日。其夫人笠原阳子亦同来。在南开的时间 202 天。

**是月**　刘健清赠《中国国民党史》，刘健清、王家典、徐梁伯主编。

## 5 月

12 日—17 日　在北京参加 1992 年基金评审会议，评审"八五"重点课题和 1992 年度基金课题。过去哲学社会科学规划由中国社会科学院负责，从今年起改为全国哲学社会科学规划办负责，属中宣部领导。

22 日　笠原十九司赠所著《南京大虐殺の研究》。

24日　乘车南下，去参加国家教委在杭州召开的第二届全国优秀教材评审会。

25日　抵上海，潘君祥夫妇帮助预购去杭州的火车票。下午抵达杭州，住华北饭店，与闫文明同室。华北饭店坐落于西子湖畔，北依栖霞岭，东傍岳庙，西临玉泉。

26日　国家教委第二届高等学校优秀教材评审会举行。全国优秀教材奖的评奖工作每四年举行一次。此次会议由高教司、社科司共同组织召开。会议分7个评审小组，其中文理工大组又分设若干小组，总共30个组，参审教材632种。历史组组长为李文海。

27日　看材料，小组议论。

29日　应金普森邀请，去杭州大学历史系与师生座谈。

30日　金普森邀请历史组全体成员到杭大历史系座谈。

31日　会议组织到绍兴市兰亭、禹陵和鲁迅故居参观。

## 6月

11日　国务院学位委员会在《光明日报》上公布第三届学科评议组成员名单。历史学成员为：宿白、戴逸、龚书铎、邹逸麟、李学勤、田余庆、李文海、齐世荣、魏宏运、朱寰、姜伯勤、张岂之、林甘泉。

## 7月

4日　和王黎、左志远、张洪祥、祁建民一起陪笠原十九司夫妇、光田刚、小林元裕参观天津历史博物馆、周邓纪念馆。

18日　接香港学术评审团执行官 Yolanda Ong 女士来函，聘我为评审团学科评议专家，期限为1992年6月25日至1996年6月14日，是澳大利亚学者古德曼（David Goodman）推荐的。

## 8 月

18 日　笠原十九司赠其著书《南京大虐殺——日本人への告发》。

21 日　和王黎陪笠原十九司夫妇参观天津小站新军旧址。

23 日　赴北京平谷，住金海宾馆，参加国家教委组织的专业评估会议。平谷距北京市区 70 公里。宾馆在金海坝下，环境清幽。会议由宿白、戴逸、龚书铎 3 人主持，罗荣渠、邹逸麟、李华、王思治、王辅仁、庞卓恒、奚庆之、李端阳等和我参加。

24 日　交流博士生培养经验，讨论历史专业简介。

25 日　参观上宅文化陈列馆。这是我国第一所以考古学文化命名的陈列馆。上宅文化的生产工具主要是打制、琢制、磨制的大型石器和一些细石器，生活用具主要是陶器，距今六七千年。

27 日　游黄崖关、独乐寺。

30 日　日本学者铁山博来访。

## 9 月

2 日　请竹内弘行给研究生讲他的研究道路及名古屋学院学术研究状况。

25 日—27 日　应邀参加河南大学 80 周年校庆暨该校举办的中华人民共和国史学术讨论会。主持人是河南大学校长靳德行。

## 10 月

8 日　赴北京美国驻华使馆，参加美国富布赖特国际学者交流委员会主席 Dr. Dunn 举行的招待会，与美国驻华大使、公使、参赞交谈。

9 日　美国富布赖特国际学者交流委员会主席 Dr. Dunn 来南开，与南开的富布赖特学者举行圆桌会议，我参加，座谈富布赖特国际学者交流计划。

13 日—14 日　赴河北省玉田县，参加"玉田暴动 65 周年学术讨论会"。我在会上讲了玉田暴动时冀东的社会历史状况。

**15日**　笠原十九司、笠原阳子赠《「南京事件」资料集》：一、ァメリヵ関係资料，二、中国関係资料编。

**是月**　我主编的《中国通史简明教程》于高等教育出版社出版。先是，高教出版社徐敦复欲组织编写一部《中国通史》，对象是英语国家的大学生，中英文版同时出版，就商于我。我深感此举有开创性，也有现实需要。后因故英文版未得实现。参加编写的有王连生、张国刚、王晓欣、常建华、李喜所、周俊旗、王永祥和我，最后由我定稿。

山田辰雄赠所编《近代中国人物研究》。

## 11月

**10日—14日**　在广州参加孙中山与近代中国学术讨论会。

**是月**　王连升赠《中国宫廷政治》。

## 12月

**15日**　依田喜嘉为早稻田大学教授，以其著书《日本帝国主义的本质及其对中国的侵略》申请南开大学博士学位。我协助吴廷璆组织完成答辩会。

**20日—24日**　参加国家教委在复旦大学召开的高等学校"八五"哲学社会科学研究规划项目评审会。会议期间，吴景平陪同参观四行仓库，姜义华陪同参观浦东开发区。见到黄美真，他现在从事上海地方志工作。

**是月**　田中仁赠《中国近代化と政治の統合》。

## 是年

受聘为南开大学学术委员会委员。

# 1993年　69岁

## 1月

4日—7日　在北京21世纪饭店参加"第二届近百年中日关系史国际研讨会"，提供的论文为《三四十年代日本的鸦片侵华政策》。会议是由中国抗日战争史学会、中国社会科学院近代史研究所等单位组织召开的。

11日　参加南开大学博士生导师会议，地点在谊园咖啡厅会议室。

## 2月

15日—27日　范力沛（Lyman P. Van Slyke）来校讲学，先后讲了西方学者对中国历史研究、游击战、梁济、长江四个问题。

和王黎、左志远陪同范力沛参观杨柳青、地毯三厂、解放路、小白楼及马场道一带。杨柳青是年画的故乡，清代中期从事年画的手艺人约3000多人。石家大院内的杨柳青博物馆陈列了年画简史及天津砖雕、天津民俗等内容。

## 3月

19日—22日　离北京，赴美国参加本月25日第45届亚洲研究协会年会。20日，经旧金山、盐湖城先至米苏拉市顺访蒙大拿大学，和王荣勤（John B. Wang）、Frank Bessac、Susanne Bessac、Linda Frey、Raymond Murray 和 Maureen Fleming 诸友相会。22日，在蒙大拿大学演讲"中国历史研究现状"。与会者提出的问题：中国学者如何选定自己的研究课题，如何获得研究经费。

**23 日**　由 Missoula 飞抵洛杉矶。魏晓明、王筑津接至其住地阿罕布拉市，他俩来洛杉矶不到一个月。

**25 日—27 日**　在洛杉矶市中心 Westin 旅馆参加第 45 届亚洲研究协会年会，与会者达 2500 人之众。我参加的是 Elise Devido 组织的"中国共产党的根据地社会研究"小组讨论会，提供的论文为《晋冀鲁豫根据地的商业贸易》。范力沛（Lyman P. Van Slyke）、周锡瑞（Joseph W. Esherick）、Mark Selden、吴应銑（Odoric Wou）、Elise Devido、Pauline Keating、陈永发等在此组。陈永发向 Mark Selden 挑战，抨击 *The Yanan Way*（中文版《延安道路》魏晓明、冯崇义译，2002 年社会科学文献出版社出版）一书。Selden 坚持自己的观点。26 日，参加范力沛主持的"国民革命"小组讨论。Elise Devido 为我缴了注册费，她和范力沛共同支付我的房费。

**28 日—31 日**　魏晓明开车送范力沛和我至洛杉矶机场。与范飞至旧金山，并蒙邀请住宿其家中。30 日，在斯坦福大学演讲"晋冀鲁豫的商业贸易"，所余时间均在胡佛研究所翻阅已公开的宋子文档案。范力沛是著名汉学家，夫人 Barbara 是心理学家和音乐演奏家。

**是月**　日本中央大学人文科学研究所赠《日中戦争——日本・中国・アメリカ》。

## 4 月

**2 日—7 日**　加入农村调查。按计划，3 月 23 日—4 月 9 日与日方三谷孝等共同考察华北农村。我因赴美事耽搁，返津后即前往后夏寨村。

## 5 月

**9 日**　应杨绍溥邀请，赴曲阜师范大学，王黎同行，李黎明迎接。

**10 日**　在孔子研究院给历史系学生讲中国现代史研究，参加听课的百余人。

**11 日**　和曲阜师大现代革命史教师座谈。

**12 日**　向师大历史系三、四年级学生讲晋冀鲁豫根据地集市贸易。

**13 日**　徐宣庆校长请我们和横滨大学日本客人同游泰山。

**16 日**　李喜所约我会见德国特里尔（Trier）大学学者沃尔夫冈，会谈 1 个小时。

**18 日—22 日**　在北京京西宾馆参加 1993 年度国家哲学社会科学基金项目评审会议，听中宣部郑必坚讲话。

## 6 月

**11 日**　和耶鲁大学部 Jonathan Spence 教授座谈中国现代史研究。

**23 日—25 日**　应张云鹏、田久川邀请，参加辽宁师范大学申报硕士点审议会议。

**是月**　南开中国近现代历史学科被确定为天津市高校首批重点学科。市高教局颁发重点学科和学科带头人证书，魏宏运为学科带头人。

## 7 月

**2 日—10 日**　应西澳 Murdoch 大学古德曼（David Goodman）邀请，赴布里斯班市 Griffith 大学参加澳大利亚中国研究协会举办的第三届国际学术讨论会，提供的论文为《太行山与中国革命》。

见到冯兆基。会后和冯崇义、陈秀萍、粟明鲜去黄金海岸一带商业街漫步。返途中在悉尼逗留数日，和 Mabel Lee、萧红、李崇厚及陈秀萍的同乡林森、赵志华等相会。登铁塔，乘游艇，观赏悉尼风光。

17 日　和历史系诸同仁到天津机场迎胡蔼立之骨灰。胡病故于广东惠州，她生前曾将其兄胡恒立收集之"文化大革命"资料捐赠给现代史教研室。我决定由"88"户头出资 500 元作为酬谢。胡为胡适的亲侄女。

## 9 月

1 日　被聘为南京大学中华民国史研究中心客座教授，任期两年。此前 3 月已被南京大学聘为兼职教授，任期亦为两年。

23 日—29 日　在北京京西宾馆参加国务院学位委员会学科评议组会议，审核增加博士生指导教师和新增博士、硕士学位授权点。此时学位办公室发现个别申报单位和个人请客送礼，进行不正当活动，特别发出《关于在学位授权审核工作中严肃纪律、杜绝不正之风的通知》。

安井三吉赠所著《卢沟桥事件》。

29 日　张罗赴日讲学签证事。庆应大学已发出通知：10 月 1 日魏宏运演讲。原计划 28 日启程。我和王黎的材料是 9 月 7 日交天津外办的，及启程日期已近，尚毫无信息。日方也很焦急，顾琳、三谷孝、浜口允子曾数次电询日本外务省，均答复是材料未到。查询结果，天津外办迟送了 10 天。时间紧迫，浜口丈夫为农林省副相，原在外务省工作过，亲自去排队催签，今日始获得签证。

30 日　赴东京，夜宿东京都港区国际文化会馆，是庆应大学山田辰雄安排的。笠原十九司先到，浜口允子、李恩民随后亦来。我们将随身带来的中日共同调查资料，包括原始记录、录音带，据录音带整理的清样一并交割清楚。

## 10 月

**1 日**　晚 6 时在庆应大学演讲"太行山与中国革命"，山田辰雄主持会议，参加者 20 余人，滨下武志、三谷孝、久保田文次、顾琳、浜口、石岛纪之、三好章等老朋友均来参加。山田是著名汉学家，去年赠我他编的《近代中国人物研究》一书。

**2 日**　李恩民陪同，访东京大学滨下武志，参观东大东洋文化研究所及图书馆和东大校园。滨下讲，中国"文化大革命"也波及日本，东大学生曾占据了一座大楼。东大藏书甚多，八层的大楼仍嫌书满为患。滨下为我复印《重慶抗戰調查日記》1 册。

**3 日**　赴爱知县，三谷孝、李恩民来送行。乘新干线快速车，往返两张车票共 34120 日元。至丰桥駅时，森久男、吴爱莲已等候在那里，安排我们住宿并告知在爱知的计划。爱知大学与南开建立校际关系签字仪式时我曾参加。

**4 日**　应竹内弘行邀请，赴濑户名古屋学院访问。竹内的学生内藤叶子来接。她在名古屋学院学中文，明年入爱知大学读研究生。谈及学费，她说每年学费 50 万—60 万日元，每月房费 3 万，饮食 2 万，还需付水电费、车费，对她家来说，负担相当重的。行程为丰桥駅—金山駅—大曾根—尾张濑户。参观学院的国际交流中心，南开在此执教的王彦承夫妇来会。参观校园图书馆。竹内开车观光名古屋市。

**5 日**　参观爱知大学校园，石井吉也校长接见。在爱知大学讲"20 世纪三四十年代日本的鸦片侵华"。森久男主持会议，江口圭一等与会。晚宴由中国科负责人中岛敏夫做东，江口圭一、森久男、嶋仓民生作陪，菜肴十分讲究，美食美器。

在爱知有两事值得记忆：1.路遇许多年逾70的老知识分子。森久男告知，他们是来爱知参加同学会的，全是原上海东亚同文学院的学生。学院清末时开办于上海，中日战争爆发后全部迁回，此即爱知大学前身。2.江口圭一在我演讲中插话。他说，日本在侵华战争中违反国际法三项：鸦片、毒瓦斯、细菌。鸦片并非军队直接控制，直接负责者为内阁总理，官方直接操纵，总部在东京，支部遍布中国各省。这不是个人责任，是国家犯罪。

6日　由丰桥回东京，与江口圭一在站台候车时长谈。江口讲，他的老师井上清称赞"文化大革命"，他则持反对意见，因此师生关系决裂。回到东京，住一桥大学李恩民家。

7日　李恩民陪同参观新建立的东京都江户东京博物馆。

8日　大雨。笠原十九司夫妇开车来接至山梨县东八代都石和町。当地农民在葡萄熟了的时候，多方招徕游客，提供食宿，随意自摘葡萄。惟带走时须过秤收款，称"直卖店"，是一项很丰厚的收入。这是我初次接触日本农村。

9日　笠原开车邀游富士山，环绕山北而行。午餐后，阳子陪同驱车往访山口利幸家。途经象山防空壕时，已近关闭时间，经笠原一再声明来访者为中国史学家，主管人深表同情，特为重新开启洞门。此壕是日本昭和天皇为本土长期抗战，为大本营转移而建的设施，开始于1944年11月11日午前11时，停止于1945年8月15日。花费2亿日元巨款，强制奴役当地300万居民和韩国劳工修建，墙壁上留有清晰的"大切"二字即是明证。"大切"系韩国一地名，那些人全部牺牲在这里。壕总长5358.6米，掘土石59635立方，现今供参观的尚不足1/3。守门人很激动，拍着自己的前胸说："我今年62岁，这些事我都知道。"

日落前抵长野县穗保村山口利幸家。山口是当地一所中学的校长，三世同堂。家中门楣上挂四帧照片。第四张上的人穿的是我们

熟悉的日本侵华时军人的服装。山口此时深深地鞠了一躬说："我
这里谢罪了，实在对不起，我家有四个人去打过中国，照片上那位
叔叔是死于中国的。"而后，又是一鞠躬，口称："再次谢罪了。"

　　10 日　笠原十九司及笠原阳子陪同至群马县吾妻郡草津旅馆浴
温泉，夜宿其弟弟购置的旅馆房间。

　　11 日　访问长野、埼玉等县农村。下午，回到东京，在天津地
域史研究会上讲"现代天津城镇企业的发展现状"。会议在上智大
学比较文化研究所举行。晚，野泽丰来会。

　　12 日　移住中日友好会馆，准备翌日回国。

　　13 日　返回天津，看《光明日报》马宝珠采访我写的《走出书
斋，寻找源头活水》。

　　16 日　山田辰雄到津已数日，今日设便宴于家中，并谈心。

　　18 日　三谷孝来南开讲学，祁建民迎于北京机场。翌日，三谷
孝讲溧阳暴动。

## 11 月

　　2 日　Linda Frey 及其母亲来访南开。Frey 女士为美国蒙大拿
大学史学教授，我曾与她共事两学期。她与妹妹系双胞胎，一次请
她妹妹代为监考，未被任何人当场发现，传为佳话。

　　3 日　Frey 讲法国大革命，翌日讲西欧妇女问题。

　　5 日—6 日　陪 Frey 及其母亲游长城、独乐寺。

　　12 日—15 日　在北京张自忠路 7 号中纪委招待所参加中国史
学会第五次代表大会，中心议题是：1. 通过新的中国史学会章程；
2. 选举新一届中国史学会理事及其领导机构；3. 就新时期历史学科
的任务进行探讨。我被选为理事。会议期间，抽暇赴蔡美彪、胡文
彦家，共叙南开往事。

　　18 日　参加天津政协、天津市河东区委员会召开的直沽文化研

讨会。参观天津历史博物馆民俗及近代史陈列。

**22 日**    刘凤瀚从台北寄来《孙连仲先生年谱长编》，共 6 册。

竹内弘行赠所著《木下顺庵·雨村芳洲》。

**是月**    肖黎赠他的新书《知天命集》。

## 12 月

**15 日**    在天津市政府礼堂参加天津市社会科学优秀成果颁奖会。我和左志远主编的《华北抗日根据地史》获一等奖，并在会上代表发言。

**22 日**    于天津大学礼堂参加天津市高等学校科技工作会议，领取中国近现代史重点学科证书及铜牌。

**是月**    内山雅生赠《近代日本と植民地（4）統合と支配の論理》。

## 是年

应聘为孙中山基金会理事会理事。

# 1994 年　70 岁

## 2 月

22 日　受聘为安徽大学历史系名誉教授。

爱知大学森久男来访，谈他将《德王传》译成日文事。

## 3 月

31 日　台湾淡水大学庄政来校访问，在系里座谈孙中山研究。王敦书亦与会。

## 4 月

获君安—南开科学家奖，每月 500 元。此奖是君安证券有限公司对南开院士和博士生导师的奖励。

17 日—20 日　弗德曼（Edward Friedman）来校访问，为博士生讲后现代化及美国学者研究毛泽东思想的现状。

20 日　陪弗德曼去农村调查。离校去饶阳前，滕维藻校长接见。滕曾谈到 1935—1936 年他在南京任小学教师时，月薪 42 块银圆，可养活 10 口人。

25 日—27 日　参加校师资处召集的破格晋升高级职称人员暨周转晋升教授人员会议，地点在行政楼会议室。

## 5 月

3 日　堪萨斯大学 Bays 夫妇来校访问，交谈新中国成立前基督教在中国的传播。

25日　审读完居之芬《日本对华北的经济掠夺资料》一书,将书稿交还居。

## 6月

9日—10日　应郑德荣邀请,赴东北师范大学主持郑德荣及李鸿文的4位博士生论文答辩,和郭学洁、朱建华、王维礼、陈瑞云诸友相会。

## 8月

12日—19日　参加华北农村调查的中日学者全体成员再次到平原县后夏寨村调查,住平原宾馆。县长刘化芹、副县长刘安功先后和我等座谈。18日下午访问平原一中。

21日—22日　与日本学者一起再次访问顺义县沙井村,住顺义宾馆。顺义县委书记杨振山、政协李主席、顺义镇长刘士元与我们交谈。

23日　访问顺义县城关镇沙井村。

24日　上午,访问顺义县城关镇,主题为农村经济、乡镇企业、文化教育。下午,访问地方志办公室,主题为顺义县历史及革命斗争史。

25日　上午,访问参观顺义县焦庄户,主题为焦庄户历史及抗战时期地道战遗址。下午访问城关镇。

26日　访问城关镇沙井村,参观幼儿园、个体户商店、中医诊所和浙江村。浙江村人主要经营木料。

27日　访问县政府有关部门负责人,主题为工业、农林、文教等。

28日　访问城关镇沙井村,并答谢告别。

## 9 月

**10 日**　吴廷璆师赠他主编的《日本史》，甚厚，1256 页。

**18 日**　乘早车与王黎至北京，住四舅家，将开始北欧四国之行。

**19 日**　早乘北欧航班起飞，较诸以往所乘飞机空间大，很舒适。同机有一队运动员，似是球将，身材高大，通过出入口须低头，见者皆开颜而笑。飞经俄国上空，乘客多凑近机窗，赏冰山风光。白雪未覆盖的地方显露出层层叠叠的山，连绵不断，十分壮观，山高几及云层。

飞机降落哥本哈根机场，当地时间下午 1 时 30 分。Cay Dollerup 和南开教师王葳来迎。经王敦书介绍，寄住 Jorgen Mejer 家。Mejer 是哥本哈根大学教授，正休假在美国。Dollerup 将 Mejer 的房门钥匙交付于我。和王葳谈良久，导引附近可购物之几家超市及商店，第一感觉是食物价格相对而言比美国贵。晚餐，王黎做饭，如在自己家里一样。

**20 日**　上午，李来福（Leif Littrup）陪同参观哥大东亚研究所。哥大对东南亚各国都有研究，图书馆藏书丰富，尤注重工具书的购置，报刊齐全，如《人民日报》过去曾订双份，一份阅读，一份保存。

午后，在北欧研究所演讲"中国现状之研究"，参加者中教师、学生均有。所提问题有：中国历史的分期问题；中国青年人对马列主义如何认识。晚间与刘犁取得联系。刘犁在南开修历史，来丹麦后继续攻读学位。

**21 日**　上午购食品，特为记下价格：白菜一棵 14.95 克朗，3 个辣椒 20 克朗，一包花生米 16.95 克朗，一块肋排 25.05 克朗。蔬菜没有什么味道，无论生吃还是熟吃。

下午，李来福来接，在哥大演讲"三四十年代之太行山"。刘犁也赶来听，我将其母委托带来的东西交予她。

22日 王葳来，谈及中国人来此后有走上歧路的，对中国、丹麦都是赘瘤。她认为，中国虽是发展中国家，但欣欣向荣。中国人不应逃避，只有自强，别的出路是没有的。

哥市交通非常便利畅通，主要靠地铁。虽称地铁，实际是在地面行驶。有一便民设施设想堪称一绝，那就是在地铁出口有自行车可借用。放入一枚硬币，锁即可打开，当你到达下一借车处时，将车存入，一枚硬币自动退出，所以这种借车是不收费的。

23日 与王葳在预定地点见面，去英、德领馆签证。第一印象是申请签证者阿拉伯人多。下午，听澳大利亚学者 Jonathan Unger Anipa 讲"毛和邓时期的陈村"。晚至李来福住宅，参加他举行的招待宴。招待宴很讲究，他准备了一整天。一女汉学家作陪。李来福纳税将近个人收入的40%。他开玩笑说："我们是社会主义。"

24日 今日中秋，中餐馆老板请中国留学生及家属庆贺中秋佳节。来宾很多，表演节目。所供食物，都是中国口味，可聊慰思乡之情了。

25日 在刘犁家做客。刘犁的丈夫是丹麦国家公务员，属终身职务，往来于菲律宾、中国大陆和台湾等地，工作繁忙。儿子上小学，没有升学压力。

26日 演讲"华北抗日根据地财政经济政策之制定与发展"。

27日 去移民局延长在哥市居留时间。延长没有困难，学校出具证明，移民局见到有生活费即可。两人生活费一个月1.2万克朗。

下午3时在哥大演讲。丹麦靠近北极，天开始黑下来。

29日 与刘犁相约，同去办理去法国签证事，甚繁难。同是由丹麦启程，去英、德无任何问题，去法国则不行，要求又多又细。和李来福一起参加哥本哈根大学一年一度迎新会。

## 10 月

**1 日**　与王黎随王葳去罗纯义（ B. Diurhuus Lyngtofteng）家相会。罗纯义是丹麦人，出生在中国东北吉林省扶余县。她父亲是传教士，在扶余落户，建起教堂与住宅。日本侵华战争起，17 岁的她才随母亲回到丹麦。王黎小她 6 岁，同时住在扶余。罗纯义和王黎都异常兴奋。她们离开扶余后，都是第一次遇到熟悉扶余的人，谈得很起劲：松花江、北大街、教堂、大棉袍、小布衫、扶余人养猪不用圈满街跑。罗纯义要把所保存的当年照片复制一套，送给王黎。她仍然是一口东北话，"大街"叫"大该"，并将她腕上戴的银手镯给我们看，那是她回国前买作纪念的，她非常想念那里。王黎叫她罗大姐。罗喜欢吃饺子，自己做不好。她俩相约，下次在她家做，一起吃饺子。

**3 日**　去办公室备课。演讲"华北抗日根据地的集市贸易"。Jorgen Mejer 昨夜回来，王黎做中国饭，请他一起晚餐。他很喜欢，并说只要是中国饭他都爱吃，今天做的饼比面包好吃多了。

**4 日**　Cay Dollerup 带我们游览市容，参观市政大厅、图书馆、教堂、故宫。

在哥大邂逅罗伯董。他是华裔，相谈甚得，帮助购买去英、法、德机票。

**7 日**　应邀与王葳去 Cay Dollerup 家做客。Dollerup 带领一儿一女生活，孩子在 7 岁到 10 岁之间。两个可爱的孩子是家庭的中心。两人争着要讲故事，安徒生的影响竟有如此深远。孩子折纸游戏，折猪头折出希特勒人头。丹麦人普遍对希特勒怀有很深的仇恨。

**8 日**　王葳、我、王黎、Cay 和两个孩子，一起在罗纯义家做客。大家一起吃饺子。罗纯义将她复制的扶余县照片送给王黎。

**11 日**　李来福开车来接，同赴丹麦一大岛欧登塞（Odense）。汽车须以轮渡运至对岸。参观安徒生住宅及博物馆。在欧登塞

（Odense）大学演讲"中国'文化大革命'"。主持人为系主任，听众对中国很感兴趣，他们都未到过中国。返程参观李来福老家。这里是农村，看到他读书的中学。同班同学 16 人，每五年聚会一次。

**16 日**　购得机票，路线为哥本哈根—伦敦（飞机）—里兹（汽车）—巴黎（飞机）—德国（火车）。德国四城市均乘火车，回程由法兰克福经伦敦换机回丹麦。重新设计路线得力于罗伯董的帮助，原来机票 8000 克朗，现只要 2000 多克朗，每人节省了 5000 多克朗。

**19 日**　由丹麦赴英国。自哥本哈根起飞，至伦敦机场，乘长途汽车去里兹，晚间抵达。天下雨，甚不便。乘出租住进里兹大学预定的 Norid 旅馆，双人间每日 34 英镑。

**20 日**　去里兹大学东亚系会见班国瑞（Gregor Benton）、叶步青、谢凯、黎明墩（Don Rimmington）及一年长汉学家。原计划我在此演讲"中国历史研究的现状"，海报已贴出，因签证延误，只好作罢。班国瑞赠所著 *Mountain Fires—The Red Army's Three-Year War in South China 1934-1938*，部头很大。他甚诙谐，又熟知中国谚语，"懒婆娘的裹脚条又臭又长，回去慢慢看吧"。

里兹大学一起招待我、王黎和一个福建访问团，游览校园，何国华陪同。何国华夫妇均在此学习，已购屋。

**21 日**　班国瑞开车导游，初次领教英国的雾。

叶步青及夫人陪同赴《简·爱》、《呼啸山庄》作者夏洛蒂·勃朗特和艾米莉·勃朗特的故居。叶夫妇还代发传真给法驻英领馆，为签证事，并与伦敦苏霞联系，安排我们在伦敦住宿事宜。

**22 日**　乘车，晚抵伦敦 Victoria 汽车站，苏霞来接，夜宿其家。苏霞亦一自我奋斗成功之青年女性。

**23 日**　苏霞安排我们入住中国驻英领馆文化处，引导参观议会大厦，看大笨钟，游泰晤士河，参观女王结婚的教堂。

**24 日**　依苏霞所指，至法驻英领馆签证，甚顺畅，因哥本哈根大学教授 Robert Tung 已向法领馆申明在丹麦签证时所遇到的困难，等于又一次备案。拿到签证后，利用所余时间浏览市容及商店。

**25 日**　乘机赴巴黎，范曾与其子范一夫开车来接。范曾昨日刚从北京来，时差尚未调整过来。同至中餐馆福禄居就餐。福禄居烹调技艺高超，陈设也皆是中国风情。范曾与楠莉的婚宴就是这家餐馆承包的。为明日活动方便，当晚住宿临时安排于熟人处，明晚去范曾家。

**26 日**　赴法国社会科学研究院，见毕仰高（Cucien Bianco）教授，参观白教室、巴黎圣母院、埃菲尔铁塔、塞纳河。晚移住范曾在郊区的美松白兰别墅。住宅区清雅幽静，房价高昂，居者均富有，中国人只范曾一家。

**27 日**　晨起，观范曾作画。楠莉已备好笔墨。巨幅画纸敷于壁上，正构思起草一巨幅创作《元世祖射猎图》。我素有早起习惯，犹有不及。据楠莉说，这是范曾的生活习惯，黎明即起，从无懈怠。

竟日游凡尔赛宫、凯旋门、拿破仑行宫、枫丹白露、现代印象派画家小城镇。范一夫驾车，并请了一位朋友帮助识路。枫丹白露非一般旅游者能够涉足。时间能如此紧凑全赖一夫之计划周密及车技高超。

购得去德国火车票。

**29 日**　晨起别范曾、楠莉，乘火车赴德国首站特里尔（Trier）。卜松山（Karl-Heinz Pohl）来接，安排住入预定旅馆 Hotel Frankenturm。安排食宿在此的目的是不需导游即可观览市容，此地为市区中心地段。卜松山研究中国近代思想及艺术史。

**30 日**　乔伟教授引导参观特里尔大学及汉学中心。乔伟早年攻读语言学，后研究哲学、民族学，现已入德国籍。特里尔大学设 6 个学系，政治系设有东亚研究所。

31日　演讲"中国之现状",着重改革开放后的变化。为节省时间,听众易懂,谈经济发展时多以数字说明。从表情看,德国青年对中国的现状颇有兴趣。

参观马克思故居。特里尔民众都能介绍马克思,并以马克思故乡的居民而自豪。当地盛产葡萄。二战结束,美军主力部队驻扎过这里。

## 11月

1日　赴埃朗根(Erlangen)。火车晚点,李博(Wolfgang Lippert)候在那里,邀宿他家中。此地段靠近西门子大亨们的豪宅。豪宅建筑在森林之中,装有电网,外围有岗哨,至夜则放出警犬。

2日—4日　在埃朗根—纽伦堡大学演讲"南京政府转入战时轨道的经济","中国'文化大革命'","中国的改革开放"。

访傅克乐(Klaus Flessel)家。傅克乐教授古代史,妻子为日本人。

应邀参加校长一年一度的教授招待会,到会者200—300人,来自国外的也不少。

5日　随李博参观农民在市中心设立的直销蔬菜早市,价格高出超市很多,但鲜嫩。李博夫妇陪同游览中世纪城市 Forch Heim 城堡,有护城河,是一千多年前一位国王的都城。游 Efeltrich 村庄,民居皆木结构,古教堂钟声悦耳。李博言及,他不是每礼拜日都去教堂,但节日必去。谈到中国历史分期,李博说,德国学者将秦汉以后时代称为士绅社会,不是中国学者称谓的封建社会。

6日　Siegfried Klaschka 陪同参观纽伦堡的中世纪城堡 Sinwell。此城堡建于1560年,高53米。

7日　赴图宾根大学(Tubingen University),火车行4小时。台北来此任教的吴老师迎至车站。到汉语中心参观,与华裔三教师吴、杨、蔡同至中餐馆进餐。

8 日　会见傅汉思（Hans Ulrich Vogel）。吴、蔡陪同参观古城、黑格尔就学地。黑格尔在此校四五年。学校建校已有 700 年，最早成立的是神学院、法学院。

演讲"文化大革命"，这是傅汉思的命题。"文化大革命"是海外最受欢迎题目之一。提出的问题有：现在中国媒体是否谈论"四人帮"；如何评估伤痕文学等。

9 日　经斯图加特至海德堡，住 Hanfmark 旅馆。在海德堡大学会见魏克林（Weigelin-Schwiedzik），晤谈良久。魏克林 17 岁留学中国，当时中国还未开放，留学生很少，女性更是绝无仅有。她中国话讲得很流畅，发音标准，不放弃任何讲汉语的机会，毛泽东著作读得很熟。她说自己非常喜欢中国，每年都去。

10 日—11 日　到海德堡大学会见汉学系、历史系主任及希腊学教授。参观汉学系图书馆，特为展示了他们珍藏的《荷马史诗》珍本。

游览市容，走哲人之路。这里过去是哲学家聚居的地方。据说海德堡二战中免于战祸，是海德堡大学一位美国学生的功绩。这位美国青年曾在海德堡大学学习，他非常爱这里的一切：大桥、古堡、校园。战事起，回国做了飞行员。一天，他接到的命令，是炸毁海德堡。这位学生怎么都下不了这个决心，驾机在海德堡上空盘旋了很久，终于一颗炸弹都没投就飞走了。这个故事，是海德堡人几代相传、铭记于心的。

晚，观灯节。这是海德堡特殊民俗，居民手提灯笼，用蜡烛。魏克林再来旅馆，送别并补加演讲酬劳，这大概就是德国人办事的风格吧！

13 日　乘火车赴法兰克福机场，飞经英伦回哥本哈根。

14 日—15 日　整理行装。李来福在其家设酒食为我送别，我亦以电话向诸友告别。

18 日　Lily Xiao Hong Lee 赠所著 *The Virtue of Yin—Studies on Chinese Women*。古德曼（David Goodman）赠所著 *Deng Xiao Ping and the Chinese Revolution*。

## 12 月

22 日　笠原十九司赠所著《アジアの中の日本軍——戦争責任と歴史学・歴史教育》。

## 是年

张家德赠《保卫滇缅路》，我写的序言。

# 1995 年　71 岁

## 1 月

11 日　赴市委宣传部参加规划座谈会。

## 2 月

10 日　70 周岁生日，学生和朋友按农历为我祝贺。范曾赠画一幅，并题：少年牧放东山陲，老去甘为孺子牛。

14 日　应韩国学者卞麟锡邀请，参加"韩国东洋史学术讨论会"，地点在南开大学专家楼。

23 日—25 日　中日联合华北调查团成员赴石家庄、栾城、寺北柴村告别，感谢几年来对调查访问的支持与合作。时值寺北柴村唱大戏，是安阳豫剧团演杨门女将，每场演出酬金 450 元。

## 4 月

2 日　戎子和来津，住迎宾馆 4 号楼，约我和左志远相会。

18 日　上原一庆赠所编《现代中国の変革——社会主义システムの形成と変容》。

21 日　陪哥本哈根大学 Jorgen Mejer 教授赴曲阜师大，傅永康、杨硌堂接待。

22 日　游孔庙、孔府等地。

23 日　向曲阜师大青年教师及历史系三、四年级学生讲中国现代史的研究现状。

24 日　李黎明陪同游览泰山，至中天门。参观泰安市。

25 日　返程，至山东大学。Mejer 教授做学术讲演。

**5 月**

23 日　到天津市政府礼堂参加"211"部门预审开幕式。

**6 月**

8 日　肖克来津，约刘泽华、刘健清、陈志远、张洪祥和我座谈关于吴佩孚的评价问题。因冀东高志远与吴佩孚有牵连，被镇压。冀东拟翻案。肖为当事人，为弄清吴、高问题，来此收集资料。我讲了当时报刊上登载吴和日本的关系，并复印给肖的秘书。

24 日　澳大利亚 Macquarie 大学 Hans Hendrischke 教授来津，欲了解中国改革开放状况，收集资料。介绍其与天津社会科学院、南开有关学者座谈。

**7 月**

1 日　被聘为重庆中华民国史研究中心特约研究员。

2 日　在东方艺术系参加基辛格受聘为南开大学名誉教授仪式。基辛格讲到他和周恩来从两国建交开始的友谊，他很敬佩周，他自己坚持一个中国的立场。

3 日　与王黎赴长春，在东北师范大学主持郑德荣、李鸿文学生的博士论文答辩。

4 日　在东北师大讲"中国抗日战争在世界反法西斯战争中的地位与作用"。

5 日　赴扶余。扶余距长春 350 公里。此行既是王黎的愿望，要看看她童年时居住的地方，也替丹麦罗纯义了解她当年住所及教堂的状况。罗纯义家的那幢楼还有，教堂已不在。松花江流到扶余已几乎干枯。县政府建立于当年的江中，郭前旗很繁华，整个地区，纵横的防护林很多。王黎写了一封长信报告扶余的发展。罗纯义则拿到他们的中文学习班上做了范文。

6日　上午，和东北师大政治系教师座谈，见到王维礼、郭学洁、万欣、陈伯严诸友。下午，访问吉林大学，和孟昭信、陈瑞云、刘德斌、刘会军等相会。

24日　应隗瀛涛、王廷科邀请，赴成都四川大学参加"走向21世纪人文社会科学学术研讨会"。

25日　在研讨会上讲"21世纪人文科学发展展望"。

26日　和隗瀛涛、谢放、何一民游武侯祠、杜甫草堂。隗陪我到茶馆饮茶，欣赏成都茶文化。据说成都有1000多个茶馆、茶楼，各行各业的人都到这些地方消遣、娱乐，有下象棋的，有打麻将的，有聊天的，有读书看报的。

## 9月

1日　在南开举行的抗日战争和世界反法西斯战争胜利50周年大会上，我讲了三个问题：1.德国、日本对于战争罪过的不同态度；2.中国是怎样战胜日本的；3.中国抗战在二战中的地位。

山田辰雄赠所编《近代中国人名辞典》。

14日　应苑书义、孟繁清邀请，和笠原十九司一起到河北师范学院做学术报告。笠原讲"日本学界关于南京大屠杀之争论"。我讲的主题为"中国抗日战争在世界反法西斯战争中的地位"。

15日　蒙河北大学校方邀请，到保定参观直隶总督府和保定市容。

25日　请李文海来历史系讲"中国近代史研究的方法论问题"。

27日　听德国特里尔大学教授乔伟在历史系讲德国阿登纳的经历。

30 日　韩国学者李炳柱来访，我请他为研究生做学术报告。他讲了韩国现代史研究状况及他自己的研究方向。他特别重视人的思想在社会发展中的作用。在讲到革命和改良的关系时，他认为革命和改良不能分开，革命后必有改良。他还讲到何谓中国国民革命、开始于何时等问题。

是月　赵秀山主编《抗日战争时期晋冀鲁豫边区财政经济史》由中国财政经济出版社出版。我编写公营商业和合作事业部分。

野泽丰赠所编《日本の中華民国史研究》。

## 10 月

3 日　应史若民之请，赴临汾山西师范大学。

4 日　为山西师大历史系师生讲"抗日战争历史研究的现状"。

5 日　史若民陪同参观壶口瀑布。壶口距临汾约 200 公里，途经乡宁、吉县。抗日战争时期阎锡山在吉县设克难坡。

21 日—25 日　受吕伟俊之邀参加历史学科专业教学改革研讨会暨第三届部分高校历史系主任联席会议，地址为山东大学。我在会上讲到系主任的职责，关键是师资队伍的建设。参观山大历史博物馆。和陈之安、张业赏、胡汶本相会。赴曲阜、泰安考察齐鲁文化。

## 11 月

10 日　历史系举行欢迎范曾来系执教仪式，我在仪式上讲范曾的治学道路。

21 日—24 日　内山雅生来访南开，请其演讲三次。在讲到日本侵华时，他说他在日本调查了 1000 多名大中学生，多不了解日军侵华真相，对广岛遭原子弹轰炸则无人不知。日本政府有意隐瞒侵华罪行。

## 12 月

**23 日**  赴澳门参加中国哲学会举办的综合文化观研讨会。途中至广州,李吉奎接至中山大学住宿。

**24 日**  邱捷、张荣芳陪同参观陈家祠堂、南越王墓。南越王墓是一新发现,已见诸报端。

**25 日**  给中山大学历史系学生讲抗日战争研究中诸问题。

**26 日**  与中大研究生座谈,林家有、李吉奎、桑兵、刘曼容等均参加。

朱德新特地由澳门前来接我。他护照、钱物在珠海被盗,暂无法返回澳门新华社。

**27 日**  乘船赴澳门。晚9时多起航,早7时上岸。何广中来接,住皇都酒店。下午,广中为向导游澳门市。晚至广中家,见到广中夫人卢露及子女。

**28 日—30 日**  研讨会开幕,宣读论文及讨论。我提交的论文为《三十年代初出现的综合文化观》。

**31 日**  陈胜嶙、张荣芳陪同,游中山公园、沙面,在白天鹅酒店饮茶,欣赏广州夜景。

## 是年

Hans Hendrischke 赠 *Art and Ideology in Revolutionary China*。

北大、南开联合设立"吴相湘教授中华现代史讲座",我担任第四讲主讲人,讲题是"中国现代史研究中的几个问题"。

# 1996 年    72 岁

## 1 月

6 日—12 日    在郑州黄河饭店参加国务院学位委员会学科评议组第六次会议。历史、中文、经济、物理各科均安排在此。

## 2 月

1 日    校学术委员会开会，讨论"211"立项。

## 3 月

20 日    德国特里尔大学卜松山（Karl-Heinz Pohl）访问南开，交谈甚欢。听他在中文系讲"80 年代中国的文学与自我"。

## 4 月

4 日    南开举行"纪念张伯苓诞辰 120 周年学术讨论会"。戴逸应邀前来与会，请戴逸来历史系演讲"资料、思想、文采和道德"。

5 日    参加南开大学举办的张伯苓教育思想研讨会及纪念会。

7 日    应苑书义邀请，赴石家庄河北师大历史系参加省重点学科论证会，王黎同行。

8 日    为河北师大历史系学生讲"当前史学界几个热门话题"：如何看待中国文化的发展；如何看待激进思想；如何正确研究抗日战争史。参观历史系资料室、文物室。

9 日    省重点学科论证会举行，参加者有王庆成、虞和平、黎仁凯等，论证近代史专业申请为省重点学科之条件，写出论证报告。

苑书义陪同参观赵州安济桥，俗称大石桥。安济桥建于隋代大业年间，是石匠李春设计并督建的，至今已1300多年，是我国历史最悠久、跨度最大的拱桥。

**10日**　应黎仁凯邀请至保定，在河北大学报告厅讲"抗日战争研究诸问题"。和河北大学校长张留成晤谈。张留成是南开大学化学系何炳林的研究生。

**11日**　黎仁凯陪同参观直隶总督府、莲花池。

**29日**　北京大学历史系举办的"吴相湘教授学术讲座"，我讲"关于抗日战争史研究中的若干问题"。

**是月**　池田诚、上原一庆、安井三吉赠《中国近代化の歴史と展望》。

池田诚、仓桥正直、副岛昭一、西村成雄赠所编《世界の中の日中関係》。

## 5月

**7日**　西村成雄赠《張学良——日中の覇権と「満洲」》。

**25日**　和刘健清、王黎同赴澳大利亚，出席悉尼科技大学举办的华北抗日根据地学术讨论会。

**26日**　抵达悉尼，住Golden Gate旅馆。见古德曼（David Goodman）和冯崇义。Elise Devido、陈永发从台湾来，Gregor Benton从英国来，周锡瑞从美国来。除老朋友外，又结识了一些新朋友。出席者40人。我提交论文《抗日战争时期晋察冀边区的社会变迁》。讨论中对延安道路发生争论，对革命产生的正负作用进行了探讨和辩论。

逢Gregor Benton生日，陈秀萍及女儿冯云思订购生日蛋糕，在我所住房间内，为Benton祝寿。

## 6月

**2日**　陈秀萍陪我、王黎游堪培拉，参观小人国园、国会大厦、造币厂、使馆区等地。在造币厂我和王黎亲手各造澳币 1 枚。

**3日**　应 Hans Hendrischke 邀请，访问 Macquarie 大学，参观学校图书馆、Hendrischke 办公室和校园。他主办的 *Access China* 只有一位编辑。见到南开来的访问学者董蓉凤。

**4日**　会见崇厚、萧红。崇厚讲他的农场，果园橘子丰收，已占领悉尼市场 2/3，尚余有卖不出者。

**5日**　乘 Amsett Australia 航班与刘健清同至香港。李绍基夫妇迎候，何高潮安排住科技大学 Guest Centre。

**6日**　在科技大学讲"目前内地史学界讨论的几个热点问题"。

李绍基夫妇陪我们乘缆车游太平山，观香港夜景。

**7日**　会见树仁学院历史系主任余炎光，并会见校长钟期荣。参观树仁教学楼、图书馆及新建多功能大厦，为节省地皮，地下层比地上层还要多。钟校长为一年长女士，1938 年长沙大火后来到香港，创立此规模之私立大学，其走过的路程之千辛万苦是可以想见的。

至中文大学，与历史系主任叶汉明及刘义章、郑会欣等人座谈，参观校园。

移住位于铜锣湾之华教接待部，以便利明日赴机场。见到陈敬堂、李端美，各叙工作情况。

**13日**　韩国学者尹辉铎赠所著《日帝下"满洲国"研究——抗日武装闘争と治安肃正工作》。

**21日**　香港大学张赞贤来访，约王楚辉共同谈天津改革开放的进展。

## 8 月

**1 日**　参加"明清史第三届国际学术讨论会"开幕式。

**19 日**　尹辉铎来津，计划在南开研读一年，着重于日本对华北的侵略。

## 9 月

**9 日—14 日**　笠原十九司及夫人来访，请他为研究生讲"权力自由和历史学家研究之活动"，给本科生讲"南京大屠杀"。笠原赠我《戦争と民衆——第二次世界大戦》1 册。

**15 日**　应王三北邀请，王黎同行，赴兰州西北师范大学讲学。北京至兰州飞行 1700 多公里，兰州机场至市区 60 公里，住西北师大招待所。

**16 日**　参观西北师大博物馆。给历史系学生讲国外学者对中国史的研究。

**17 日**　张海声、小聂陪同参观白塔山、兰山，并参观兰州市容。晚，给师大全校学生讲"当前史学界争论中的几个问题"，听众 500 余人。

**18 日**　和兰州大学历史系部分师生座谈如何选课题和申请课题资助的渠道。

**19 日**　乘汽车赴敦煌参观，赵汝清陪同，司机为郭师傅，中午至武威。车行中，见公路上有积水一洼，郭师傅急令："快看！前面有了海市蜃楼，那水是假的。"车行至水洼前，真的什么也没有。这种水洼不止一次出现。夜宿张掖公路局宾馆。

参观武威雷台汉墓，亲睹马踏飞雁。赵汝清购马踏飞燕复制品相赠。参观张掖市博物馆，和孙宏武交谈。武威、张掖皆为重镇，当地誉称"金张掖"、"银武威"。

**20 日**　参观创建于西夏永安元年（1098）的大佛寺，为木结构宫殿式建筑，殿内有全国最大的彩塑卧佛。

西行至酒泉公路段招待所休息。旅游局王丽陪同赴嘉峪关参观。嘉峪关极雄伟。这里的长城博物馆也极为雄伟，展示了长城全貌及嘉峪关历史文物。酒泉公路副总段长滕兆虎讲，酒泉公路总段管辖 2000 多公里，为全国最大的公路段，职工 1700 多人。晚看酒泉泉湖公园，欣赏夜光杯。

21 日　　公路总段团总支书记杜建军陪同，继续西行经玉门至安西。玉门是一绿洲，树木葱葱，稍西即戈壁沙滩。

安西至敦煌 120 公里，中间没有村落，显得荒凉。抵敦煌，宿九色鹿宾馆。晚登鸣沙山，游月牙泉。在鸣沙山，未听到沙鸣。当地曾组织中小学生做过一次验证，同时上鸣沙山，并同时冲下山角，市里能听到巨大的声响。鸣沙山的特点是，无论多少人来溜沙，山并不会变矮，明天早起，它依然故我，杳无足迹。

22 日　　参观莫高窟，与敦煌研究院朱鸿江、王浩交谈敦煌文化的历史和价值。莫高窟共有洞窟 492 个。每年来此参观的约五六十万人，其中外宾约五六万人，多为日本人。近年游人增多，不能不对文物有所损害。我建议采用欧洲博物馆穿鞋套的做法。蒙院方允许，特为我们开绿灯，参观一些洞窟，心甚感激。敦煌研究院在崖壁前广场上，职工 280 多人。

23 日　　折返安西，到桥湾公路段，参观梓城湾博物馆，有木乃伊一具。此木乃伊发现于沙中，乃自然形成，并非经过药物制作。专家论断，系行人遇到灾难，被埋于沙中，还有人头皮。路上再遇海市蜃楼，从车窗极目远望，见有火车，车厢与车厢间有间隔，所过之处又有如大树等形状之物，奇妙的是它们是静止的，与飞驶的火车形成鲜明对照。到张掖，宿张掖公路段宾馆。晚游张掖大街，流连于钟鼓楼一带。

24 日　　离张掖东行，经山丹、永昌至武威。山丹是一绿洲，路易·艾黎创办的培黎工艺学校就在路旁。于武威公路段稍事休息，继续东行，经古浪、天祝、永登至兰州，观看乌鞘岭，确乎险要。

25日　乘火车由兰州到西安。应付建成邀请，下榻西北大学专家楼。

27日　为西北大学历史系研究生讲"当前史学界研究状况及问题"。接受西北大学聘请为兼职教授。与副校长余华青及历史系周伟洲、张春玲、李云峰、陈舜卿相会。

李民仓来访。我们是同村同院的同乡。他小时家境贫寒，父亲一生在外村当长工。他现在为陕西省人事厅副厅长。

28日　回老家魏家寨，到父母亲、三哥及姨母坟前志哀。他们去世及安葬时我未能回故乡。

## 10月

2日　看望德国来访学者乔伟。乔伟在南开大学历史系设立奖学金，每年奖励6人。我被聘为顾问。

9日　被天津市文教委员会聘为高校科研项目评审专家组成员。

11日　至天津师范大学外宾招待所参加项目评审一整天。

20日　赴杭州参加中国省级改革学术研讨会。会议是澳大利亚汉学家、中国近现代史专家古德曼（David Goodman）、Hans Hendrischke和冯崇义组织的，与浙江大学共同召开，住寰球宾馆。讨论中，国外学者着重分析了几个省市领导层的思想及其背景，他们非常熟悉这方面的情况。会议组织参观绍兴轻纺城、鲁迅故居、大禹陵。

25日　金普森、杨树标安排住杭州大学，给历史系研究生讲中国现代史的研究状况。

26日　金普森、方新德、杨菁、孔永泉陪同参观"七〇四"工程和官窑博物馆。和范展、李义佐、诸庆清、王均寅等相会。

## 11 月

29 日　在冯尔康主持的"彭炳进教授学术讲座"上，我讲了"华北农民之源流及其在 30 年代的群体活动"。

## 是年

三谷孝赠《中国農村慣性調查》一部。

Daniel H. Bays 赠所著 *Christianity in China—From the Eighteenth Century to the Present*。K. S. Liew 赠所著 *Struggle for Democracy—Sung Chiao- Jen and the 1911 Chinese Revolution*。

# 1997 年　73 岁

**3 月**

8 日　笠原十九司赠《家永教科書裁判第三次诉讼高裁編》（2）、《南京大虐殺·朝鮮人民の抵抗·731 部隊》。

24 日—28 日　在京西宾馆参加第九届哲学社会科学规划工作会议。

**4 月**

18 日　新增为南开大学学术顾问。

**6 月**

24 日　参加市委宣传部等单位组织的香港回归学术研讨会。我在发言中赞"一国两制"的构想。

30 日　《光明日报》刊登《魏宏运谈清代外债史论》。

**7 月**

7 日　天津市委宣传部、党史研究室、市社联、市政协文史委联合召开"勿忘国耻、振兴中华——七七事变 60 周年理论座谈会"。我到会，讲"中日关于南京大屠杀的争论"。

16 日　赴台北参加纪念"七七"抗战 60 周年学术讨论会，经香港，住新华社香港分社陈卓宿舍。傍晚，陈敬堂陪同游金融中心、维多利亚港。

**17日**　陈卓协助赴"中华旅行社"办理赴台手续，取机票。利用所余时间，游大屿山、青马桥，观新建机场。午后离港赴台，3时30分起飞，5时10分降落台北桃园机场。张玉法、林能士来接，入住"中央研究院"学术活动中心。陈三井来会。

**18日**　纪念"七七"抗战60周年学术讨论会开始。上午我主持第二场讨论会，下午演讲"抗战时期中国西部地区的开发与进步"。会议期间，结识李远哲、秦孝仪、潘振球、陈鹏仁、朱重圣、阎沁恒等人，见到李恩涵、胡春惠诸友。

**21日**　参观台北故宫博物院，秦孝仪接待，看到中英不平等条约原件。午后参观党史会及蒋、宋故居。

**22日**　参观"国史馆"。会议闭幕。

**23日**　蒙林能士相约，移住其家中。与王家典等同游日月潭，由台北至台中南投县，车行3个半小时。

**24日**　谢国兴陪同参观郭廷以图书馆经济和外交档案馆。并让我观赏了清末的一条老街，尽是豆腐铺，是建设中特意保留下来的。下午，林能士夫妇陪同游阳明公园、大自然公园，洗温泉浴。

**25日**　应袁易邀请，在政治大学国际关系中心讲"中国大陆中央和地方的关系"。国际关系中心所长叶明德主持会议。

访刘凤瀚家，他藏书丰富。晚上，胡春惠在毛空山上宴请我和谢本书，政治大学先后5任系主任及其夫人携子女均来参加。清泉饭店日日客满，饭菜均伴以茶叶。

**26日**　返回香港，陈敬堂迎接，住何高潮事先安排的科技大学来宾接待中心。

浸会大学黄嫣梨来会，并邀请游维多利亚港、地下商场、天文馆，并往其女儿任职的香格里拉饭店小坐。游海滨时，黄说对岸就是7月1日香港回归中国交接仪式地点。

**27日**　会见老友李绍基、吴惠霞、李端美。

## 9 月

**10 日**　获华业奖教金一等奖。华业奖教金由天津华业集团公司赞助。

## 10 月

**10 日**　在南开大学研究生院、图书馆联合举办的"南开学术论坛讲座"中讲"中日战争研究中的几个问题"，会址在新图书馆四楼报告厅。

**月底**　《朝日新闻》社赠《本多勝一集（23）南京大虐殺》。

## 11 月

**8 日—9 日**　应江西大学温锐邀请与王黎赴南昌讲学，讲题为"抗日战争研究诸问题"。参观市容，游滕王阁。应南昌大学邵鸿、刘勉玉之邀至其校讲"现代史研究中诸争论问题"。

参观井冈山，会见老友毛秉华，蒙其陪同参观井冈山革命博物馆，并听他讲述陈列数次修改的主旨与经过，并征询我的意见。再次参观黄洋界、大井、小井、毛泽东工作过的地方及瀑布等新建旅游点。见游客很多，当地农民经营之土特产市场与 70 年代所见变化很大，住宿条件也非昔日可比。

**16 日**　与江西大学历史系教师座谈。

**17 日**　赴景德镇参观陶瓷历史博物馆与陶艺厂。

**18 日—19 日**　到贵溪，赴龙虎山观光。

## 12 月

应李丹阳、王崇东之约，撰写个人学术生涯，编入国务院学位委员会办公室编的《中国社会科学家自述》一书，由上海教育出版社出版。

# 1998年　74岁

## 4月

24日　与陕西同乡在北京相聚，欢喜异常。卫佐臣作诗两首。

### （一）欢迎宏运同志晋京相聚

回忆五十二年前，离别三秦到蓟燕。

古都学府多志士，二条战线起波澜。

游子相亲故乡远，遥祝李公抵延安。

辅仁先驱今何在，讲座设于海河南。

京津老友齐相会，正值神州艳阳天。

欢歌笑语意未尽，发挥余热做贡献。

### （二）喜与江凡同志相会

京华好友曾传言，江山多娇景不凡。

老骥奋蹄行千里，风采如画堪夸赞。

今朝有幸来相会，吟诗泼墨倍觉欢。

24日—29日　参加全国哲学社会科学规划会议，住京西宾馆东楼。

## 6月

20日　应邢安臣邀请赴沈阳，主持辽宁大学历史系中国近现代史研究生论文答辩会。之后，邢陪同我和王黎参观著名画家宋雨桂出资开发的画家村，当年杨靖宇的抗联部队活动于此。

### 7月

**21日**　天津社会科学院举行成立40周年纪念会。我到会祝贺，并讲了梁寒冰1958年创建历史所的思想和功绩。

**21日—24日**　参加天津社科院历史所举办的"商会与近代中国国际学术讨论会"。万新平、张利民和胡光明为筹备讨论会做了充分准备。胡光明主持整理的《天津商会档案汇编》是颇有价值的文献。会议发言，我赞赏章开沅、朱英、马敏、虞和平和胡光明对商会的研究。

### 9月

**17日**　应邀和逄锦聚、周立群一起参加刘仲藜主持的《奠基：新中国经济五十年》一书编写大纲讨论会。会址在北京房山区良乡经信会议服务中心。

**是月**　杨栋梁赠其新作《国家权力与经济发展——日本战后产业化合理政策研究》。

### 秋

章开沅赠其著《实斋笔记》。

### 10月

**24日—26日**　应章开沅、毛磊、田子渝邀请，和王黎赴武汉湖北大学参加"纪念武汉抗战暨中山舰遇难60周年国际学术研讨会"。我负责评论徐乃力的论文《中国抗战在第二次世界大战史上地位的探讨》，提及应该多写些这方面的文章，让国外学者认识中国抗战的巨大作用，因为国外出版的书籍总是忽视中国的抗战。我还讲了这次研讨会的重大意义，因为武汉抗战在中国抗战史上占有重要地位。

章开沅等学友引导参观中山舰蒙难地江夏区槐山矶石驳岸、槐山留云亭，还登上正在修复的中山舰。1927 年武汉国民政府和八路军办事处也在参观之列。

**27 日**　到华中师范大学历史研究所和章开沅、严昌洪、朱英座谈，参观校园和历史所陈列室。

**28 日**　在武汉大学和朱雷、肖致治、李少军、胡德坤、敖文蔚、彭敦文相会。给历史文化学院师生介绍台湾纪念"七七"抗战 60 周年学术研讨会的内容和争论的问题。参观武汉大学校园、图书馆和历史文化学院，并游东湖。

## 11 月

**14 日**　应河北大学邀请，李金铮陪同我和王黎赴保定，住河北大学招待所，和黎仁凯、李华瑞等诸友相会。

**15 日**　上午在河北大学图书馆报告厅做学术报告，下午与中国近现代史研究生座谈治学方法。

**16 日**　赴易县调查，郑志廷、李金铮陪同，易县计划局局长张进清接待，住西陵行宫招待所。西陵行宫建于清乾隆初年，为清代皇家建筑。

**17 日**　参观梁各庄村，镇党委请来 84 岁的侯丙座谈抗战时期村里的生活状况。老人称，日本侵入后，人民生活极受限制，连火柴及燃灯煤油也无法得到，日用百货更提不到，百姓的零星收入多靠打些山柴来卖，穷困潦倒已极。本地有一挺大的教堂，被日军毁掉，一片荒芜。村中已无人信奉天主教。

此行结识张进清。他毕业于河北大学历史系，曾去新疆北部支边八年，性情豪爽、健谈。他祖上系江南移民，叙述极详。难得的是他的家谱保存完好，遂约其为太行山调查一书家族目中写一家族史，得慨然应允。

**18 日**　参观光绪帝陵、昌西陵、雍正帝陵。

# 1999 年　75 岁

## 2 月

11 日　到天津河东区津塘路职工之家大厦参加天津市各界劳动模范迎春座谈会。

## 3 月

15 日　铁山博赠所著《清代農業經濟史研究——构造と周边の視角から》。

30 日　日本中央大学人文科学研究所赠《民国前期中国と东アジアの変動》。

## 5 月

8 日　北京的南开历史系校友举行庆祝母校 80 华诞大会，到会者八九十人。我介绍了近年南开历史系的发展和现状。

30 日　接国务院体改办刘仲藜函，邀请我为《奠基：新中国经济五十年》一书编委。

## 6 月

姬田光义赠《侵略の証言》、《「南」から見た世界（01）東アジア・北東アジア——中華世界の内と外なる「南」》。

## 8 月

21 日—22 日 "海峡两岸仁学与 21 世纪展望学术讨论会"在南开举行,李喜所组织主持。我就会议讨论情况做一发言。

31 日 组织主持"明清以来国际学术讨论会"。李来福、范德、李炳柱、汉斯、顾琳、浜口允子等外国友人与会。外宾住 4 号楼,内宾住明珠园,学术活动在科技楼进行。我在开幕式上讲了召开这次会议的构思和意义。

## 9 月

1 日 国际会议继续进行,组织外宾到市内参观,国内学者参加"郑天挺百年诞辰纪念会"。王成彬捐赠郑天挺大理石塑像一尊。任继愈、王仲翰、蔡美彪、戴逸、徐频芳和我均发言。郑克晟代表家属讲话。

2 日 "明清以来国际学术讨论会"结束,我做总结发言。

庞百腾(David Pong)赠所著 *Shen Pao-chen and China's Modernization in Nineteenth Century*。

18 日 藤原彰、姫田光义赠《日中戦争下——中国における日本人の反戦活動》。

23 日—25 日 应德国汉堡亚洲研究所 Werner Draguhn 和澳大利亚悉尼科技大学古德曼(David Goodman)邀请,于 22 日启程经法兰克福至汉堡,参加"中华人民共和国 50 周年之回顾与评价学术讨论会"。与会者 42 人,来自澳大利亚、英国、中国、法国、德国、瑞典、美国、加拿大和荷兰,多是研究中国现代史的权威学者,所提论文包括政治、经济、社会和外交四个部分。我被指定评议周锡瑞的文章。他从经济领域探讨了国民党政权解体的一些深层原因。我以见证人的身份谈到 1946—1948 年北平各校学生举行"反内战、反饥饿"运动,纷纷离开大学到解放区的事实,说明周的论述是颇有见解的。

讨论中，对社会主义改造、"大跃进"、"文化大革命"的评价用的时间较多，也很深入。

汉堡亚洲研究所组织我们参观他们的科研成果展、汉堡大学、汉堡港及市容。

## 10 月

10 日　访问杨敬年，谈庚款留英，特别是抗日战争时期庚款留英的状况。杨敬年讲，他本人是第 8 届庚款留英学生，考试非常严格而公道，7 届考试他只差一厘未能录取。出国前即 1945 年 3 月在重庆青木关出国人员讲习会学习 3 周，8 月 4 日离重庆，乘飞机经加尔各答到孟买，从孟买乘货轮一个月到英国的利物浦。庚款留英，至新中国成立前共有 9 届。南开大学鲍觉民、程京、吴大任、陈舜礼、钱荣堃均为庚款留学生。

11 日　我的文集《抗日战争与中国社会》获首届郑天挺先生学术奖励基金特别荣誉奖。

14 日　参加《中国通史》多媒体教材出版座谈会，由中国人民大学李文海主持。多媒体教材是西北大学付建成、陈峰等创始的，福建人民出版社出版。教育部高教司副司长刘凤泰在会上讲话。我发言，肯定这项工作的重要意义，认为对教学现代化颇有帮助。

21 日　陈三井来校访问，请其给历史系同学讲晚清知识分子的国际观。

29 日　范曾在东方艺术系向学校捐赠张伯苓画像。侯自新、范曾和我讲话。

## 11 月

2 日　林能士、逯耀东、邵台新来校，参观了校园。我赠林能士《民国史纪事本末》一部。

8日　启程赴美，应麦金农（Stephen MacKinnon）邀请，参加路易斯（Greg Lewis）博士学位论文答辩。

8日—10日　抵洛杉矶，探视魏晓明、王筑津及孙儿韬韬，休息3天，调整时差。

11日　飞往凤凰城，抵亚利桑那州立大学。

12日　参加路易斯博士论文答辩会。论文为《冀朝鼎评传》。会后，麦金农在其家中设宴祝贺。历史系多位教授、研究生及路易斯的母亲、妹妹及夫人均来参加。刘景修也来祝贺。

13日　刘景修及其女儿晓荃陪同游览大峡谷，夜宿Flag Staff。此地为印第安人保留地。

14日　返回凤凰城途中，参观古印第安人一洞穴式居住遗址，年代相当于我国宋代。观赏山中教堂、红土山。

15日　与刘景修全家休闲钓鱼。

16日　参观亚利桑那州立大学图书馆，与刘景修游画街。这条街全是卖画的商店。麦金农特来请品尝泰国餐。

17日　在亚洲研究中心演讲"文化大革命"，下午乘机赴犹他州韦伯州立大学（Weber State Univeisity）。

18日　在韦伯州立大学路易斯课堂上讲"新中国成立初期通货膨胀问题"。路易斯从亚利桑那州立大学毕业后，在此执教，立即上讲台。韦伯州立大学所在城市奥格登（Ogden）人口10万，居民30%信奉摩门教。摩门教暗中实行一夫多妻，鼓励多生孩子。

20日　参观航空博物馆。馆中展有各个时期各种类型的飞机。

21日　与历史系几位青年教师聊天，涉及东西德合并、非洲战争、中国飞船、朝鲜半岛等问题。

23日　在路易斯课堂上讲"文化大革命"，下午向近百名师生讲中国历史学界研究状况。历史系主任赠送校徽一枚。

24 日　在路易斯办公室与几位青年学者交谈得知，凡加入摩门教者，须交纳个人薪水 10％，子女高中毕业后，要去国外传教两年。

是日为感恩节前夜，社会科学院院长夫妇及历史系青年教师皆来路易斯家相聚。

25 日　感恩节，家家关门吃火鸡，路上无行人。晚上与诸青年朋友登半山腰观夜景，灯火辉煌。

26 日　参观火车站博物馆。19 世纪末太平洋铁路在此接轨，当时约有华工 1.3 万人，每人每月工资 40 美元。华工们将 10 美元寄回国。展品中有当年使用的推土机、斧子、铁铲。还有武器发展的陈列，从步枪到机枪，并标有发明者姓名。汽车展厅中，有各个时期各种型号的展品。引人注目的是，1943—1944 年美国的铁极端缺乏，汽车牌号由铁制改为纸制的。

28 日　参观盐湖城。

29 日　听路易斯授课。他讲中国隋唐宋历史，放映幻灯片，展示地图，以提问题方式来讲解。下午返洛杉矶。

## 12 月

2 日　随王筑津去好莱坞地区法院，观看如何审理案件。王筑津是法庭翻译。是日，陪审团人员较多，到场的 20 多人，中选的 12 人。当陪审员是公民义务，每天只给 5 美元，连 1 小时工资都不到。

4 日　全家开车去赌城拉斯维加斯，中途游 Bastow 镇工厂直销中心。晚抵拉斯维加斯，见到孙钊。宿筑津朋友李蓓蓓家。

5 日　参观两个赌场，玩老虎机，游赌城市容。返回洛杉矶。

6 日　收拾行装回国，晓明送到机场。

31 日　迎千禧之年，看电视播放世界各地庆祝活动。

**是月**　《奠基：新中国经济五十年》由中国财政经济出版社出版，刘仲藜主编，我是编委之一。

## 2000 年　76 岁

### 1 月

29 日　天津市第七届社科优秀成果颁奖大会在曙光电影院举行，我的《抗日战争与中国社会》获荣誉奖。

### 3 月

24 日　笠原十九司赠「南京事件」调查研究会编《南京大虐殺否定論 13 のウソ》。

26 日　笠原十九司赠著《「南京事件」と三光作戦——未来に生かす戦争の記憶》。

29 日　古德曼（David Goodman）来访，南开聘请其为客座教授，他演讲的题目为“太行山的社会变迁”。

30 日　和张洪祥陪同古德曼参观日租界日本华北驻屯军司令部及日军“慰安妇”所在地。

是月　台湾近代史研究所《近代中国史研究通讯》第 29 期学人简介栏刊登了我的学术经历。这是应陈三井之约请江沛执笔撰写的。

三谷孝、内山雅生、笠原十九司、浜口允子、小田则子、顾琳、中生胜美、末次玲子赠《村から中国を読む——華北農村五十年史》。

### 4 月

2 日—4 日　参加纪念严范孙诞辰 140 周年、张伯苓诞辰 124

周年学术讨论会。讨论会由李德福、何平、刘刚等人出资组织
策划。

14日—18日　在北京京西宾馆参加国家哲学社会科学基金项
目审批工作会议。

## 6月

5日　应浙江大学金普森、杨树标邀请，赴杭州主持方新德博
士论文答辩，王黎同行，范展迎接。

6日　主持论文答辩会。

7日　至杭州师范学院，和孔永松一起同杭师院历史系教师及
研究生座谈，我介绍国外教师的职责和学校考核教师的措施。

8日　方新德陪同到永康县方岩参观。天雨，车行4个小时始
到达。方岩风景区管理局长李世杨接待，住五峰宾馆最上层房间。
此地抗战时期是浙江省会所在地，地势险要，环境优美。我们参观
岩洞中书院历史展览，冒雨游方岩，登山鸟瞰方岩全景。方岩山上
的胡公庙香火很盛。胡公为北宋的一名清官，为老百姓做了很多好
事。1959年毛泽东视察金华时，推崇胡公说："方官一任，造福一
方，这是很重要的。我们都要学习。我们做干部要造福人民。"

9日　由杭州乘机赴北京，参加许毅的博士生学位论文答辩，
夜宿海淀区太平路比特宾馆。许毅近年集中研究整理清代和民国的
外债问题。翌日答辩会在财政部研究生院举行。

## 7月

13日　教育部组成专家组，郑师渠为组长。苑书义等五人来考
察南开大学中国社会历史中心成立的基本条件，刘泽华汇报。因
申报材料中我的研究成果占一定比例，被宣布为中国社会历史中
心顾问。

## 9 月

**9 日**　受聘为新疆师范大学思想文化研究所特约顾问。

**23 日**　王同起陪同澳大利亚 Griffith 大学的 Nick Knight 来访。Nick 著《李达传》，正在联系中文版出版事宜。

**28 日**　参加北京大学举办的"抗日战争与中日关系学术研讨会"。会议是牛大勇组织的，讨论范围广泛，如南京大屠杀、细菌战、无人区、掠夺中国劳工、钓鱼岛、对日索赔等问题。我和吴天威主持了一场讨论，评论员为胡哲峰和孙承。

## 10 月

**17 日**　南开校庆。历史学院李治安、门莲凤、陈志强、张思为我举行离休荣退讲演会。我在南开任教已整整 50 年。我讲话的主题为"我与南开"。邓丽兰策划了我的学术成就展，诸研究生帮助展出。邓丽兰专门写了《南开 50 年——魏宏运先生小记》，发表于 2001 年 1 月 8 日《南开周报》上。

**是月**　王玉哲师赠送我他的《中华远古史》。南开大学历史学院成立。

## 11 月

**2 日—6 日**　应金冲及、李文海邀请至重庆西南师范大学参加"第三届全国青年史学工作者大会"。我在第一天大会的发言中，主要讲青年史学工作者应该掌握一种外国语，积极参加国际学术交流。

**28 日**　赴唐山师范学院历史系演讲"海内外学界关于中国近现代史的研究"。翌日，孙尚斌、果峰陪同参观大钊公园、矿冶学院内的唐山地震遗址。

## 12 月

**12 日**　赴东京，开始对日、韩两国访问。祁建民至机场迎接，宿后乐宾馆，每天宿费 7200 日元。

**15 日**　在一桥大学演讲"我的治学道路"。笠原十九司赠《「慰安婦」——戦時性暴力の実态（Ⅱ）》。

**16 日**　在中央大学原校址御茶の水演讲"中国学者的历史研究现状"。

**17 日**　乘车至成田机场，中午抵达汉城，尹辉铎迎候。即时乘机飞大邱，李炳柱接至其家中。

**18 日**　至岭南大学，宋在夏亦来。午饭后驱车游 10 世纪建筑佛国寺。佛塔为国宝。后游览石窟。

**19 日**　由大邱至龟尾，见宋在夏及其夫人的家人。午后驱车至大田市观光。

**20 日**　离开大田，乘车至汉城，住尹辉铎家。尹曾留学中国，从学于我。乘观光车观光汉城，参观故宫的昌德宫。

**21 日**　飞返北京。

## 是年

古德曼（David Goodman）赠所著 *Social and Political Change in Revolutionary China—The Taihang Base Area in the War of Resistance to Japan, 1937-1945*。

# 2001 年　77 岁

## 1 月

**15 日**　上午赴京，参加北京大学历史系牛大勇主持召开的关于日本教科书批判研讨会。先一日，王天有、牛大勇嘱，至京后先去一洞天饭店，参加他们的春节团拜，与诸友相会。下午，在北大图书馆参加"日本侵华史与教科书修订问题研讨会"。步平关于侵华日军 731 细菌部队的研究，郭成周关于侵华日军细菌战的研究，苏智良关于"慰安妇"问题的研究，均极深入。我表示，应把我们的研究和我们的抗议声通过各种渠道传至日本各界。

**16 日**　返津，从火车站径去参加天津党史研究室召开的座谈会。我做一简短发言。

## 2 月

陈志强赠他的新书《拜占廷学研究》。

## 4 月

**8 日—15 日**　在北京京西宾馆参加全国哲学社会科学规划会议。会议主要任务是总结"九五"社科研究规划工作，部署"十五"社科研究规划任务，评审了本年度历史学科国家社科基金项目。会上听取了刘云山的报告。

**23 日**　应李振宏、翁有为邀请，和王黎赴开封参加《史学月刊》创刊 50 周年纪念研讨会。会议主题是"21 世纪中国史学"。我祝贺《史学月刊》在几代人的努力下成为有影响的刊物。

**24 日**　龚留柱陪同游清明上河园，观铁塔。

**25 日**　赴登封参观少林寺、嵩阳书院等名胜古迹。游客络绎，我们在寺塔中间流连，对寺塔的历史深感兴趣，还观看了一场武术表演。少林拳术煊赫于世，这里有武术学校，海内外许多儿童都来学武术。下午，赴洛阳参观白马寺。

**26 日**　应张殿兴之约，在洛阳师范学院给历史系师生讲抗日战争研究的若干问题。参观牡丹园。

**27 日**　为河南大学历史系学生讲近现代史研究中的几个问题。参观开封陕甘会馆及北土街民国时期工农银行旧址。"文化大革命"时，刘少奇被迫害逝于此，杨成武也曾拘禁于此处。

《史学月刊》研讨会赠河南大学出版社出版的宋代研究丛书《宋代东京研究》、《宋代地域经济》、《宋代地域文化》、《宋代司法制度》、《宋代监察制度》、《宋代教育》、《宋代文学通论》、《宋代官员选任和管理制度》、《宋代文化史》等书。

**28 日**　赵金康夫妇陪同参观朱仙镇、岳飞庙。宋时，朱仙镇为全国著名四大镇之一，而今衰落了。

和马小泉、王桂兰、马树功、宋玛莉及历史文化学院负责人阎照祥等相会。

## 5 月

**25 日**　南开历史学院举行文化节。杨志玖、刘泽华、王敦书和我分别谈如何做研究。我讲的是"我和中国现代史"。

**26 日**　麦金农（Stephan MacKinnon）来访，请其讲演"三四十年代美国对华的爱和恨"。

**27 日**　陪麦金农参观五大道、徐世昌等人的故居及解放路汇丰银行旧址。

## 6 月

15 日　和邓丽兰前去北京，参加北京大学历史系和北美 20 世纪中国史学会合办的"20 世纪中国历史回顾"学术讨论会。冯崇义作为悉尼科技大学学者也来参加。我提交的论文题目为《抗日战争时期华北根据地的家庭结构变迁》。美国学者麦金农主持分组会议。徐乃力和美国学者吴应铣提出问题：1. 抗战时期农村妇女是怎样获得家庭和社会独立平等地位的？ 2. 婆媳间的矛盾关系是如何化解的？

28 日　校友会组织南开大学地下党员纪念中共 80 周年座谈会，校党委组织部长张静主持。下午，党委组织部举行南开积极分子纪念中共 80 周年座谈会。张静指定我谈经验和体会，如何一面担任党的工作一面从事教学与科研。

## 7 月

27 日—8 月 1 日　应友人邀请，与王黎自塘沽港乘船赴大连。魏小静送至码头。船行一夜，翌日到达，住中山区虎滩街。友人陪同先后参观老虎滩、棒棰岛、星海公园、旅顺白玉塔、金石滩开发区。

## 8 月

4 日　去秦皇岛。尹沧海在秦皇岛举行画展，约我和王黎参加。画展由王成彬策划，两位企业家资助。

5 日　尹沧海画展在秦皇岛美术馆揭幕，秦皇岛副市长、秘书长和当地名画家均参加。我和副市长一起剪彩，并讲了尹画的特点和成就。

6 日　驱车至山海关外一带渔村参观。

11 日—12 日　赴沧州参加尹沧海画展，住沧州市迎宾馆。沧州 20 世纪 50 年代仅有一条街，自出产石油后迅速繁荣起来，成为现代化城市。王成彬和我去盐山寻旧，我们曾一起在盐山搞过"四清"。我向王黎指点那时我住过的老乡家的位置。盐山城已大变，西隅街尽是商店。

成彬和我又去孟村回族自治县。成彬曾在此县董林公社担任党委书记，为"地富"摘掉帽子，为单身汉解决婚姻问题，广受当地人称赞。

## 9 月

13 日—16 日　参加天津师范大学侯建新主持的经济社会史讨论会。我在第一天大会上发言："对历史的解释不能从单一角度进行，而应该考虑不同因素的互动作用，也就是合理互动说。经济社会史应该是以经济为主的综合性考察。"13 日下午，会议移至蓟县公安局疗养院举行。14 日整日讨论。15 日游东陵，参观独乐寺。16 日游盘山，乾隆曾登盘山 32 次，写了许多称赞诗，其中一句：早知有盘山，何必下江南。此地村民长寿者多。

## 11 月

25 日—26 日　为参加哈佛学术研讨会准备论文，赴太原收集资料。李茂盛安排住宿于山西省文秘中心。与山西省党史、共和国史研究者王乃德、牛崇辉、刘玉太等座谈，张国祥也来参加，交流近年来根据地史研究的新发展。山西学者在晋绥、晋察冀、晋冀鲁豫诸方面出版了一系列著作。山西占有地域与资料优势，还会发现新资料，出新成果。

27 日　王乃德陪同赴武乡调查。武乡当年是太行根据地腹地，新建的八路军太行纪念馆就在这里。武乡县党史办主任赵三文对历史和现状都做了介绍，赠我他主编的《中国共产党武乡简史

（1933—1949）》一册、新编县志一册。其中有关商业贸易的法令对我写论文颇有帮助。

28 日　在长治和党史办李宏业、申忠菊、宋河星座谈。他们介绍当年根据地的大麻种植与输出，解放战争时期的物价变动，引导我参观当年日军制造毒气的潞安医院，赠我《侵华日军在长治的暴行》、《长治市文献资料汇编》、《邓小平在太行实录》等书。

29 日—30 日　在山西大学历史系演讲有关抗日战争研究的热点问题。副校长行龙约 1958 年南开大学支援山西大学的几位老教师相会。张国祥、李茂盛赠送太行根据地黎城、左权等县出版的党史及资料。调查期间，蒙任茂棠、王乃德关照。

## 12 月

1 日　杨巨平、郭卫民陪同参观常家庄园。

19 日　参加塘沽 13 中学历史学科研究性实习课题"大沽口地区的历史、现实与未来"的开题报告会，讲话并肯定他们的实践。

## 是年

关文斌（Kwan Man Bun）赠所著 *The Salt Merchants of Tianjin—State-Making and Civil Society in Late Imperial China*。

# 2002 年　78 岁

## 3 月

26 日　笠原十九司赠其与夫人笠原阳子等译的《「南京事件」の日々——ミニー・ヴォ——トリンの日記》。

29 日　《南开周报》登张殿兴《读〈民国史纪事本末〉后》。

## 5 月

28 日　同冯崇义赴昆明,云南师范大学接待,住新世纪大酒店。与于燕京、叶文、杨林、田里、伊继京、骆小所、熊术新等相识。他们都是冯崇义的博士研究生。

29 日　云南师大叶文的研究生沈娅做向导,上午去西山。登山至龙门,见有道教遗址数处,也有佛教偶像,香火很盛。山崖刻有"碧海映月"四个大字,下临滇池,池中有一村落,是"文化大革命"时"学大寨"围湖造田形成的。滇池水污染严重。下午游世界园艺博览会。

30 日　上午,游金殿凤鸣山,参观吴三桂使用过的大刀、真武七星剑。下午,参观云南师大校史及"一二·一"纪念馆。晚,向全校硕士生 300 余人讲"学者之路",见到张尚谦、李慧、伙辅滇等学友。

## 6 月

1 日　参观护国桥、护国纪念馆。由昆明飞抵海口,唐镇乐安排，住海南省委党校。

2 日　赴万宁县龙滚镇冯崇义父母家。其父母均务农，居处是二层楼房，屋前一片稻田，周围遍植槟榔树，不远处是山丘，山丘外是大海。龙滚镇盛产菠萝，多运至京津一带销售。

3 日—4 日　澳大利亚省市研究中心在海南行政学院举行学术讨论会，中心议题为"移民意识的变化"，有英国、美国、澳大利亚、德国和我国学者 30 多人参加。在讨论中，对海南语系探讨了较长时间。有学者提出：海南省的领导者如不懂海南话，与老百姓不能对话，怎么领导海南？

5 日　会议组织赴五指山参观，夜宿通什度假村关键贵宾馆。度假村坐落太平山中，被称为海南的蓬莱仙境。了解当年红色娘子军在这里的情况。

6 日　参观五指山田盛镇的苗家村落。村里有 100 多户人家，约 850 人。村民种稻，收获后均晒于自家院内。家家种槟榔、菠萝。村中有一所小学。中年苗族人会讲苗语、海南话和普通话。下午赴三亚，宿于中国银行培训中心。

7 日　赴亚龙湾。此地是理想的海滩，戏水者颇多，附近岛屿是军事要地。翌日返津。

21 日　飞抵洛杉矶，儿媳王筑津来接，住儿子儿媳家。此次来美参加哈佛大学主办的"战时中国学术讨论会"。会议是哈佛大学傅高义（Ezra Vogel）、加拿大哥伦比亚大学 Diana Lary 及亚利桑那州立大学麦金农（Stephan MacKinnon）发起，署名邀我参加。

23 日　去好莱坞明星街、中国大戏院和天文台游览。哈佛会议发言稿要压缩，忙着删减。

25 日　去波士顿，晓明送机。晚间抵达，美国东西部有 3 小时时差。

27 日—29 日　"战时中国学术讨论会"开幕，为期 3 天，与会的中国、日本、北美和欧洲学者 40 余人。我提交论文《抗战时期晋冀鲁豫根据地的商业贸易》。按会议内容顺序：1. 中国西部；2. 华北前线；3. 上海；4. 东北；5. 华北日占区；6. 华北日占区；7. 华中；8. 华南；9. 内蒙和台湾。我第一天宣读论文。会议争论的重点：1. 伪满洲国问题；2. 汪伪政权；3. 华北劳工。有的日本和西方学者认为，伪政权应称为"合作者"，把伪政权视为独立的国家和政权。中国学者据理批评了这种观点。

30 日　飞回洛杉矶。

## 7 月

2 日　和晓明去 Montebello 市的县图书馆，借了三本《传记文学》期刊。富裕城市有自己的图书馆。贫穷城市没有或有一县图书馆分馆。县图书馆很多，规模都不大，在一处借书，可在任一县图书馆还书。

4 日　晓明下班后开车同去比华利山庄一看。这里是影星、富豪聚居地，五百万元的房子是最便宜的。今日美国国庆，晚看焰火。鞭炮都是从中国进口的。有的城市可以放，有的城市不许放。

5 日　和晓明去 Redondon Beach 游览，中文译成丽浪多海滩，很好听的名字。

6 日　由晓明开车，去住所近处山里一转，属于天使国家公园的一部分。

7 日　由晓明开车，去棕榈泉（Palm Spring）游玩。棕榈泉是沙漠绿洲，棕榈树很多很高大。因地形原因，有的地方风大，可见成排的白色风车，用来发电，成为一景。

10 日　晓明陪同去长青书局。这是当地中国人最大的书店。中文报纸很多，最大的是台湾的《世界日报》，据说日销量在北美可达数万份。广东人爱看的《星岛日报》规模第二。《国际日报》和

《侨报》销量每天只有 1000 份左右，可称并列第三。《侨报》是中国侨务委员会出资办的报纸。

**12 日**　去 San Marino 市一转。这是个极昂贵的社区，房价都在数百万元之上，绿化非常好。

**13 日**　去 Santa Monica 市和 Malibu 市游览。这两个市都在海边。Malibu 是影星聚居区。一些豪宅建在山上，面向大海。Santa Monica 市三街有一段是步行街，天一黑就热闹起来，许多街头艺人表演，千奇百怪，很吸引人。虽是街头表演，但很高雅。然而街头艺人谋生是艰难的，许多人干不多久就不干了。

**14 日**　去 Yorba Linda 市参观尼克松图书馆。尼克松就出生在这里，老屋还保存得完好。距房子数米之遥就是尼克松夫妇的长眠之地。展厅里中美交往内容占有突出地位。出尼克松图书馆，绕路去看水晶大教堂。

**15 日**　和晓明去 Eaton Park 和靠近山的社区一转。Eaton Park 保持着 100 多年前未开发时的原貌，看到的是野草，山谷溪流和大小石头。别处已消失的小型野生动物，这里还有。

**16 日**　和晓明去孔雀园参观。孔雀园真名叫植物园，里面孔雀成群，信步徜徉。园外居民区也有孔雀。

**17 日**　和晓明去天使国家公园，在山里转了一大圈。

**19 日**　刘丽萍邀请我和晓明去游 Monrovia 市农贸市场。这是 Monrovia 市一特色，每个星期五的傍晚开市。在美国只有这里最类似中国的农贸市场，人们出售后院种的蔬果。

**20 日**　和晓明去海边城市 San Petro 游览。

**21 日**　和晓明、刘丽萍同去里根图书馆。里根图书馆位于西米谷（Simi Valley），通向这里的高速公路被命名为罗纳德·里根高速公路。里根得知这一命名时说："欢迎从身上走过。"

**27 日**　晓明租了一辆车，9 天 394 美元，一家三口和我畅游美国。晚到达犹他州奥格登（Ogden）市 Greg Lewis 家，宿于此。车行 700 多英里，行经加州、内华达、亚利桑那和犹他四个州。Greg 请我们全家吃自助餐。

28 日　Greg 陪我们去参观飞机博物馆，去盐湖中一岛上保留地看美洲野牛。晚上在他家后院野餐。

29 日　驱车北行，抵达黄石公园，西门进，北门出。晚抵蒙大拿州米苏拉市王荣勤神父家。车行 500 多英里。

30 日　和晓明去蒙大拿大学，见 Maureen Fleming 教授。

王神父、Beckie Hans 和他们的一位朋友及我们全家 4 人，去张振明的餐馆午餐。张原是南开体育老师，开这个餐馆 8 年了。他坦承很累，说："在美国你要害一个人就劝他开餐馆。"这句话在华人圈里经常听得到。

全家去 Frank 和 Susanne Bessac 夫妇家。Susanne 带晓明夫妇和孙子去屋后小溪玩，我和 Frank 聊天。王神父也来，共同晚餐。

31 日　全家开车去冰河公园玩。冰河公园在美国和加拿大交界处，美国部分占三分之一。冰河公园的看点是大山、深湖、森林和野生动物。晚饭回到王神父家吃。

## 8 月

1 日　告别王神父，又去 Bessac 夫妇家告别。南下再去仔细参观黄石公园。晚宿东门外一旅馆。屋里有两张床，无任何其他东西，一宿 115 元。出去挺远打点儿开水回来，从车上取下食物坐在床上吃。夏日住宿奇贵，冬天关闭。

2 日　从东门返回黄石公园，继续参观。这是第三次进入黄石公园了。参观完后南下，再到奥格登（Ogden）市 Greg Lewis 家。Greg 已在后院准备了野餐，和他同时受聘的两位大学同事也来。边烤肉边吃边聊至十时半。Greg 赠书 5 本。

3 日　赶回洛杉矶。途经拉斯维加斯，见孙钊一面。孙钊正在工作，无法离开，只说了几句话。晚 11 时回到洛杉矶家中。

4 日　全家去赫氏古堡参观。赫氏古堡在洛杉矶北面 100 多英里处。它并不古，极其豪华。赫氏死后，他的几个儿子无一人愿继承此地产，遂归政府所有，成为旅游胜地。

6 日　李绍基、吴桂霞夫妇由旧金山来洛杉矶看我。住在晓明家里。

7 日　和李绍基夫妇聊天，多年不见，话很多。下午筑津送我们去杭廷顿图书馆。那里正好有一株尸花开放，闻臭者蜂拥而至。

李绍基夫妇回旧金山儿子处。我和晓明送至机场。

11 日　和晓明去 Long Beach 游览。

15 日—16 日　连续两天去环球影城游玩，筑津当导游。

17 日　和晓明开车去圣地亚哥游览。

20 日　启程回国。以前来美国行程紧，来去匆匆。现在退休了，得以在孩子家多住些天。

## 9 月

4 日　王成彬陪沧州篆刻家刘化一来津，专为赠我"南开一号"匾额。此四字是范曾题赠，缘于南开大学 1999 年货币分房时，我在全校 1100 余教职工中名列第一。一时大家戏称"南开一号"。王成彬对"南开一号"四字极为欣赏，力主雕成匾额，并策划促成。刘化一为此曾两度选料，终得心应手。范曾观之亦非常满意，对其篆刻水平颇为赞赏。

21 日　中秋节。日研中心为江口圭一、俞辛焞二君举行华诞祝贺会，邀四五十位学者与会。我在祝寿会上发言，对他们的治学归纳为：脚踏实地，学风朴实，勇于探索，追求真理，硕果累累，实属上乘，共建日研，惠鉴学人，祝贺二君，继续升腾。

## 10月

**16日**　德国特里尔大学卜松山来南开大学讲跨土文化。主旨是说明中西文化之不同。与会听众提出有意思的问题，如：全球化与民族主义的关系；文化对话在国与国之间能不能平等；马克思主义的共产主义与儒学有无共同之处。

**24日**　Gregor Benton 赠我所著 *Dragon Seed in the Antipodes*，沈元芳送来。

**26日—27日**　参加"中国先秦史学会成立20周年暨王玉哲教授90华诞学术研讨会"。

**28日**　应南京大学张宪文邀请，参加"晚清与民国史料陈列提纲"座谈会。座谈由江苏省政协主办。和茅家琦、陆仲渊、胡菊蓉、曹智英、姜宝善、高晓星诸友相会。

**29日**　在南京大学民国史中心演讲"哈佛大学'战时中国学术讨论会'中的争议问题"。

**30日**　在"总统府"讨论"提纲"一天。参观修葺后的"总统府"。每天参观者络绎不绝，每张门票40元，据云年收入达1亿元以上。

**31日**　应慈鸿飞之请，参观南京师范大学。

**是月**　王同起赠其著作《中共党史研究的理论与方法》。

## 11月

**11日**　辽宁电视台海外中心总监高国栋等来访。他们正在拍《溥仪的一生》电视片，向我采访几个问题：日本为什么要发动天津事变？溥仪被逐出故宫后来到天津张园，日本人为什么要庇护他？溥仪和哪些政客接触？是怎样被土肥原劫持走的？

**14日**　与王黎同去保定，在河北大学历史系演讲"晋冀鲁豫抗日根据地对敌贸易"。与会同学提问，希望知道抗战时期根据地的通货膨胀情况；商业贸易与根据地的发展。

15日　李金铮陪同参观献县天主教堂。此教堂被称为华北第一堂，建于1863年。第一任主教是郎怀仁，现在有神父修女百余人。献县拟以教堂为中心发展旅游事业。

17日　去石家庄河北师范大学，张同乐陪同参观西柏坡中共七届二中全会旧址。翌日，邢铁主持会议。我介绍哈佛大学召开的"战时中国学术讨论会"。

## 12月

9日　南开大学在迎水道校区礼堂举行纪念一二·九运动及颁奖大会，张静邀我讲一二·九运动。

12日　笠原十九司赠所著《「南京事件」と日本人》。

15日　南开历史学院、《世界历史》编辑部、《史学理论研究》编辑部联合举行"雷海宗与20世纪史学讨论会"，纪念雷海宗先生诞辰100周年。我讲述雷海宗在南开的10年。

是月　三谷孝赠所著《秘密結社与中国革命》。

## 是年

Gregor Benton 赠所著 *New Forth Army—Communist Resistance Along the Yangtze and the Huai 1938-1941*。

安井三吉赠所编《柳条湖事件から盧溝橋事件へ——1930年代華北をめぐる日中の対抗》。

# 2003 年　79 岁

## 4 月

**12 日**　我和历史学院几位老教授赴京，参加在人民大会堂吉林厅举行的"南开史学家论丛"学术研讨会。会议是范曾策划的。"南开史学家论丛"共出八册，老教授每人一册，包括已过世的郑天挺和雷海宗。我的一册是《镆斋文录》。任继愈、何兹全、齐世荣、李文海、蔡美彪、陈高华、何芳川、王天有、瞿林东、朱汉国、马宝珠、黄十庆等与会，陈洪主持，侯自新讲话。我的《镆斋文录》是李文海评论的。

## 5 月—7 月

北京、山西、内蒙古和天津是非典型肺炎重灾区，政府采取严厉措施，隔离相互来往。南开大学建立了教学区和住宅区的隔离墙。大课已经停止，教师之间也尽量减少往来。为保证博士、硕士研究生按时完成学业，学位论文答辩主持人由本校教师担任。我先后主持和参加了范曾、丁长清、李喜所及我自己的共十几名博士生的论文答辩，阅读了二百五六十万字的论文。

## 7 月

**2 日**　被聘为南开大学校务委员会委员，薛进文、侯自新为成员，一一颁发证书。

**12 日**　参加日本研究院召开的"南开与日本研讨会"，地点在日研院国际会议厅。

23 日　天津市委宣传部通知，接到全国哲学社会科学规划办公室通知，年届 75 岁以上之哲学社会科学规划小组成员，自今年始不再参加会议。接到规划办颁发的荣誉证书及感谢信。我参加规划工作整 20 年。

29 日　应马英民邀请参加中国国家博物馆召开的近代史陈列研讨会，与会者近 40 人，主要讨论近代史的主线应如何表现。有的主张，应是一条，即反帝反封建，建立独立富强统一的中国；有的主张，除反帝反封建外，还有一条，即中国的现代化。我认为，近代的中国，对外战争和内战频频发生，现代化建设难以成为一条线，抗日战争时是边打边建，也有两条线的时候。

## 9 月

15 日　香港凤凰电视台制作《南开的故事》节目。刘景泉以我是老南开，推荐我讲述严范孙和张伯苓的办学思想及周恩来在南开，当日录像。

## 10 月

12 日　历史学院庆祝建系 80 周年。我代表老教师发言，回顾新中国成立后 50 年来的发展，祝历史学院与时俱进。

13 日—15 日　在天津远洋宾馆参加"梁启超与近代中国社会文化国际学术讨论会"，李喜所主持。此前 12 日，举行了编辑《梁启超全集》启动新闻发布会，决定由天津古籍出版社出版，汤志钧主编。

## 11 月

8 日—9 日　参加"纪念陈序经诞辰 100 周年暨学术讨论会"。

陈序经（1903.9.1—1967.2.16）在"文化大革命"前为南开副校长，我当时为历史系总支书记，曾与之有所接触。在研讨会上我讲述陈的爱国主义思想。

28日　许檀主持召开"明清以来华北社会经济研究学术讨论会"，到会50余人。我于大会开幕式上着重讲了华北区域史研究的历史和现状，谈及改革开放后华北区域史研究兴盛的几个因素。

## 12 月

12日　《天津青年报》第13版发表了对我的访谈录，题为《我父亲是西北军机枪连长》，记述了我在西安事变中的见闻和我父亲所在部队在这一事变中的军事行动。

18日　天津电视台国际部马咏前来访我。为庆贺明年天津建城600年，他要拍摄孙中山三次来津。与马咏到利顺德、广东会馆、中山公园、张园拍摄实景。

# 2004 年　80 岁

## 1 月

审读天津市委党史研究室编撰的《中国共产党天津历史》第 1 卷。

## 2 月

**1 日**　《广东省志·孙中山志》学人简介版，简介我生平、著述，王杰来函索取照片。

**6 日**　天津政协文史办召开天津文史资料创刊百辑纪念座谈会，我出席并发言致贺。

**11 日**　我主编的《二十世纪三四十年代太行山地区社会调查与研究》运到天津。这部书是国家社会科学基金重点项目。获得南开教育振兴行动计划项目资助。

**26 日**　范曾贺我 80 岁生日作画一幅——《老子出关》，并为我的自订年谱题写书名并作序。

**是月**　李博（Wolfgang Lippert）赠所著《汉语中的马克思主义术语的起源与作用》。

## 4 月

**28 日—5 月 1 日**　与张思、王黎、沈于、柳敏和、李晓晨、渠桂萍等 14 人，至昌黎泥井镇侯家营村做社会调查。抗战时期，日本"满铁"的调查载于《中国农村惯性调查》一书。此行在于调查战后至今之发展与变化。侯家营现有 200 户 800 人，主要是侯姓。

村中副业兴旺，有冰棍厂、卖布的、养貉子的。种植玉米、麦子、早稻、花生等。从总体上看，还是后进村。我们住小学校长侯振春家。5月1日返校时，赴碣石山一游。

## 5月

**11日**　应程舒伟邀请，赴长春东北师范大学讲学，王黎同行。路遇孙君，畅谈治学之道。

**12日**　程舒伟接站，径赴东北师大校园下榻。和郑德荣会面叙旧，他已受聘为终身教授。我等共赴农民企业家开发的大鹅岛。参观伪满皇宫。晚上和王维礼相会。

**13日**　给东北师大中国现代史研究生讲如何开展社会调查研究，听众20余人。王伟陪同，参观净月潭国家森林公园。随后赴双阳区鹿乡镇参观两家养鹿户，一家有300只，另一家有200只，占地约在10亩以上。据称每只鹿市场售价3万元。此地甚宜鹿的生长繁殖，鹿茸产销已形成一条龙，乡政府提供技术、医疗等方便。省里带职下放的郝国坤和鹿乡镇正、副镇长王鸿博、王治国，谈到养鹿的远景规划。郝正在东北师大读博士，论文题目为《天主教的伦理观》。

**14日**　为东北师大历史专业研究生讲我参加海内外学术会议的感受，听众约40余人。应东北林业大学赵鑫邀请，与程舒伟同车赴哈尔滨。参观林大校园。

**15日**　和赵鑫一家、李永才、程舒伟、刘国庆赴萝北参观。由哈尔滨到萝北520公里，途经方正、佳木斯、鹤岗。萝北县城距黑龙江边20公里。县纪委副书记安利新，林业局正、副局长张凤刚、张木刚及法院王副院长陪同我等至黑龙江边，乘游船至江中，登名山岛。对岸为俄国阿木尔捷克村。

**16日**　沿黑龙江边公路西行，赴太平沟参观国家原始森林，据称森林里松树树龄已有 150 年。接近太平沟处有一眺望台,23 米高。登高远望,俄国那边情景尽入眼帘。

17 日　应哈尔滨师范大学及李淑娟邀请,昨移住哈师大接待中心。今晨赴哈师大江北新校,给历史系及中文系学生讲我个人是怎样研究中国现代史的。听众约百人。

至松花江畔,参观东正教堂(喇嘛台)和中央大街。

18 日　与赵春芳、李淑娟及其表妹乘轿车赴镜泊湖,途经尚志县、威虎山、牡丹江市、宁安市、东京城到达镜泊湖。乘游艇游湖。湖侧山坡上有别墅和各式建筑,多是各部门所建的疗养所。导游特指点日本占领时期建立的地下电厂。电厂竣工后,数百名工人全遭杀戮。夜宿山庄酒店,宁安市电业局邓恩平、刘美华和镜泊湖供电所姚所长安排一切。

19 日　参观中世纪渤海国和上京龙泉府遗址及博物馆。都城遗址保存完整,古井依然存在,考古队正在发掘。本地稻子生于石板之上,即负盛名之响水稻。

赴口岸城市东宁。东宁县对俄国的贸易出口以蔬菜瓜果为主,进口为废钢铁和旧机器等。东宁发电厂王敏总经理接待我们,参观发电厂养鱼塘。鱼是从非洲引进的,要求水温较高。电厂利用循环温水养鱼,销售到哈尔滨。

发电厂王会新陪同,参观日军侵华时期在勋山建立的东宁要塞。日军于 1933 年占领东宁,当即在中苏边境上修筑要塞,一直修到 1945 年日本投降。要塞共有 5 座,抓来劳工 17 万人,强迫劳动。日军投降时,劳工几乎全被杀光,幸存者仅数人,有的尚健在。现在要塞中设一陈列室,陈列日本罪状。东宁是日军侵华大本营,东宁要塞是日军在亚洲最大的要塞。

返牡丹江市,至哈尔滨,乘夜车南下,结束东北之行。

## 6 月

**21 日**　于范孙楼参加文学院彭修银、肖冰组建的东方审美文化中心揭幕式。

## 7 月

范曾贺我生日，书一函并赠送 5 万元，以备应酬之需。

**15 日**　应林家有邀请和王黎、邓丽兰南下广州，参加中山大学与广东革命历史博物馆举办的"孙中山与世界（含共产国际）国际学术研讨会"。会议为纪念中山大学、黄埔军校建校 80 周年。

**16 日**　"孙中山与世界学术研讨会"假中山大学怀士堂举行，与会者 140 多人。参观黄埔军校旧址。晚宴在全城潮州酒家举行，与陈三井、胡春惠、蒋永敬、黄彦等同席。陈三井讲，他原籍潮州，到台湾已是第 6 代。

**17 日**　参加巴士弟、李玉贞小组会。李玉贞讲，苏联已公开的档案，她已整理出版。其中有孙中山与鲍罗廷关于土地问题的争论；吴廷康即维金斯基；共产国际原拟援助吴佩孚，因马林来，转向孙中山。

参加 D 组会，讨论孙中山想象中的中国农村和中共土地政策的区别，从平均地权到耕者有其田。关于孙中山黄埔军校初期的信仰问题，涉国共之争，入校者必须信仰三民主义，不许无政府主义者入校。

陈卓、刘曼容来叙旧。夜游珠江。

**18 日**　《广东社会科学》杂志庆祝创办 20 周年，应江中孝、王杰之邀，参加座谈会。

李绍基、吴惠霞夫妇专程从香港赶来相会、叙旧。

**20 日**　应邓丽兰、邹佩丛邀请，赴翠亨村，参观孙中山故居及纪念馆。中山故居附近部分民宅已买下，保存原貌，展出了那时的生产工具和生活用具。纪念馆中陈列有陆皓东等人的事迹及孙中山家属的照片。邹佩丛开车，观览中山市容。晚餐于中山国际酒店，转盘 1 个小时，可俯视中山市区全景。

**21 日**　游珠海市，至拱北海关处。

**27 日**　范曾托刘勃送来《南通范氏诗文世家》，共 21 册，第 20 册为《范曾年谱长编》。

## 8 月

**3 日**　李绍基从香港寄来《最后的贵族》，即内地出版的《往事并不如烟》，内容照片均多。

**8 日**　和刘泽华一起乘陈洪车，赴北京人民大会堂河北厅，参加南通范氏家族诗文世家学术研讨会。

**21 日**　祝寿会假伯苓楼二楼会议室举行，与会者百余人，会标：魏宏运先生八十华诞暨二十世纪的中国社会学术讨论会。会标下摆放范曾画作《老子出关》及许多花篮。侯建新主持会议，冯崇义、王鸿江、母国光、何理、肖黎、刘泽华、洪国起、王敦书、陈志强、左志远、刘光胜相继发言祝贺。李正名院士莅临祝贺。

**25 日**　乘火车南下徐州，参加尹沧海画展揭幕式。一行 9 人，我和王黎坐软卧，票价每人 264 元。下榻南郊宾馆，距市区及火车站不足 3 公里。

**26 日**　尹沧海画展在徐州展览馆揭幕，声势很大，徐州、淮北市等书画协会均参与举办。我在开幕式上讲到，尹沧海的画题材广泛，他常到南北大山中汲取绘画养料，作品颇有哲理。徐州宗教局局长董正义在一酒店设宴，董是书法家，曾为部队大校。他说徐州现有教徒 50 多万人，基督教占 80%。

**27 日**　参观楚王陵、兵马俑、汉画像石馆。汉画像刻出汉代社会的种种状况，如耕织、贵族出游车辆、囚犯等。

28 日　赴萧县，距徐州 25 公里。萧县为画家之乡，业余画家近 3000 人，每年 500 多人报考全国各画院，总有 100 多人被录取。城内画店 100 多家，小学培训班六七家。在县城见到画家庄志耘，60 岁，是当地知名人士，擅长花鸟及书法。

赴淮北市参观，见到企业家王亚平。他在淮北有奶牛场，牛奶占有淮北市及附近地区市场。下榻相山宾馆，晚餐由沧海中学同学金山（现为审计局局长）在淮北饭店宴请。当地饮食特色：羊奶狗肉。

30 日　参观徐州博物馆。返津。

31 日　《人物》杂志张伟涛和校宣传部丁峰来访，谈我学涯中一些具体问题，为 10 月号《人物》杂志介绍我做补充。

## 9 月

8 日　校电视台温丽丽、小乌、袁波来家拍照专题片，拍了我在中小学时读的书、发表的文章、国外讲学照片等。

24 日，天津电视台播放《孙中山与天津》，片中有我解说镜头。

是月　熊性美赠《开滦煤矿矿权史料》，熊性美、阎光华主编。

## 10 月

17 日　1964 级学生聚会。我赠他们每人两本书，《魏宏运自订年谱》及《锲斋别录》。会上简短讲了他们在校时，"左"的思潮影响，劳动多了，读书少了。

27 日　天津电台滨海台金浦，为纪念天津建城 600 年节目来访，要我讲《大公报》的地位及影响。我讲了何时开始读的，并展示《季鸾文存》，念了一段。

## 11 月

2 日　校有线广播播放《我的治学道路》专题，连播 3 天。

**22日**　保定任方明来，带来他和杨保森主编的《西北军将领录》，我写的序文。

**23日**　王先明陪同山西省社会科学院历史所所长孙丽萍等3人来访。他们是山西抗战口述史课题组成员。我谈了我们搞口述史的经历以及应注意的事。赠送他们冀东、太行山调查两部书、七十华诞书、年谱及《锲斋别录》。

## 12月

**1日**　接到李金铮《近代中国乡村社会经济探微》，是他的论文集。

**2日**　朱汉国赠《华北农村的社会问题：1928至1937》。

**7日**　应李金铮邀请，昨日到达保定河北大学。今给研究生讲海外讲学见闻和经历，听者八九十位，金铮主持会议。

和王黎参观淮军公所，一是祭祀淮军之灵堂，一是淮军休闲所。李鸿章任直督25年。公所建于1898年，戏楼很大，原貌依旧。保定市决定修整旧址，将居民迁出，预计整个工程需7000万元。

**8日**　金铮陪同参观白洋淀，坐船至白洋淀文化苑，观看雁翎队陈列馆。船夫为大张庄人，一游船费80元，船夫得60元，余归管理者。白洋淀人以渔为业，也种麦子、玉米，所产芦苇造纸，出口日本。

**26日**　王均寅从北京赶来，贺我80岁生日。他现任浙江上虞市副市长，管商贸及改革。

## 2005 年　81 岁

### 1 月

**12 日**　李义佐从杭州寄来一铅印发黄的《揭批查快报》，内有"文化大革命"结束时，我在校大礼堂大会上的发言稿全文。

**14 日**　和邓丽兰赴凯悦饭店会见澳大利亚古德曼（David Goodman）及其夫人 Mabel Lee，赠国画一张、茅台酒一瓶。

**18 日**　老干部处韩明亮、焦国连、闫怀埙送花一束，来家中祝贺我八旬生日。他们把农历误认为公历了。

**29 日**　友人顾琳从日本来，住明珠园，将在津 1 周。她明年 4 月将担任东京上智大学副校长。

### 2 月

**1 日**　李金铮从保定回来，晤谈 1 小时。言及李泽厚的"告别革命"说，我认为提法不确切，革命不是谁想告别就能告别的，革命是逼出来的。

**4 日**　参加《历史教学》一年一度例行编委会议。杂志发行现为 1.5 万份，江苏客户最多，甘肃、四川等省订得少。

**14 日**　收到杨圣清赠其主编的《中国共产党谈判史》2 册。

### 3 月

**5 日**　历史学院胡远志、李浩轩、孟黎华 3 位同学来采访，以治学道路及方法为题，谈约 3 小时。

7日　李晓晨来，谈她调查抗战时期天主教在河北省的传播和分布状况。

11日　扬州大学吴善中、刁树仁来访。吴赠其著作《晚清哥老会研究》和祁龙威的《考证学集林》。

13日　日本大阪外国语学院田中仁来南开，赠余《1930年代中国政治史研究》。

江沛、王先明赠共同主编之《近代华北区域社会史研究》。

14日　李民仓寄来《陕西省长安县地名志》1册。

26日　1983年毕业生刘景修由美国回来，约同学聚会于明珠园，邀我参加。同届出国学习、就业定居者有20多名。

28日　前往东艺系范曾画室，参加报考范曾博士生考试复试，共9名，拟取1名。

## 4月

2日　范曾昨日画爱因斯坦，今日画毕加索，约我和王黎去欣赏。

15日　至北京参加中美富布赖特交流项目实施25周年庆祝活动。朱汉国安排下榻北师大。汉国委彭贵珍、李自典陪同到邮电大学科技大厅报到，领取资料。晚6时参加招待会。我1983年作为富布赖特学者赴美讲学。

16日　庆祝活动举行。美国驻华公使参赞Donald Bishop及我国教育部国际司江波副司长发言。

19日　天津市委宣传部举行招待会于红楼酒店，宴请哲学社会科学规划组天津市成员，我参加。

21日　审阅陈旭清博士学位论文，题为《心灵的记忆——山西抗战口述史》，内容颇多新意，导师为浙江大学高力克教授。

22日　赴天津师大金桥宾馆看望丹麦学者李来福。他应师大侯建新邀请来华讲学3周。

## 5月

**10日**　赴文科楼参加王玉哲先生追思会。王师 1948 年来南开，我们在东村、北村都是邻居，过从亲密。他于病中完成了《中华远古史》。

**12日**　天津民革在利顺德饭店举行"孙中山逝世 80 周年、孙中山与中华民族崛起国际学术研讨会"，邀我为顾问，参加开幕式。我讲了"孙中山先生的文化观"。

**18日**　参加范曾的两位博士生学位论文答辩。二人是胡健和刘波。

**27日**　山西史志院和中央文献研究室联合拍制《华北烽火》电视剧。王乃德率制作组来津，让我讲抗战前华北形势，讲了 1 个多小时。

## 6月

**3日**　王新哲、刘志强、任方明从保定来，赠我他们编著的《保定陆军军官学校史研究》，约我写一书评。

**15日**　《历史教学》发行 500 期，编辑蔡世华约我写稿，今日完成。

**17日**　和王黎、邓丽兰、李晓晨赴太原，参加抗日战争暨世界反法西斯胜利 60 周年学术讨论会，住山西大学学术交流中心。

主持岳谦厚硕士毕业生论文答辩，共 5 人，选题均属社会史领域，颇有特色。

移住万斯京华大酒店。山西广播电视总台吉仙红来访谈。

**21日**　山西省"纪念中国人民抗日战争暨世界反法西斯战争胜利 60 周年学术讨论会"开幕，山西省委宣传部长申维辰主持。山西电视台录音，我讲太行山根据地诸问题。

**22日**　学术讨论会进行，山西省委书记讲话，长治市委书记张兵生、中国社科院曾业英相继发言。我讲"太行山革命道路",内容包括唤醒民众,边打边建,建立新的政治模式等问题。

郭卫民驾车兼导游,参观榆次旧城。

## 7 月

2 日　山西史志院孙丽萍率 3 位同志来访,由王先明陪同。谈到他们要出版《山西抗战口述史》,拟以我在太原会议的讲话作为书的代序。

4 日　参加南开大学党校举行的学位与研究生教育工作会议。5 日参加讨论。

6 日　学校举行纪念抗日战争胜利 60 周年研讨会,刘景泉主持。我讲"太行山与抗日战争的胜利"。

7 日　市社联举行抗日战争胜利 60 周年和世界反法西斯战争胜利纪念会,李治安主持,王先明为大会秘书长,杨栋梁、万新平和我为发言人。我的讲题是"太行山精神与太行山道路"。

21 日　《天津日报》文史版刊登余文《华北抗战和八路军》。

30 日　美国韦伯州立大学(Weber State University)的 Greg Lewis 教授来家。他研究中国当代电影史,和中国诸多电影明星有交往。

## 8 月

1 日　美国亚利桑那州立大学麦金农(Stephan MacKinnon)教授来访,他受邀去成都四川大学参加中国三十年代历史研讨会。

19 日　三谷孝、内山雅生、林幸司来宅所。他们去河南计划进行农村调查,未能如愿。三谷宴请当年参加农村调查之友,共 9 人在利顺德聚餐。

内山赠我《現代中国農村と「共同体」》。

浜口允子来津看我。她来参加"500 年来中国社会结构变迁国际学术研讨会"。去年她去沙井村，看到村庄全变了，幼儿园、小学没有了，服装厂、书局变为私有。她的孩子现在北京日本大使馆工作。

**22 日**　应江沛之邀，出席 500 年社会结构变迁会议，地点在日本研究院，见到了张玉、笠原十九司、顾琳、叶汉明等老朋友。张、顾讲到以往来南开之事，第一次首先和我见面。顾琳和她丈夫、小孩均来。

三好章赠我《八路老战士口述実録》。

**23 日**　大会结束，我作为发言人，讲了三点：文献与调查相结合；不能用一个标尺衡量一切；应区分抗战时期、开放时期社会结构的变化。

**24 日**　张伟良主编的"晋察冀边区史研究丛书"共 6 册，今日收到。我主编的《晋察冀边区财政经济史稿》被纳入其中。

## 9 月

**1 日**　赴行政楼参加抗日战争胜利老干部座谈会，张静主持，薛进文讲话。薛进文向抗战时期干部赠送礼物：中共中央、国务院、中央军委颁发的"纪念中国人民抗日战争胜利 60 周年纪念章"一枚、凉席一张、人民币 1000 元。

**3 日**　我的《东京审判的历史价值》刊出，占《天津日报》第 11 版一整版。

**13 日**　应冯崇义邀请，和王黎去云南。至昆明，悉尼科技大学杨径青接站，住五星级翠湖宾馆，宿费每人 600 元。翠湖宾馆面对翠湖，据说湖是吴三桂开始修建。柳景、赵枝琳、罗艳玲陪同到新世界吃过桥米线。

**14 日**　叶文来，谈及他的两部著作，将于 10 月出版。他过去学地质，云南 126 个县都去过。泸沽湖是走婚制，母系社会，是他研究的课题。

叶文、谭宏云陪同到荷风轩品尝。参观摩梭村，有傣族馆、纳西族馆、白族馆等。在摩梭村喝酥茶，和摩梭妇女合影。她们个子高，很漂亮，能歌善舞。在纳西馆，观看唐时宫廷舞，听纳西古乐。东巴文字是象形字。白族文化汉化了，房屋建筑类似安徽的。

15日　柳景派云南师大成人教育学院刀建军开车游西山龙门，观滇池。刀姓是傣族独有。据刀建军讲，刀姓过去是中上人的姓氏，现在已较普遍。傣族人信佛，男孩六七岁时，必到寺院读经，入小学后读梵文和汉语。青年结婚后，男的要到女方家中住半年至一年，做家务活。男女平等，没有重男轻女观念。

警官学院于燕京设宴，朱厚泽（原中宣部部长）、王黎和我，还有几位教师参加。

16日　悉尼科技大学国际研究学院当代中国学术研讨会正式举行，协办单位为云南师大成人教育学院，与会者30余人。博士生讲自己的研究课题，每人15分钟，然后大家提问题、提意见。

17日　叶文讲，腾冲战役后，一些湖南士兵怀念战友为国捐躯而留下来，与当地妇女结婚。一些村庄就是这样发展起来的。

19日　大会结束。冯崇义、朱厚泽和我先后讲话。朱讲治国之道，散发他的论文。我讲悉尼科技大学立了一大功，以中文为论文，得到西方认可。杨径青特别指出，这是冯崇义的功劳。

在于燕京安排下，乘飞机赴保山。禁毒支队长张国庆接待。张派陈新潮开车赴腾冲，经怒江、高黎贡山，在古城寺小憩。抵腾冲时天已黑，微雨。夜宿滨河大酒店，窗外叠河，风景优美。保山现有四座大桥：东风、曼海、红旗、打黑桥。怒江两岸盛产甘蔗、杧果、荔枝、咖啡、稻谷，已无瘴气。保山人口80万，市县人口240万。

20日　参观国殇墓园和私人创办的滇缅抗战博物馆。遇一老

妪，名王秀凤，年 103 岁，身体硬朗，经营当地产的酒。日军侵略
腾冲时 30 岁，对当地战争记忆犹新。由腾冲经梁河到芒市。此行
得到保山市公安局禁毒支队队长张国庆和陈新潮的多方帮助。张支
队集体曾获得一等功，每年抓获由缅入境毒贩 4000—5000 人。

21 日　返回天津。

22 日　王先明来，转来《山西抗战口述史》3 册，内有我写的
序。接《口述史研究通讯》第 1 期（8 月 12 日），天津口述史研究
会成立，我被列为顾问。

23 日　郭德宏来南开讲学，于文科楼给历史学院研究生讲关于
抗日战争史研究的若干问题，共讲了 15 个问题，如抗日战争主战
场始终是国民党战场、两个战场都是中流砥柱等。

## 10 月

8 日　德国特里尔大学乔伟明日离津，晚前往专家楼看望，话别。

19 日　南京大学李里峰、福建师大林平汉来访。他们来津参
加严复学术研讨会。李里峰近时翻译陈永发 *Make Revolution* 一书，
不久即可出版。我们交谈了研究方法。

内山雅生、祁建民由平原来访。内山现研究新中国成立后华北
水利，走访邢台、平原、静海三县。

31 日　内山雅生、祁建民往访静海冯家村。王黎、李晓晨和
我同往。先赴独流镇，见镇政府冠书记，后至冯家村。和前几年相
比，变化较大，村民多外出，在一日人设立的工厂打工。

## 11 月

30 日　李淑娟寄来其著作《日伪统治下的东北农村》，序文是
我写的。

## 12 月

12 日　接到《历史档案》第 4 期，登载余文《华北北部敌占区 1943 年的饥荒》。南昌大学刘勉钰寄来《方志纯传》。

27 日　王筑津、孙儿韬韬由美国来。韬韬每日练钢琴，请一同学来教。

# 2006 年　82 岁

## 1 月

**4 日**　昨、今两天，中央电视台播放溥仪历史，内容丰富，其中有我的解说。这是三年以前开始制作的，我解说日本为什么选溥仪为傀儡皇帝。

**20 日**　《新文化运动》修改稿完成，请邓丽兰打印，电传河北师大苑书义。原稿不动，只做了个别修改。我认为批孔是对的，解放思想，宣传民主与科学，个别过激言论并未影响、破坏中国传统文化。此稿为苑书义等著《中国近代史新编》其中一节。

**29 日**　春节。鞭炮声不断，难以入睡。整日电话拜年。刘景泉、张静来。

## 2 月

**3 日**　王黎华北学院同学李涛带来《炎黄春秋》2006 年第 1 期，上载四舅王泓文章《跃入"共产主义"的悲壮实践》。

**4 日**　胡光明、丁长清来。胡赠张伯苓画册，这几年他编写张伯苓电视剧。

## 3 月

**1 日**　申泮文组织编写纪念张伯苓 130 诞辰文集，约我写一篇。近日到图书馆翻阅《南开周刊》，写出《张伯苓与南开精神》，今日交稿。

6日　天津电视台张欣登门为《黄土地》录像。我讲了三个史事：其一，1936年国民政府土地法；其二，1928年井冈山土地法；其三，晋察冀边区统一累进税。录像10时开始，11时半结束。

7日　世界史专业3位同学龚娟、温淑祎、原婧来访，要我谈个人经历、"文化大革命"中的遭遇。她们说，现在同学心浮，坐不下来念书，许多人想转系。

昨夜三谷孝、林幸司来校，未找到住处，去了天津宾馆。今来我家里，谈两个多小时。他们计划到山西临汾调查，已和山西师大历史系张玮通话。岳谦厚也从东京来电，决定由山西师大接待。我请副校长张静派车送他们到北京机场，然后去太原。

赵庆杰来访。他去系里办毕业论文答辩事。他在东局子部队工作，常去福建，毕业后一直未办学位手续。现在是最后期限，经和研究生院佟家栋疏通，办理完成。

## 4月

8日　至东艺系参加"穆旦诗歌创作学术研讨会"开幕式。会议由文学院和中国当代文学研究会联合举办。穆旦的孩子查英传昨夜打来电话，请我一定参加。

12日　中文系送来《穆旦诗文集》2册，人民文学出版社，并研讨会团体照一张。

13日　查英传、李润霞（中文系）和易彬（华东师大中文系博士生）来访，从10时半到2时半，谈外文系事件。穆旦在南开遭遇不幸，1958年调到图书馆工作，公安局宣布管制3年。在南开20多年，翻译了很多英、俄名著，并作诗。身处逆境，事业成就惊人，真是"孔子厄而作《春秋》"。

16日　朱汉国寄来《中华民国史》，共11册，由成都寄出。

17日　陈敬堂寄来《中国飞虎》光盘。

是月　范曾来函，他的博士生毛瑞珩今年毕业，希望我写一推
荐函。

## 5月

1日—7日　读《益世报》有关七七事变的报道。李惠兰来，
谈长城抗战及七七事变历史。

11日　领到社科研究成果奖证书，并奖金1800元。

17日　和王黎赴北京，参加财政部许毅老庆祝活动，带去恭贺
礼物：泥人张——寿比南山。下榻于阜外大街裕龙发酒店。晚，庞
平、李正华、王彦民、刘五书、文松来。

18日　集体赴京西宾馆，庆祝参加"财政部科研所建所50周年
暨许毅教授从事财政工作及研究65周年理论研讨会"。项怀诚、
刘仲藜讲话祝贺，诸多许老研究生及地方财政厅官员致辞。许老讲
述自己几十年来学术思想的发展。

20日　参加范曾的博士生毛瑞珩、郭建平论文答辩会。毛的论
文为《禅与水墨山水画》，郭的论文为《志向·人·画》，两篇论文
均具水准。

23日　赵庆杰与清华同方光盘股份有限公司刘雅君电话交谈，
有关我主编的几本工具书合同问题。赵带去《民国史纪事本末》、
《国史纪事本末》，供公司扫描。

26日　赴省身楼会议室，参加新校长饶子和任命大会。教育部
长周济及中组部长宣布免去侯自新校长职务。

## 6月

20日　收到《历史教学问题》第3期2册，刊载我的《抗战时
期怒江战争的若干思考》。

26日　请邓丽兰赴京接麦金农（Stephen MacKinnon）教授来

校，下榻专家楼。在文科楼会议室麦金农讲西方学者怎样研究中国近现代史上的人物，以他个人为例。麦金农 1940 年出生，耶鲁及加州大学毕业，是著名的汉学家。

27 日　请邓丽兰、李晓晨陪麦金农参观河北区原意大利租界、望海楼、饮冰室及曹禺住宅，河北区团委书记张进做向导。

安排麦金农和侯建新在专家楼见面。麦金农返京，在专家楼送行。

29 日　小礼堂举行博士生授予学位典礼。与赵庆杰在仪式上合影。

## 7 月

7 日　接孙中山基金会函。理事换届，仍为理事。

19 日　接山西社科院历史研究所孙丽萍寄来《中国晋商研究》、《天下晋商：明清山西商人五百年》两书。

20 日　接日本姬田光义、山田辰雄编的《中国の地域政権さ日本の統治》，庆应义熟大学出版会出版。此书是哈佛国际会议文选，收录我撰写的《抗日战争时期晋冀鲁豫根据地的商业贸易》，由上田贵子译成日文。

## 8 月

13 日　和王黎一起参加美国史研究中心和世界史研究中心为杨生茂 90 华诞举行的祝寿大会。地点在华城宾馆。我做简短发言，称赞杨师为人和治学精神。

14 日　中国现代史学会在南开举行，15 日结束。我作为名誉会长，讲述学会成立经过，历届学会研讨会讨论的学术问题。这些问题主要包括："打倒孔家店"是错误的；蒋介石在抗战时期应全局肯定；民盟在历史上没有犯过错误，不像共产党犯了那么多错误；等等。

**19日**　赵庆杰、张浩来，谈到瑞金时代的各种事，张想了解这方面的历史。

**24日**　日本外国语大学田中仁教授参加烟台会议后来津，计划到河北省档案馆查资料，研究1938—1944年根据地各级组织关系、中央与地方关系等。

**25日**　往伯苓楼参加校新学期工作部署大会，薛进文讲校领导班子调整，饶子和讲他的办学思想。

## 10月

**12日**　和王黎赴专家楼看望德国特里尔大学乔伟教授。

**17日**　南开由昆明迁回天津60周年，前往东艺系参加纪念会。薛进文讲今日南开，学生2.3万人，研究生略多于本科生。

**19日**　至天宇大酒店参加张伯苓研究会成立大会。我被列为理事。今年是张校长130周年诞辰，

**20日**　丹麦李来福来校参加欧盟项目研讨会。

**24日**　日本广岛中国近现代史研究会学者来南开。学术交流活动在文科楼举行。广岛大学曾田一郎、水羽仪男，下关市立大学余子肇，广岛女学院丸田孝志4人提出论文讨论。我就王赣愚地方自治论和近年毛泽东热现象发言。

**25日**　广岛中国近现代史研究会借三六三饭店宴请中国学者，我和王黎参加。席间应约，我谈了个人经历，特别是怎样进行工作及"文化大革命"的遭遇。

**28日**　应尹沧海邀请，和王黎、晓明一起，赴石家庄参加沧海画展揭幕式。夜宿西美商务酒店。李晓晨丈夫韩汝俊任职中国证券河北监管局，时正举行期货报告会，让出酒店房间给我全家。

**29日**　沧海画展开幕式借河北画院举行，河北省军区几位少将

均出席。我参加剪彩并讲话，祝贺沧海成功。

韩汝俊设宴招待，戴建兵夫妇、张同乐、柳敏和、李晓晨、我家3人参加。

30日　晓晨陪同参观正定大佛寺，车行半小时。大佛寺即隆兴寺，为河北四宝之一。

韩汝俊、李晓晨夫妇借白楼宾馆设宴，李若谷、苑书义夫妇、伊敏、黄存林夫妇和我家3人便宜参加。

31日　由石家庄返回天津，韩汝俊安排的司机和车。

## 11月

3日　中国财政学会财经专业研讨会在天津财经大学召开，应许毅老之邀，和王黎赴会。

4日　研讨会讨论开始，内容有：中国历代王朝的兴衰及其原因；中国历史上国家对农民、农村、农业发展的支持；中国历史上国家和农民关系的经验总结；中国农民负担的历史和现实等。许毅老讲述：中国历史上王朝的兴衰；农民负担和贡献。

8日　应天津电视台祖光邀请，和王黎乘电视台汽车，赴北京中央电视台映视室，田大鹏开车。路上祖光讲他们制作《解读皇粮国税》电视片的思考和经过，很辛苦，用二百数十天完成。在映视室，田大鹏夫人焦小揆为我化妆。我作为嘉宾，祖光编导，主持人为中央电视台忆南。3人交替解说苏联土地法和赋税；国民党土地法和红色政权土地法的异同；国民党、共产党、晏阳初与梁漱溟改良法三种救国方案；红色税收特点。我解读第3集——《革故之举》的一部分。电视片定于19日播放。

财政部财税博物馆馆长、浙江大学特聘教授翁礼华于浙江驻京招待所设晚宴，招待《解读皇粮国税》制作人员，王黎和我都参加了。今天适逢记者节。

9 日　参加天津师大和天津党史学会举办"孙中山诞辰 140 周年国际学术研讨会"。孙中山孙女孙穗芳博士与会，赠我她主编的《国父孙中山先生纪念集》。出席会议的有陈铁健、朱成甲及香港高校代表等。

19 日　看中央电视台《解读皇粮国税》第 3 集。我在此集中解说第二次国内革命战争时的土地革命。

28 日　主持江沛的在职研究生张柱、孙莘硕士学位论文答辩。张柱论文是《租界与天津城市化研究》，孙莘论文是《城市青年消费价值观念变迁研究》。

29 日　李金铮带来《河北大学学报》第 5 期，内登载我的《周恩来家族历史考》，资料主要由周恩来侄子周尔鎏提供。文章经过了中央文献室审查。

**是月**　《抗日战争是近代中国第一次赢得完全胜利的民族解放战争》，在《思想理论教育导刊》第 11 期登出。文章是"十一"黄金周期间应刘桂贞约稿撰写的。


## 12 月

12 日　姜胜利送来《南开学报》第 6 期，内有我的《关于卢沟桥之战的几个问题（上）》。

# 2007 年　83 岁

## 1 月

10 日　赴天津凯悦饭店，参加美国大使馆招待富布赖特学者的晚宴。

30 日　接全国哲学社会科学规划办函，为审《港英政治制度与香港社会变迁》一文事。

## 2 月

14 日　《历史教学》社邀请编委及部分离休退休编委聚餐，迎春节。刘文君报告，从元月份起《历史教学》分高校版和中学版，上半月一期，下半月一期。

17 日　学校在伯苓楼举行团拜，党委书记和校长让我先发言。我说做学问要有猪向前拱的精神；学校是培养人才之所，应加强师德，校领导应走进课堂。

## 3 月

20 日　和王黎乘历史学院大巴赴北京故宫，参观范曾画展。

## 5 月

11 日　和王黎乘机飞合肥，参加尹沧海画展。下榻芜湖路良苑商务宾馆。

12 日　沧海画展于亚明艺术馆举行。我在开幕式中致辞，沧海年轻有为，画作天津机场悬挂、人民大会堂收藏，他勤奋多产。画展上与合肥画界名流相见。

13日　武菁博士接至安徽大学历史系。系主任吴春梅主持会议，我向近代史研究生自我介绍教学科研之路。同学提出问题有：如何看五四新文化运动；农村社会的金融等问题。

参观李鸿章旧居。

原安徽省军区司令员沈善文邀宴于八一宾馆。沈爱书画，在长江防洪中立了功，受到江泽民表扬。

22日　主持范曾博士生毕业论文答辩。李莉娜《明末木刻版画之和谐思想研究》，张淑娟《少许胜多许——明清文人园林与明清文人审美裁判》，刘华《论文人画的内圣境界——士大夫与画学研究》。

28日　接王维国寄来《河北学刊》第3期，有我的《中国现代史研究的热点与走势》。

## 6月

1日　近日阅读金冲及以及臧运祜的博士生李秉奎论文《抗战时期太行根据地中共农村党组织》。今乘出租车赴北大参加答辩会。行至廊坊，前面发生翻车事故，耽误半小时。抵北京大学勺园下榻。与臧运祜、李秉奎、邓金林等共同晚餐。

张雅晶、赵志强来访。

2日　李秉奎论文答辩在北京大学历史系举行，金冲及、张海鹏、房德邻、牛大勇、刘一皋参加，由我担任答辩委员会主任。金冲及介绍李秉奎学习概况，李秉奎陈述主题内容。论文通过。

8日　尹沧海邀请参加2003级毕业画展。应邀在开幕式上讲话。

26日　参加东艺系范曾画展开幕式暨范曾学术研讨会。

## 7 月

9 日　接到《张静如文集》9 册。

## 8 月

3 日　接到日本中国现代史研究会的《近きに在りて》第 51 号特集，「現代中国への問い」特别寄稿一栏中，刊登我的《二十年来の中国现代史研究に対する所感》。此文应田中仁之约而撰写，上田贵子译成日文。

9 日　接到田中仁教授《二十世纪三十年代中国法治史》，江沛等翻译，我为之作序。

27 日　参加"中国社会变动与东亚格局国际研讨会"。见到日本西村成雄、台湾张力等旧友。

## 9 月

6 日　张同乐赠《华北伪政权史稿：从"临时政府"到"华北政务委员会"》，郭贵儒、张同乐、封汉章合著。

## 10 月

14 日　应于永邀请，参加内蒙古师大《内蒙古通史》首发式。乘火车赴呼和浩特，王黎、李凤琴同行，次日抵达。

16 日　《内蒙古通史》首发式举行。主编曹永年，南通人，1960 年来到呼市。我讲话赞这部书有新内容，增加经济史和社会史。蒙古学是一显学，书的出版有重要意义。

17 日　于永陪同去和林参观蒙牛企业公司和师大新校区。和林曾是北魏首都。

给内蒙古大学近现代史研究生演讲"如何做学问"。图书馆长邱瑞中带领文献学数十人也来听。参观图书馆，邱展示多册善本书，包括《冰心日记》。

## 11月

**25日**　应张侃邀请赴厦门大学，王黎、张雅晶陪同，乘山东航空。

**26日**　研究生林梅、黎小金陪同参观厦大校园，华侨捐赠的建筑颇多。向研究生演讲"与时俱进"。

**27日**　黎小金陪同参观胡里山炮台。张侃宴请于胡里山。此地风光优美，观赏厦门湾极佳。炮台始建于19世纪末，是洋务运动的产物。1936年，157师师长黄涛率8000多人由广东调来。1937年9月3日，炮台击沉日"箬竹"型驱逐舰一艘。

厦大历史系副主任钞晓鸿、张侃邀宴，孔永松、杨国桢、娄曾泉诸友均参加。

**28日**　给研究生讲抗日战争研究的几个问题，饶伟心主持会议，历两个半小时，内容有：抗日14年战争观和8年战争观；将战争引向长江流域问题；敌后战场形成问题。同学提的问题有：1.观点和史料的关系；2.日本学界右翼力量大，还是左派力量大；3.将战争引向上海，争取三个月以后将工厂迁至大后方，你的观点和这一论述不同。

**29日**　黎小金陪同赴厦门湾，远望大担岛上标语"三民主义统一中国"。

**30日**　对历史系学生演讲"我的治学经历"，约两个半小时，偏重于研究方向。同学提出问题有：1.抗日战争对中国历史进程的影响；2.井陉矿的煤，中日双方都在开采？3.矿井商会有何作用？

## 12月

**1日**　张侃陪同赴永定县参观土楼。经海沧桥等10多个隧道至龙岩。龙岩学院张雪英副教授招待，吃客家土餐后，一起乘车至永定。观看土楼王子——振成楼，建于民国，主人去了南洋。又参观庆成楼，摄影留念。

　　2日　厦门大学台湾研究院林仁川教授来。他80年代初从复旦转厦大，和傅衣凌教授曾到南开参加明清史国际研讨会，时我为会议秘书长，谈话很投机。

　　游鼓浪屿。

　　3日　应林仁川邀，给台湾研究院师生讲我的治学经验，张雅晶讲台湾见闻、台湾人的日本观，约15分钟。我接着继续讲。提出的问题：如何写台湾教育通史？如何鉴别史料？口述历史的价值？

　　4日　返津。

　　18日　学校在省身楼举办南开大学2007年国家重点学科建设表彰大会，佟家栋主持，饶子和讲话。我获先进个人奖。

　　是月　尹沧海赠《沧海一粟》，辽海出版社2007年11月出版。

# 2008年　84岁

## 1月

8日　接香港学术及职业资历评审局函，续聘为评审局专家，并寄委任状和徽章一枚，供职三年，至2011年6月30日止。

接到学校研究生院颁发学科奖2400元。

21日　北京师范大学张静如来信。他看了我的回忆文章，查了辅仁大学校史，我1946年入辅仁时，历史系入学男生40人，女生30人。他是1950级的，入学时我已转到南开。

## 2月

14日　老校长滕维藻仙逝，写《哭滕公》悼文，刊在4月3日《南开大学报》上。

16日　接丹麦罗纯义函及两本书。

24日　顾琳、浜口两位日本朋友再次访问冯家村和后夏寨村后来津相见。

27日　至伯苓楼参加中层干部会，薛进文总结去年工作成绩，饶子和谈今年工作计划。

28日　山西霍州红十字会李中平来访，赠我一书，《诉说昨天的战争——太岳战事寻访录》。他们拟举办周恩来纪念展。

29日　美国驻华大使馆在北京一饭店举行招待会，宴请美国政府交流项目的参加者。赴京出席。我是1983—1984年富布赖特教授，任教蒙大拿大学。

## 4 月

**上旬**　河北大学郑志廷来访，约我为他编著的《直系军阀史略》写一书评。翻阅有关书籍，完成《直系军阀近代浮与沉——〈直系军阀史略〉》书介。7月7日刊于《光明日报》。

## 5 月

**12 日**　四川汶川大地震，震级里氏 8.0 级，京津高层建筑有震感。

**22 日**　和王黎乘尹沧海轿车赴京，至潘家园看望韦江凡夫妇。午至西城区德宝饭店下榻。刘泽华、闫铁铮夫妇亦住此。

参观尹沧海捐赠灾区书画展。在梅兰芳大剧院参加大型赈灾义演晚会，票价每人 380 元，剧目有"孩子你并不孤独"，以及诗诵、京戏等。

**23 日**　到三里河看望四舅王泓，约 40 分钟。随后去人民大会堂宾馆，沧海住在这里，招待我们。沧海曾为人民大会堂画一大幅画，因此享有此优待。经介绍，认识人民大会堂管理局办公室主任李景祥、科长龙叶凤。

与刘强、陈晨同行返津。

**是月**　张玮赠新著《战争·革命与乡村社会：晋西北租佃制度与借贷关系之研究：1937—1945》。

## 6 月

**4 日**　胡华女儿胡静来访，赠予《胡华文集》、《胡华纪念文集》，言其父 1921 年生，1987 年过世，拟出全集及纪念文集，约我写一篇回忆文章。

**26 日**　学校在伯苓楼举行社会科学优秀成果颁奖大会。我获得两份奖证书：一是《新华文摘》2007 年第 16 期转载《河北学刊》

文章《中国现代史研究的热点与走势》；一是在核心期刊上发表学术论文 5 篇。

28 日　在主楼小礼堂参加李晓晨博士学位授予典礼。

30 日　应李瑗邀请，李小林陪同王黎和我，赴北京中央党校。王彦民迎接，住中央党校崇学山庄，环境幽美优雅。党史部主任柳建辉设晚宴招待。

接卢权、禤倩红合著《苏兆征：中国工人运动领袖》和《林伟民：中国工人运动的先驱》两书。

## 7 月

1 日　向中央党校党史部教师及博士生、硕士生演讲个人经历和治学方法。听众 30 至 40 人，提出的问题颇多：外国人治学和中国人治学有何不同？外国博士论文答辩怎样举行？社会调查应注意什么？胡适塑像何时在北大矗立？做地下工作不怕死，何以"文化大革命"中怕红卫兵？如何研究城工部？

晚餐，杨圣清、陈文彬、周维煌、崔新民、张华林于天外天设宴招待。次日返津。

12 日　法国博士生吴明煌女士来访，在校明珠园见面，谈及她的身世和研究。其祖父 1948 年在昆明行医，父亲曾在联合国工作，后在大学教书。她生于法国，前两年就学于日本早稻田大学，现任教于法国南部一所大学。她说崇拜 3 个人：吴承明、魏宏运、马孟若（美）。她此次来华，以屯留为例，调查华北农村变化。

16 日　刘泽华来谈学问，并赠他的著作《中国政治思想史集》3 册。

## 8 月

8 日　张注洪赠其新著《中国近现代史史料学述论》。

## 10 月

**1 日**　陈克赠两部力作，《新军旧影》和《中华百年看天津》，均由天津古籍出版社出版。

**17 日**　应付建成之邀，和王黎赴中国延安干部学院讲学。张雅晶、赵志强陪同。

**18 日**　抵达西安火车站，李民仓、魏养茹、魏昌新接站，住省委招待所止园饭店。民仓陪同到长安区韦曲杨万坡，参观母校陕西省兴国中学旧址。昔日面貌全无，于唐朝柏树前留影。

**19 日**　民仓陪同赴西安师范附属小学，参加母校百年校庆。昔日校舍教室已看不见，全是新建筑。校园旁的宝塔仍然屹立。10 时校庆开始，在主席台上就座，接受少先队红领巾。会后两个小学生访谈，我鼓励祝词，随后登西安城墙参观。

参观张学良、杨虎城西安事变决策旧址，旧时城墙已无。

**20 日**　民仓、养茹陪同回老家魏家寨，会见李家窑村乡亲及同龄人，观看民仓申请资助的水塔，看自家老宅。老宅院内已无人居住，水井仍在。据说 1997 年，全村水井干涸，独此井仍旺，村民均来取水。民仓家与我家住同一院。到父母坟上哀思，甚悲，痛哭。返回西安时参观了魏家寨小学校址。现在中小学在一起。

**21 日**　民仓陪同北上。谒黄帝陵，继续北上。抵达中国延安干部学院。付建成到北京开会，托教学科研部长马广荣安排招待。

**22 日**　参观延安宝塔，枣园。和干部学院老师及博士服务团人员座谈，马广荣主持会议。我谈了治学道路和干部学院任务之重大。大家提出的问题有：政治历史与历史实际有无区别？延安整风能称为第二次思想解放运动吗？关于比较法研究问题：什么有可比性，什么无可比性？

**23 日**　参观抗日军政大学展。在延安大学演讲"我的理念和追求"。听众提出的问题：1. 我们采用你主编的教材，这部教材有什么特点？ 2. 国外学生、老师的教学活动怎样？ 3. 为何现在研究根据地的人少了？

廉振民校长设晚宴。廉叹，延大留不住人。曾鹿平教授讲，拟提出"延安学"这一概念，中共中央在延安 13 年，诸多政策在这里制订。

24 日　马广荣陪同，赴安塞县参观文物博物馆、腰鼓、剪纸、农民画，均有安塞特色。安塞因石油而富起来，胡锦涛在这里有联系点。马广荣从县上索取县志一部赠我。

25 日　从延安回西安。

26 日　赴扶风法门寺参观，民仓、养茹陪同，李小军及一女士开车。2 时多赶到咸阳机场。飞返北京，随即转天津，返家已 10 时多。

## 11 月

17 日　赴东艺系，参加历史学院举行的"郑天挺、王玉哲、杨志玖、杨翼骧、雷海宗奖学金"成立大会，范曾捐 100 万元。陈志强主持，范曾讲话。

28 日　在经济学院大楼为研究生演讲"我的学术生活"。郑林华操持主办，纪亚光主持会议。

## 12 月

1 日　西村成雄、马场毅来校。马场毅在日研中心讲"日本知识界的中国观"。

6 日　学工部高志勇邀我为同学讲"青年之使命"，纪念一二·九运动 73 周年，听讲者多为要求入党学生。

29 日　历史学院在天宇大酒店迎新聚餐。席间，王敦书讲1957 年丁则良自杀于北大未名湖。

# 2009 年　85 岁

## 1 月

**4 日**　接到中国现代史学会聘书，聘为学会 30 周年庆典筹备领导小组顾问。

**7 日**　宋祝勤及武安市冶陶镇书记程延军、武安市档案局张丽君、马庄乡政府宋富太来。他们筹备建立晋冀鲁豫根据地纪念馆，收集资料。宋祝勤是武安人，前天津市政府副秘书长，与我多年电话交往，今天第一次见面。和程延军等交谈，赠送他们太行山农村调查资料及我的年谱，答应给他们复印抗战时期的《新华日报》（华北版）等资料。

**12 日**　《今晚报》第 14 版刊登记者孙玉松对我的访谈，题目是《60 年前，我迎接解放》，登有新中国成立前和今日南开东门的照片及我 80 年代初的照片。文章根据他和陈鑫 6 日对我的采访所写。

**14 日**　天津电视台新闻评论组记者郭朝栋，因明天就要播放天津解放，缺当年历史背景资料，急如星火走访我。我提供了一些资料。

经高凤山介绍，解放军军事科学院研究员毕建忠来访。他来津参加平津战役胜利 60 周年纪念会。他提出问题如下：1. 日军第 5 师团进犯平型关的情况请予介绍，并提供资料。2. 手边有几份资料，想核实一下，是否有误，即：①泽田久一：《宇都宫辎重史》，译文：日军第六兵站汽车队关于参加平型关作战的战斗详报概要（第 162—165 页）；②步二一会：《浜田连队史》，译文：日军板垣师团第21联队在平型关口附近的战斗（第97—106页）；③译自《冈都直三郎大将的日记》：昭和十二年（1937）9月26日星期日晴，关于反映第五师团作战日记。

**31日**　张雅晶赠诗一首：

> 忆不够的是滨城雨，过不去的是青春期。
> 唱不完的是东瀛调，羡不得的是陶公情。
> 书不胜的是南开聚，理不清的是怀旧绪。
> 阅不尽的是燕京卷，奏不响的是狂想曲。
> 道不出的是名利欲，知不足的是快乐理。
> 参不透的是超然意，最不虑的是健康体。
> 活着挺好，有女更妙。

## 2月

**18日**　阅朱建君博士论文《中国近代民族主义的殖民地起源：青岛个案研究（1897—1914）》。朱是山东大学教师，澳大利亚古德曼的博士生。

## 3月

**3日**　校电视台录《走进院系——历史系》于东艺大厅。我叙述历史系的沿革。

**14日**　荣维木来访，赠其著作《李宗仁大传》。

**28日**　近代史科研处金以林来函并寄来"马工程"《中国近代史编写大纲》，征求意见。我提出几点参考：1.第九章可否增加经济或文化思想和中外关系方面的内容；2.可否将日本称谓的"事变"，如九一八事变、卢沟桥事变改为战争或战事之类；3.福建事变可否改为福建人民政府的成立；4.国民党政府的先安内后攘外政策，可否改为南京政府坚持安内攘外政策，因这一政策是九一八以前提出的；5. 淞沪会战一目，可否改为淞沪战争；6. 八路军挺进华北，可否列为一目；7. 应明显标出武汉会战；8. 似乎应有一目，延安和重庆的合作和对立；9. 联合国的成立，似应列为一目。

## 4 月

10 日　《南开大学报》刊登余文《1948 年，我成为南开人的点滴记忆》。

23 日　历史学院学生会纪念建校 90 周年，在伯苓楼举办文化节。我做第一讲，讲历史系系史及我的经历。阿依热古丽一家、《燕山大学学报》哲学版编辑部主任黄兴杰、天津交通运输学院赵庆杰及他父亲均来听讲。

25 日　中央电视台青少年中心"名校名师"栏目主编周晓丽来采访、录像，我讲南开历史系 60 年来对国家之贡献。

27 日　历史学院学生会郭颖、李锐、胡诗雯、李文涛、孙歌珊来访，提问让我回答：你为何对研究孙中山和周恩来两位总理感兴趣？学习历史应注意什么？如何看待出国问题？对文化节活动有何期待？访谈约一个半小时。

28 日　南开马列学院研究生党支部书记郑林华约我和研究生谈如何开展农村调查。我讲了四点：1. 调查兴趣是怎样产生的；2. 调查的内容及方法；3. 农村调查与两次抗日根据地会议；4. 如何获得在国外讲学的机会。同学提出的问题有：1. 如何选择调查对象；2. 如何评价弗德曼（Edward Friedman）《社会主义农村》一书。

## 5 月

11 日　接到苏州图书馆编印的《今日阅读》，内有余文《我的书屋》。

12日　天津历史博物馆陈克今年60岁，著《心向往集：献给天津博物馆成立九十周年》，我写的序言。今举行首发式，出席者十五六人，多为天津地方史研究精英。

22日　美国韦伯州立大学（Weber State University）的 Greg Lewis 来叙旧。他从去年起升为教授，仍在研究中国电影。感谢晓明翻译他的文章。他获邀将参加重庆一学术研讨会。

26日　应党委学工部高志勇之约，向2009届毕业生南开宣讲员约50人讲述南开大学历史。他们将到中国周边国家宣讲中国文化和历史。一位同学发问：你怎样看今日南开？

## 6月

3日　杨琪来访。他来津参观三大战役纪念馆、周邓纪念馆、天津历史博物馆，目的在于获得建馆经验。广州筹建辛亥革命纪念馆，正在设计中。

6日　校团委报刊编辑何明、李欣然、高志丹来访，问我何时开始研究校史，如何获得第一手资料等。

7日　郑林华、吴荣生、肖克文、康小怀诸博士生来访，谈如何研究历史，延安13年的社会变迁，中央和地方的关系，抗战时期国共两党地方自治的比较等。

14日　《今晚报》刊登余文《宏业风波——吴晗南开演讲的故事》，有关"文化大革命"的字句、情节被删去。

18日　历史学院学生主办的不定期刊《纵横》，刊登对我的采访录和首届历史文化节上我的发言"历史潮流中的南开史学"。

30日　天津《大众生活报》记者穆德昭来采访，要我谈地下组织经历，和王黎相识经过，王黎传情报的经历，我的研究，解放初期对天津发展的看法，我的生活安排等。隔日，我希望他不要发表。

## 7月

**30日**　接中国社科院林甘泉主编的《孔子与20世纪中国》。

**是月**　肖黎赠他的新书《大师离我们有多远：读〈史记〉随笔》。

## 8月

**11日**　《城市快报》记者巩胜男、刘晓艳来访，谈八一五日本投降时天津的状况。15日登出访谈录，题为《天津受降仪式为何由美军主持》。

**18日**　和小静一起赴惠宾园饭店看望滨下武志、顾琳、郑会欣诸友。顾琳赠《中国的经济革命》。

**21日**　接到杨圣清著《新中国首任驻美大使柴泽民》。

## 9月

**8日**　南京大学博士生张文俊来访，张原为岳谦厚硕士生，现论文题目为《重释北伐战争》，着重从底层民众方面来研究。张来津参加南开社会研究中心办的暑期班"宗族家族研究"，坦言收获不大。

往伯苓楼参加郑天挺先生110周年诞辰纪念会。

天津电台《都市报》编辑来访，问我对《解放》电视剧观感。剧中录了我几句话。

**9日**　魏继昆和两位博士生来访，一名王亚妮，陕西咸阳人，原中国延安干部学院老师；一名陈旸，河南大学翁有为的研究生。两人和我谈治学。

**10日**　上海电视台导演英未未和4位节目制作者来录像，谈1954年外文系事件的起因及后果，穆旦的学术地位和不幸遭遇，及我对穆旦的看法。

27 日　顾凡及林小华来。顾凡是李端美之子。李端美 7 月中去世，我 9 月中旬始知。建议顾凡编一纪念集。

28 日　接到《谷书堂文集》上下卷。

29 日　《历史档案》第 3 期，登载我写的《张伯苓蒋廷黻教育思想举例——南开大学创办 90 周年之际》。

30 日　和王黎赴北村看望杨生茂师，他 92 岁，身体健康，思维敏锐，记忆力很好。

## 10 月

2 日　阿依热古丽夫妇来，谈到新疆民族矛盾问题严重。他们"七五事件"后曾回乌鲁木齐一次，看到分裂分子的罪行，颇多感慨。

6 日　罗宗强赠《晚学集》、《罗宗强先生八十寿辰纪念文集》。宗强夫人王曾丽赠一画册《王曾丽画集》。

赴友谊宾馆参加 1979 级聚会。

7 日　《南开青年报》记者卢正明、何玥来访，约谈张伯苓、杨石先、滕维藻 3 位校长的办学思想，及 3 位领导的作为、人格价值。

14 日　和王黎参加滕维藻老校长铜像落成揭幕式。铜像坐落在经济学院大楼前，由滕的学生集资建立。领取《博学笃行：纪念滕维藻文集》，内有我两篇文章。

17 日　校庆 90 周年，赴会，主席台就座。薛进文主持庆会，南开、清华、北大、日本京都大学校长讲话。

25 日　马列学院博士生肖克文、赛北、朱建、李世辉来访，谈治学。肖问：抗战时期中共根据地是否实行地方自治，学界有不同意见，他倾向有。我做了肯定回答。

于明盛开车观看海河夜景，从天津之眼沿河而下，夜景很美。

26日　党委宣传部赠南开大学90周年纪念丛书，共13册。

收到金冲及《二十世纪中国史纲》4册。

27日　和王黎赴伯苓楼尹沧海画室参观。获赠《尹沧海花鸟画精品》、《尹沧海速写集》、《尹沧海书法集》三书。

31日　冯尔康赠《雍正传》。

## 11月

3日　和上海陈善学通话。连续收到陈两信，谈中国现代史学会成立事及资料。

4日　刘健清带来他的《往事沧桑——回忆录与诗词选》，聊天。

14日　接到朱桂仙重阳节赠诗一首：

> 南开相聚萍水逢，你是领导我是兵。
>
> 五十七年瞬息过，风风雨雨总关情。
>
> 不堪回眸今胜昔，闲话往事心迹明。
>
> 不觉耄耋期茶寿，夕阳无限可淹留。

21日　应于明盛之邀，赴滨海新区参观。许多海外企业设于此，达沃斯论坛在此举行。观看汽车城、南开泰达学院等。

27日　胡静夫妇来，谓明年1月《百年潮》将刊登其父胡华事迹，我写的《怀念胡华》被录用，需要我的近照，并将胡华赠我《周恩来青年时期》一书中的题字拍照。

## 12月

11日　《南开大学报》第1080期发表我的《南开学子为"一二·九运动"增辉》。

25 日　祁建民及夫人小胡来。他陪三谷孝、内山雅生去山西进行社会调查，结束回津，带给我内山雅生著《日本の中国農村調査和伝統社会》。

26 日　《历史教学问题》第 6 期刊载我的《1994 年丹麦讲学日记》。

# 2010 年　86 岁

## 1 月

**7 日**　关文斌来，赠《二十世纪的中国》和《二十世纪二三十年代社会调查》。关询问抗战期间根据地如何解决食盐问题，王黎和我共同回答：走私、吃土盐。请关文斌给范力沛带去《南开往事》一书，给蒙大拿大学 Linda Frey 带去茶叶一盒。

**20 日**　在历史学院会计处领取流动岗位津贴 1.2 万多元。历史学院流动岗位有刘泽华、王敦书、冯尔康和我。

**26 日**　张静率学工部杨克欣、研工部邹玉洁、学工部高志勇代表学校来拜年。

**27 日**　蓝海宴请王冀生（原教育部高教司副司长）、王义道，邀我参加。王冀生选择 20 余高校研究大学文化。席间谈到学界不正之风。

**29 日**　接到《安徽史学》第 1 期，刊登我撰写的《大学文科教改的实践和反思——南开大学历史系实行"半工半读"的历史记忆》。

**31 日**　校长饶子和及党办主任张亚来拜年。饶谈了三件事：1.最近大学排名次，北大、清华、香港大学为 6 星级，南开、复旦、南京等校为 5 星级；2.南开四大支柱系，经济、历史、数学、化学；3.他最近要去英国，会见牛津、剑桥大学校长，并在一大学做学术报告。饶校长是研究干细胞的，个性很强，不易和他人相处，以饮酒出名。

## 2 月

2 日　在体育馆给跨文化学院学员讲中国近现代史几个争论问题，从国学热讲起。本期学员将去尼泊尔、泰国宣传中国文化。约 160 人听讲，滕建辉主持。

3 日　看望杨生茂先生。杨师讲，他最高兴的是培养了一些博士生，其中有哈佛的一位，现在耶鲁任教。还有李剑鸣、王晓德等。杨师看了我的《南开往事》，直言很亲切。

4 日　朱成甲赠他的新作《李大钊传（上）》。

9 日　老友李志凡来。李金铮和邓红继之。共话社会现象。志凡谈到他在广州任陶铸私人秘书事，看到官场诸多不良现象。

13 日　赴伯苓楼团拜。我简短致辞，祝南开虎年虎气十足，坚持走自己的道路，有 4—5 个专业在世界领先，就是一流高校。

18 日　俞辛焞近日在家过年，今晚又要入住总医院。其子开车带他来见我，仍行动不便，我下楼在车上相会，他就说一两句，赠我《近代日本外交研究》。

张殿兴赠《蒋介石与汪精卫的恩恩怨怨》和《汪伪特工总部"76 号"内幕》。

26 日　上海电视台英未未寄来大师（穆旦）光盘，内有我叙述外文系事件。

27 日　我的授业博士在京津者 16 人，为我 85 岁生日祝贺。

## 3 月

1 日　收到《中共党史研究》第 2 期，刊登有我的《缅怀胡华教授》一文。

29 日　威斯康星大学代表团造访南开，弗德曼（Edward Friedman）点名见我。饶子和与陈洪二位校长于鹏天阁设晚宴招待，我和王黎参加。学校参加的还有龙以明、医学院院长、中文系教师等。美国学者问我每日吃什么？王黎答吃蔬菜，多达 20 多品种。

**30 日**　美国密歇根大学管姓硕士来访。她原是北京矿院学生，到美国已三年，想到华北农村调查。如何进行？希望得到启示和方法。

**31 日**　李金铮博士生牛建立来，询问几个问题：1. 根据地互助合作如何评价？ 2. 战争状况下，能建设水利工程？ 3. 战争状况下，农村科技有无新发展？ 4. 二流子改造问题；5. 解放战争时期土改问题。

## 4 月

**12 日—5 月 27 日**　住总医院高干病房。薛进文联系安排，张蕴大夫负责治疗。刘景泉、离退休处正副处长、院系领导为我忙碌。赵庆杰自始至终居中联系。因我已高龄，大家十分关心，乃至兴师动众。

## 7 月

**月初**　为杨圣清《苦痛的记忆——中条山战役难民口述历史实录》一书作序。口述，王黎执笔润色。

近读清华大学吕维两篇文章：一为《我给毛主席读历史》，一为《荒唐岁月的特殊经历》，写得极好，极具价值。发表需待时日。吕维给毛主席当过秘书，是吴德引荐的。

## 9 月

**10 日**　教师节，接到社科处慰问信。

**28 日**　接江沛转来的《茅家琦教育与学术图录》，崔之清主编，为贺茅公 80 华诞。

29 日　中国人民抗日战争纪念馆来函，征集抗战文物。寄去《抗日战争时期晋察冀边区财政经济史资料选编》4 册。

**10 月**

31 日　小静昨日由日本归来，带来笠原十九司新著《日本軍の治安戦》。

**11 月**

23 日　祖光带队来录像，为制作电视节目《黄土地》，我讲孙中山及抗日战争部分。

**12 月**

10 日　《南开大学报》刊载我写的《回忆再旺同志》。

15 日　《中共党史研究》第 12 期刊登我写的《毛秉华及其书：〈天下第一山〉》。

23 日　祁建民由日本回国来访，他和内山雅生要赴山西调研。

24 日　《南开大学报》第 1113 期刊出我的《怀念恩师杨生茂先生》。

30 日　参加历史学院新年晚餐招待会。

# 2011年　87岁

## 1月

6日　天津电视台张依琳 "《中国人》专栏" 诸人来，访谈录像《大公报》的事。我叙述《大公报》对我的影响。

接到周勇来函，受聘为 "中国抗战大后方历史文化丛书" 编委。

12日　被推为中国现代史学会名誉会长。

李正名院士来，赠《李正名院士八十华诞志庆集》。他谈到太平天国杀人放火，是不得人心的。他的先祖父居住在南京城内，被杀死了。

15日　下午，薛进文和新校长龚克来，龚说他和进文很熟悉，一定合作，为庆祝南开建校100周年做好准备。希望我为学校多提意见，历史系是支柱系，言及我当年担任系秘书是 "秘书专政"。龚克口碑很好，天津大学3000多名师生联名挽留。

中国人民抗日战争纪念馆赠荣誉证书。我曾赠纪念馆《抗日战争时期晋察冀边区财政经济史资料选编》4册一套。

## 2月

3日　刘景泉、张静来拜年。

9日　李治安来，赠其主编的《中国五千年中央与地方关系》两卷、《元史论丛》第11辑和《祝蔡美彪八十寿辰文集》。

12日　祁建民来信，寄来东亚汉学研究学会章程及聘书，聘我为学会顾问。

**3 月**

18 日　和王黎赴沧海画室，沧海为我画头像，以备《魏宏运书序书评集》封面用。

**4 月**

15 日　《南开大学报》刊登我写的《毕业教育的记忆》。

18 日　为纪念中国共产党建立 90 周年，市档案馆王树森，历史学院二年级贾敏、张晓溪、郑祥、张迪、郭宇昕、刘金烜来访谈。6 位同学要我讲历史研究诸问题，以及国外讲学应注意的事项。

**5 月**

6 日　历史学院主办的《纵横》第 42 期载文《历史潮流中的南开史学》，附有我的照片。其中写到大家对我的关心让我感动。我在伯苓楼用一个半小时讲述南开史学的发展。

16 日　《中华读书报》11 日刊登我写的《也说中国远征军》。

**6 月**

10 日　博士生 7 人来访。他们是王妍、曹鑫娜、何燕、杜希美、童舜尧、雷晓鹏、王玲。

16 日　收到《红色太行》6 月 1 日第 1 版，登载我的《"晋冀鲁豫边区财政经济史座谈会"的历史记忆》。

26 日　侯建新宴请丹麦李来福（Leif Littrup），我和王黎作陪。李来福 15 日来津，至天津档案馆查阅民国时期丹麦在天津投资情况。

27 日　丹麦欧登塞（Odense）大学东亚系主任 Kay Lindgren 来校会见。

28 日　接到杨圣清《苦痛的记忆——中条山战役难民口述历史

实录》。接到郑德荣《郑德荣文存》。

**是月**　王成彬赠他的新书《五十年祭——从反右到"文革"》，封面由我题字。

## 7月

**19日**　历史学院本科生张迪、胡靓文、王旭东、张良来访，要我谈南开的发展和变化。

## 8月

**8日**　收到当代中国出版社寄来的《魏宏运书序书评集》390本。

**14日**　收到易彬著《穆旦年谱》，书中引用我一篇文章。

**31日**　《中华读书报》登载余文《1924年，孙中山莅津》。

## 9月

**15日**　天津电视台少儿节目毕琳、刘兰轩来访，约我讲辛亥革命的历史背景，及其对中国历史进程的影响。

**20日**　参加旅游与服务学院创建30周年座谈会。我在会上发言，特别讲到旅游专业的建立与席潮海和滕维藻的功劳是分不开的。

**21日**　天津电视台毕琳等4人来录像，题目是辛亥革命。

**28日**　周勇由重庆寄来抗战史料一批：《中国抗战大后方历史文献联合目录（上、中、下）》、《抗战时期西南后方社会变迁研究》、《英雄之城——大轰炸下的重庆》、《重庆大轰炸档案文献：证人证言》、《抗战大后方歌谣汇编》、《财产损失》、《抗战时期重庆大轰炸日志》、《重庆大轰炸档案文献·轰炸经过与人员伤亡（上）》。

**是月**　《我心目中的〈史学月刊〉》在《史学月刊》第9期刊出，为纪念创刊60周年。

## 10月

1日　张注洪赠卜一著《走不遍的天下》。

14日　应历史学院博士生学会（一年级）之请，于范孙楼讲近代史研究的几个争论问题，以及我是怎样开展研究的。学生提问：如何评价蒋介石？如何选择课题？研究一个问题还是多个问题好？"告别辛亥革命"是否正确？

18日　接到台湾陈三井《轻舟已过万重山：书写两岸史学交流》。

28日　应马列学院博士生新生学会邀请，于文科楼讲大学理念，如何选题，学术规范化，近现代史争论的问题和怎样走出国门。会议由唐伟锋主持。

## 11月

26日　李正华来校，主持李金铮的博士生论文答辩，顺便来访。

30日　《民国档案》第4期刊登我写的《关于八一三淞沪抗战的几个认识问题》。

## 12月

1日　冯尔康赠《中国宗族制度与谱牒编纂》。

18日　胡静、陈尉夫妇来，赠《革命史家胡华》、《胡华画传》、《胡华诗抄》、《长与英烈共魂魄：追思史学家胡华》。

23日　发表《南开大学师生参加"四清"回忆》，载《百年潮》第12期。

# 2012 年　88 岁

## 1 月

**17 日**　高广丰寄来《张謇与海门——早期现代化思想与实践》。魏继昆来，他仍兼任天津师大党校校长。

**18 日**　李金铮来，谈到学生提出的问题：北洋军阀时期党派林立，刊物丛生，思想活跃，如何解释这一现象？

**24 日**　张雅晶、赵志强来，带来《北京观察》2011 年第 8 期雅晶写的《平津解放前夕的潜伏故事》，记述我的地下活动。

**是月**　《曹冷泉诗文集》出版，我作序并资助。

## 2 月

**2 日**　我的《南开大学往事（一）》发表在《历史学家茶座》上。连载，第二、三部分 3 月、5 月发表。

**19 日**　接《历史教学问题》第 1 期，登载我的《1994 年欧洲学旅纪实》。

**29 日**　《中国社会科学报》刊登我的《张伯苓与何廉的教育理念》。

**是月**　我的《探索华东共和国的历史地位》载《抗日战争研究》今年第 1 期。7 月 9 日《百年潮》第 7 期转载，题目为《一个鲜为人知的东北抗日政权》。

## 3月

17日　厦门一名叫龙辉者寄来宣纸，希题字"千里之行始于足下"。书写好，寄去。

26日　金普森寄来《近代中国外债研究的几个问题》。方新德寄来《国民政府时期浙江县政研究》。

## 4月

9日　接《南方论坛》去年第6期，有余文《追寻孙中山三次京津之行的思想和足迹》。

14日　母国光老校长仙逝，灵堂设在旧图书馆，和王黎一起致哀。

是月　蔡美彪《学林旧事》出版，赠我一本。

## 5月

7日　《追忆西安事变的见闻》，在《中共党史研究》第4期登载。17日《文摘报》转载。

《中国社会科学报》登载余文《感念范文澜与吴廷璆》。

27日　澳大利亚粟明鲜寄来《南太平洋祭：新不列颠岛中国抗日战俘始末》。

31日　应侯建新邀请，赴天津师大历史学院，给研究生讲我两年来的研究课题。参观欧美研究中心资料室。参观师大新校园，环境很好。

## 6月

4日　《中国社会科学报》刊登我的《新中国第一个博物馆专业的创立》。

14日　参加雷海宗诞辰110周年纪念会，讲述雷师在南开的岁月。

29 日　张同乐寄来《华北沦陷区日伪政权研究》。

是月　《绥远抗战时蒋介石的两副面孔》载《南开学报》第4 期。

## 7 月

2 日　姬田光义赠《陆军登户研究所》一书。

9 日　党委书记薛进文来谈，学校设立"荣誉教授"暨"特别贡献"奖，奖金每人 20 万元，全校 18 人获此奖，我在其中。薛进文、龚克来，颁发荣誉教授证书及奖金 20 万元。随后李里峰、岳谦厚先后来访。他们是来参加华北农村革命与改良危机讨论会的。

中山大学李吉奎寄来《林一厂日记》二册，颇有价值。林一厂是国民党党史会编纂。

## 8 月

20 日　台湾"中央研究院"近代史研究所张玉法来函，谈到中国农村，认为从秦汉到 1949 年恐都无重大改变，近 30 年的改变可能是前所未有的。

22 日　蔡美彪参加元史学会来津，赠我《辽金元史考索》、《中华史纲》、《学林旧事》。

27 日　毛秉华寄来《井冈山红旗谱——井冈山人物传记》及井冈山特产。

28 日　《二十世纪华北农村调查记录：全 4 卷》出版，于南开文科楼召开学术研讨会，43 人参加，当年参加调查的中日学者均出席。江沛主持，中方杨栋梁、朱汉国致辞，日方顾琳、内山雅生致辞。我特别提到调查、出版的曲折过程，市某些部门负责人讲了很难听的话，现在应说出来。

笠原十九司、浜口允子来家叙旧。笠原赠我《「南京事件」争論史》。

翁有为赠《行政督察专员区公署制研究》。

29 日　与会者继续讨论，我感谢大家的支持。张利民陪同日方学者 8 人参观五大道及金融街。

李晓晨、渠桂萍来家叙旧。

## 9 月

10 日　教师节，党委书记薛进文、人事处长苏静等来慰问，送花篮。

15 日　美籍学者关文斌来。他获得资金，来津研究化肥问题。送他一部《二十世纪华北农村调查记录：全 4 卷》和《魏宏运书序书评集》，并请转送范力沛各 1 本。

18 日　王兰仲从美国回来。他正研究"文化大革命"，讲到红卫兵迫杨宗盘用铁铲子烧毁数学、外文书；傅筑夫被扫地出门，在东楼洋灰地上睡觉。

## 10 月

3 日　山西太原市委党校梁华（梁晋春）和孩子开车来津，带来他的家史《苦乐散文集》。

4 日　和王黎、小静赴美术馆参观尹沧海画展。

5 日　参加历史学院 1977—1978 级学生返校聚会并讲话。这两年是历史转折的年份，高校考试招生，入学者都经历了上山下乡，近 10 年的磨炼看到了农村的落后，更感到读书的可贵。"你们选择南开，这是最大的欣慰。"

6 日　全校 1977—1978 级及 1978—1979 级硕士生毕业 30 周年纪念大会召开。因会议厅有限，每系 20 人参加，在省身楼二楼举行。刘景泉副书记确定我作为老教师代表发言。我讲了学校的历史，说明考取南开之正确。薛进文、龚克讲了南开精神及现状。

8 日　李民仓寄来长安契丹村文章两篇。论证说服力尚不充分。

15日　《史学月刊》10月号刊登我写的《汉堡"新中国50年之回顾与评价"国际学术研讨会的点滴记忆》。

16日　赵庆杰由北京带来四舅写的《难忘之记》。

17日　接上海师大洪小夏寄来的《洪德铭纪念文集》。

19日　李正华寄来《中华人民共和国史稿》5卷。

## 11月

13日　《南开大学报》刊登我的《蒋廷黻教育思想举例》。

17日　宋志勇陪山田辰雄来访。

22日　陈鑫陪同中央电视台导演郭晓清来，访谈南开大学历史和南开历史学院历史，并录像。

## 12月

3日　张亚代表学校来谈换届事，老同志不再担任学校委员会职务，赠蓟县产石一座，上刻"魏宏运同志，校之柱石，惠泽绵长2012年12月"。

5日　《历史教学》刘文君、柳文全来，赠荣誉证书及茶杯。

7日　接《民国档案》第4期，刊登我的《〈字林西报〉等外刊笔下的八一三淞沪抗战》。

17日　《1948年12月国共争夺知识分子的搏斗》一文在本月《历史教学》上发表。

19日　看到本月12日《中华读书报》上我写的《李何林先生在南开的岁月》。

21日　接内蒙古师范大学曹永年赠书两部：《古代北方民族史丛考》、《明代蒙古史丛考》。

26日　接《红色太行》1日报纸，第8版上刊登余文《1946年中美商约的实质》。

# 2013年　89岁

## 1月

21日　连日来阅读佟王晓明写的《佟氏宗谱》及相关资料，如《八旗通志初集》卷。

29日　天津商学院齐霁教授赠其著作《中国共产党禁毒史》，内有我写的序。

## 2月

27日　万新平组织京津1973级同学贺我88周岁生日。到会的有万新平、张光全、温晓莉、王桂枝、孙金梅、霍铃铃、王道瑞、张利民、王莉。

## 3月

16日　近读杨继绳著《墓碑——中国六十年代大饥荒纪实》，全书上下册，香港出版，杨继绳1966年毕业于清华大学。

23日　广东中山市社联主席胡波来访，谈我研究孙中山和其他领域研究的经历，作为口述史资料。谈两个小时，录像。

24日　历史学院研究生杨林林、张云飞、朱丽莉、陈思言来访，谈历史梦。

26日　接重庆周勇寄来《国共合作重庆谈判图史》、《抗战大后方工业研究》、《财产损失》、《抗战时期大后方经济开发文献资料选编》、《抗战时期国民政府在渝纪实》等几部书。

## 4 月

2 日　接《中国延安干部学院学报》今年第 2 期，刊登有我写的《晋察冀边区农村教育的追寻和考察》。

3 日　接《中华魂》第 4 期，刊载我的《高山仰止，景行行之——许毅二周年祭文》。

9 日　刘景泉研究生豆庆升，持其毕业学位论文《建国以来党的民生观历史演进研究》来访，为工作推荐事。

## 5 月

5 日　下午，李国骥、姚耀来，谈及"文化大革命"，其中讲到中文系华粹深保存的从清末到新中国成立后的唱片，被红卫兵烧了两天半。外文系很厉害，一位教师头上上红漆，并用裤带的头来抽打。

8 日　于永从内蒙古来，要去东京开会，带来他的新著《燕北山区的蒙汉杂居村：内蒙古喀喇沁旗王爷府镇富裕地村调查报告》。

16 日　接台湾陈三井著《旅欧教育运动——民初融合世界学术的理想》，2012 年印。

26 日　王桂兰赠其新著《能源战略与和平崛起》。

## 6 月

4 日　接《民国档案》第 2 期，刊有我的《〈学生呼声〉笔下的西安事变》。

接《百年潮》第 4 期，刊登我写的《独立思考，追求真理——回忆许毅》。

23 日　湖南师大易彬来，赠其新著《穆旦评传》2012 年版，书中引用我写的短文。

## 7 月

10 日　林延清送来《林树惠史学文集》，天津古籍出版社 2013 年版，内有我写的序。

12 日　接李晓晨《近代河北乡村天主教会研究》，我为书作序。

19 日　接《历史教学》7 月下半月刊，刊登我写的《读〈张承先回忆录〉有感》。

24 日　接龚克校长函，谈及《读〈张承先回忆录〉有感》的感想，认为大字报那样的大批判再也不能重演了。

## 8 月

2 日　李晓晨、渠桂萍、乔南、胡延峰来访。

17 日　郭鸿懋来，赠其著作《求索集：郭鸿懋城市经济研究论文选》。

19 日　接到 7 日《中国社会科学报》，有记者周学军、武雪彬写的《史论结合求真致用——访南开大学历史学院荣誉教授魏宏运先生》一文。

是月　《中华魂》第 16 期刊载余文《从南开被炸看张伯苓精神》。

## 9 月

2 日　刘泽华、闫铁铮从美国回来，叙旧。

9 日　接 9 月 1 日《红色太行》，登载我写的《一本值得阅读的书——〈抗日救亡言论集〉》。

11 日　接卢权著《卢权集》。

15 日　李惠兰赠其主编的《七七事变探秘》。林家有赠《孙中山国家建设思想研究》。

18 日　阿依热古丽夫妇和天津人民出版社任洁来访。

25 日　《今晚报》副刊登载我的《我第一次见到的红军》，内有错别字，将唐嗣桐写成唐嗣相。

## 10 月

11 日　接日本丸田孝志《革命的礼仪》，平成二十五年（2013）8 月 29 日版。

20 日　至东艺系大楼，参加南开大学历史学科建系 90 年庆祝会，并详细叙述历史系发展情况，举冯文潜、杨生茂、吴廷璆、郑天挺诸师的贡献。

24 日　赵庆杰来，赠西柏坡纪念品。

29 日　接《历史教学问题》第 5 期，刊登我写的《东北学旅记实（2004 年 5 月 12—21 日）》。

接萧致治赠的《薪火文集》。

## 11 月

4 日　王兰仲从美国归来，赠其著作《西行漫笔：一个远足者的异国寻觅》。

8 日　《南开大学报》刊登我写的《闲话南开历史系的"小西南联大"》。

12 日　扬州大学周一平赠《中共党史研究 90 年》、《邓小平生平研究史》。

15 日—29 日　经陈志强夫人介绍，我和王黎到总医院九楼 7 病房住，检查身体。主治大夫王丽、张钦朋。

## 12 月

2 日　李金铮送来李胜良信一封，嘱我题书名《统一累进税十年史（1939—1948）》。作者李胜良系河北省地税局科研所研究员，同时赠我其著作《曹钦白评传：一个税刊主编的文化苦旅》、《税道长安》、《大任斯人——中国税史人物评传》。

5日　收到张宪文《民国史巨子：张宪文教授学术生涯纪传》画册，他的学生整理的。

6日　《光明日报》天津记者站陈建强来，陈鑫陪同，约我讲梁启超的生平，《光明日报》将整版发表，作为对我90岁生日的祝贺。

《寻根》杂志约写寄语。我写了：根是民族的源泉，中华民族的根源远流长。

南开校史研究室张健、马长虹、张鸿来访，为纪念毛泽东诞辰120周年，让我谈新中国成立后我及学校是怎样学习毛泽东著作的。

13日　乔治忠赠《杨翼骧先生中国史学史手稿存真（全二册）》，国家图书馆出版社出版。

# 2014年　90岁

## 1月

**3日**　做客《光明日报》之"光明讲坛",讲梁启超生平。听众对象是历史学院博士生、硕士生。我讲了6个问题:1.国难危重主张变法;2.虎口余生流亡日本;3.捍卫民国旗帜鲜明;4.旅欧一年思想巨变;5.讲学南开著书立说;6.少年中国启发深远。演讲1个多小时,提问回答1个小时。《光明日报》专栏副总编刘伟、天津记者站陈建强来听讲。江沛主持讲坛,龚克校长出席并讲话,学校宣传部及历史学院诸领导均出席。讲座由刘景泉策划。

**5日**　雅晶3日来,继续整理画册,去年12月28日曾来一天,今晨离去。

梁华寄来其父的功德碑文。

**7日**　接《经济·社会史评论》第7期,刊有我写的《关于冀东农村社会调查的几个问题》。

接朱凤瀚编的王玉哲《宋代著录金文编》。

**9日**　接高广丰《十年踪迹十年心》,书中登载我写的《张睿与河套文化》。

**10日**　陈鑫、陆阳来。他们要整理我在"光明讲坛"演讲的梁启超生平,让使用的资料共享。

**11日**　中国延安干部学院方建章来,带来张雅晶编辑的《张学良画传》。

**14日**　门莲凤、杨栋梁、蓝海、江沛等来拜年。

19 日　李正名赠《李维格：一位鲜为人知的近代科技教育先驱》一书，内有我的题字：李维格——中国钢铁工业之父。

29 日　尹沧海来，赠瓷瓶，贺我 90 岁。

阅 13 日《文汇读书周报》，提到新书《亚历山大二世：最后的伟大沙皇》，认为这位沙皇是改革派，解放了 2300 万农奴，引进评审团制度，废除新兵征募中的鞭刑制，等等。同时认为民意党是恐怖组织，企图暗杀沙皇。

## 2 月

7 日　李金铮带来肖红松著《中共政权治理烟毒问题研究——1937—1949 年华北乡村为中心》，内有我写的序。

接到周勇由重庆寄来抗战史料一批：《重庆抗战遗址遗迹保护研究》、《重庆抗战史：1931—1945》、《西南抗战史》、《重庆大轰炸档案文献：财产损失（厂矿公司部分）》、《重庆大轰炸档案文献：财产损失（军工企业部分）》。

12 日　李治安夫妇来，赠新著《元史暨中古史论稿》。

14 日　《中国社会科学报》杨崇海、吴文康来访谈录像。他们提出九个问题，包括家庭背景，求学经历，为何选择了历史专业，怎样开展研究，如何进行根据地和华北农村研究，培养研究生，和国外学者合作，国外讲学，怎样超越国外学者等。

15 日　访谈继续，拍照我的著作和藏书。整个访谈一天半时间。

17 日　89 周岁生日。昨韵琴电话祝贺。今杨乐堂、运昌电话祝贺。民仓人在陕西，定制花篮送到家。中午和家人王黎、晓明、小静、利民到万德庄一韩国餐馆聚餐。

沈佺赠其油画印品两份。

25 日　接三联书店稿费 800 元。

接到《寻根》杂志第 1 期，上有我写的寻根寄语：根是中华民族的源泉。封皮有我的照片。

### 3 月

5 日　得到《南开学报》今年第 1 期，登载我的《中外记者访问团眼中的抗日根据地》。

13 日　丹麦李来福（Leif Littrup）来。南京大学请他讲学，顺便来南开。王敦书主持他演讲"欧洲当前经济"，并宴请于谊园，侯建新、陈志强和我参加。我赠《魏宏运书序书评集》并书写"功莫大焉，架起中丹文化交流的桥梁"。

25 日　《今晚报》刊登余文《我记忆中的西安生活书店》。

26 日　接到 17 日《中国社会科学报》，刊文《魏宏运：在历史长河中看到未来》。

《南开研究生》杂志诸同学来访。他们是杨一丹、伊宁、劳湘雯、沈彩亚。

### 4 月

7 日　《光明日报》刊登《梁启超对近代中国的影响》，这是我做客"光明讲坛"的主讲发言。10 日《文摘报》删减转载，标题为《梁启超是如何捍卫共和国的》。25 日《南开大学报》全文转载。

12 日　接《炎黄春秋》第 4 期，刊我的《南开大学"文革"往事》。

18 日　接《历史教学》第 4 期，刊载我的《沈从文：1937 年北平沦陷的一天》。

21 日　陈鑫、陆阳来，谈天津市忠烈祠石碑问题。石碑背面有"株式会社福盛号"字样，是捐建单位的名字，1932 年建。

25 日　山东《中国开发杂志》执行总编王裕秋带刊物来，我被列为顾问。此为季刊，自筹资金，在小范围内传阅。

## 5 月

**5 日**　《南开大学"文革"往事》提到了很多人和事，《炎黄春秋》刊出后，有人打电话，有的来函，有的向我索求，真是一石激起千层浪。

**9 日**　王金堂来。为我 90 岁生日，他写了回忆文章，题目是《尊敬的领导，可敬的师长》，充满感情，还赠一工艺品"松鹤延年"。

**12 日**　散步时单大夫讲，他的家乡宁河东丰台新中国成立前很繁华，家家做年画，四县不管。新中国成立后年画不做了，萧条了。

吕维来电话说，她现在每年到新西兰住半年，刚回来，摔了一跤。她订《炎黄春秋》，早就看到我的《南开大学"文革"往事》。

**26 日**　接时玉梅国画四幅。

## 6 月

**5 日**　接冯崇义贺诗：

### 临江仙·贺魏宏运恩师九秩大寿

前朝少年梦何处，黄土古道长安。京津负笈慕云帆。真情换劫难，苦涩谁能堪。

桑榆亦可成追忆，雨露绿叶春蚕。九秩沉浮两鬓斑。高章大德在，桃李更满山。

接时玉梅寄来画册 5 本。

**18 日**　写《永远怀念恩师李敷仁先生》，寄《书简》刊物。

**20 日**　钞晓鸿来访。他是厦门大学历史教授，渭南人。

**29 日**　金铮来，帮助与中国社会科学出版社签订出版《锲斋文稿》合同，38 万字，5.5 万元，9 月 15 日出版。出版事颇费周折，考虑过几个出版社。

是月　《南开研究生》季刊第 2 期刊登杨一丹、伊宁文章《魏宏运：治史明德，"南开一号"》。

## 7 月

9 日　许鸿彬开沧海车送我到总医院高干病房住院，王黎、周贵节路上陪同。照胸片，利民来帮忙。

11 日　刘健清、左志远来看望。刘犁来，她母亲也正住院。她已入丹麦籍，现教中文。

13 日　天津大学朱竹英住院已一年，坐轮椅来看我，多年未见了。

17 日　沧海来看望。他近来被选为天津美术协会副主席。

21 日　王鸿博大夫讲，我需要两个疗程，主要让血脉疏通。要延长治疗时间，不愉快。

丽兰和蒙川来。蒙川要到法国学习，真高兴。

24 日　开始第二个疗程，想出院，大夫不允，说尿中有细菌。

25 日　收到香港学术及职业资历评审局奖状，7 月以后不再担任。

27 日　江沛、姬丽萍来看望。

28 日　出院，带回很多药，仍由许鸿彬开车送回家。

## 8 月

7 日　雅晶来，谈画册说明事。

14 日　薛进文来谈天。

27 日　收到《历史学家茶座》第 32 辑，内有我写的《1966 年南开大学"八七开花"纪实》。

## 9 月

5 日　寄松花江老照片给山东画报老照片编辑组。

6 日　王彪来，问题还未解决，真难。

**7 日** 李正华来。他仍在东北担任实质县长，不能参加我的生日活动。

**8 日** 刘景泉、江沛及宣传部、工会诸领导来，贺教师节、中秋节和我的生日。

**11 日** 为庆祝我生日，我的各地博士生相继到校，住在天宇饭店。

**12 日** "庆祝魏宏运先生 90 华诞暨中国现代史研究学术研讨会"在伯苓楼举行。上午全体祝贺会，我和王黎在台上，龚克校长讲话，尹沧海赠画，江沛主持，发言者众。

下午在文科楼座谈，4 时我去听。薛进文、刘景泉来。进文在中央党校学习，特地赶来祝贺。

两本新书今天见到。《仰望锲斋——贺魏宏运先生九十华诞》江沛主编，天津古籍出版社出版。《锲斋文稿》中国社会科学出版社出版，是我近年发表的论文集，由邓丽兰和邹佩丛整理、打印、校对而成。

庹平赠我《红色司令朱德》和《解读蒋介石》。陈敬堂赠《写给香港人的中国现代史：从西安事变到新中国成立》。

**26 日** 《南开大学报》刊登记者心路文章《魏宏运：锲而不舍的拓荒者》。

## 10 月

**4 日** 俞辛焞儿子驾车载俞辛焞来到门前，在车上见面握手，赠我《俞辛焞日本研究文集》。他计划出全集。

**23 日** 上海社科院《社会科学报》第 1432 期发表我的文章《探寻中共禁毒斗争的历史脉络》。

## 11 月

**14 日** 《中国科学报》刊登记者郝俊、通讯员陈鑫、陆阳文章《"锲斋"守愚人魏宏运》。

著述目录

# 专著

1. 《史可法》，新知识出版社，1955 年。

2. 《"八一"起义》，湖北人民出版社，1957 年。

3. 《南昌起义》，上海人民出版社，1977 年。

4. 《孙中山年谱》，天津人民出版社，1979 年。

5. 《中国近代历史的进程》，广东人民出版社，1989 年。

6. 《抗日战争与中国社会》，辽宁人民出版社，1997 年。

7. 《锲斋文录》，中华书局，2002 年。

8. 《锲斋别录》，天津古籍出版社，2004 年。

9. 《魏宏运自订年谱》，社会科学文献出版社，2004 年。

10. 《锲斋文存》，人民出版社，2008 年。

11. 《南开往事》，南开大学出版社，2009 年。

12. 《魏宏运书序书评集》，当代中国出版社，2011 年。

13. 《锲斋文稿》，中国社会科学出版社，2014 年。

# 主编

1.《第一次国内革命战争史论集》，与来新夏合作主编，湖北人民出版社，1957年。

2.《中国共产党历史讲义》（新民主主义部分），南开大学出版社，1977年。

3.《中国现代史资料选编》（1—5），黑龙江人民出版社，1981年。

4.《中国现代史稿（1919—1949）》上、下册，黑龙江人民出版社，1981年10月第1版，1982年11月第2次印刷。

5.《中国现代史大事记》，与梁寒冰合作主编，黑龙江人民出版社，1984年。

6.《抗日战争时期晋察冀边区财政经济史资料选编》（一）总论编、（二）农业编、（三）工商合作编、（四）财政金融编，南开大学出版社，1984年。

7.《华北抗日根据地纪事》，天津人民出版社，1986年。

8.《抗日战争时期晋冀鲁豫边区财政经济史资料选编》第一、二辑，中国财政经济出版社，1990年。

9.《晋察冀抗日根据地财政经济史稿》，档案出版社，1990年。

10.《华北抗日根据地史》，与左志远合作主编，档案出版社，1990年。

11.《中国通史简明教程》上、下册，高等教育出版社，1992年。

12.《二十世纪三四十年代冀东农村社会调查与研究》，天津人民出版社，1996年。

13.《民国史纪事本末》（全七册），辽宁人民出版社，1999年。

14. 普通高等教育"九五"国家级重点教材《中国现代史》，高等教育出版社，2002年。

15.《国史纪事本末》1—7卷，辽宁人民出版社，2003年。

16.《二十世纪三四十年代太行山地区社会调查与研究》，人民出版社，2003年。

17.《二十世纪华北农村调查记录》1—3卷，与〔日〕三谷孝合作主编，社会科学文献出版社，2012年。

# 主要论文

1.《革命民主主义者孙中山》,《历史教学》1953 年第 12 期。

2.《有关一九二四到二七年帝国主义经济侵华的几个问题》,《历史教学》1954 年第 9 期。

3.《十月革命的消息是怎样传到中国来的》,《南开大学学报》(人文科学)1957 年。

4.《关于一九二七年武汉革命政府的几个问题》,《历史教学》1958 年第 5 期。

5.《有关 1927—1937 年我国苏维埃革命的几个问题》,《历史教学》1959 年第 7 期。

6.《第二次国内革命战争时期革命根据地的土地分配》,《历史教学》1960 年第 4 期。

7.《孙中山先生对于辛亥革命经验的总结——纪念孙中山先生诞生 95 周年》,《天津日报》1961 年 11 月 11 日。

8.《略谈中国 1927 年大革命的失败》,《历史教学》1963 年第 5 期。

9.《1927 年武汉革命政府反经济封锁的斗争》,《历史教学》1963 年第 9 期。

10.《1927 年武汉革命政府是怎样走向反动的》,《历史教学》1963 年第 11 期。

11.《1927 年武汉革命政府的北伐》,《历史教学》1964 年第 2 期。

12.《1927 年蒋介石集团对武汉革命政府的颠覆活动》,《历史教学》1964 年第 4 期。

13.《1927 年南昌武汉之争的实质》,《历史教学》1964 年第 6 期。

14.《1927 年武汉政府为什么不去镇压蒋介石的叛变》,《南开大学学报》1964 年第 2 期。

15.《北伐时工农大军在解放两湖和江西战争中的作用》,《历史教学》1965 第 3 期。

16.《汉浔英租界的收回与帝国主义的武装干涉》,《历史教学》1965 年第 4 期。

17.《北伐时两湖人民夺取武装、夺取政权的斗争》,《历史教学》1965 年第 9 期。

18.《老沙皇和李鸿章》,《天津师院学报》1976 年第 2 期。

19.《周恩来"五四"时期革命活动纪实》,《南开大学学报》1979 年第 1 期。

20.《周恩来同志和"五四"新文化运动》,《光明日报》1979 年 4 月 24 日。

21.《〈觉悟社〉的光辉》,《南开大学学报》1979 年第 2 期。

22.《关于"五四"时期的"民主"和"科学"问题》,《历史教学》1979 年第 5 期。

23.《沙俄是八国联军侵华的元凶》,《南开学报》1980 年第 4 期。

24.《中国现代史的几个问题》,载中国现代史学会秘书处编:《中国现代史学会第一次学术讨论会论文选编》,1980 年 6 月。

25.《辛亥革命前中国资产阶级革命派的根据地思考》,《历史教学》1981 年第 10 期。

26.《关于新文化运动的几个问题》,《南开史学》1982 年第 1 期。

27.《第一次世界大战期间中国民族工业的发展和工人阶级的成长壮大》,《南开史学》1982 年第 2 期。

28.《新文化运动的新方向》,《南开史学》1982 年第 2 期。

29.《周恩来共产主义思想形成初探》,《光明日报》1983 年 4 月 20 日。

30.《关于"二战"史研究中的几个问题》,载孔永松、邱松庆编:《中国现代史论丛》上,中国现代史学会秘书处,1983 年 6 月。

31.《论华北抗日根据地繁荣经济的道路》,《南开学报》1984 年第 6 期。

32.《关于抗日战争时期敌后战场的几个问题》,《历史档案》1985 年第 3 期。

33.《论华北抗日根据地的合理负担政策》,《历史教学》1985 年第 11 期。

34.《民国初年中国的工业化和日资的涌入》,《东アジア世界史探究》1985 年。

35.《孙中山晚年的农民运动观》,《光明日报》1986 年 11 月 29 日。

36.《孙中山民权主义研究述评》,载孙中山研究学会编:《回顾与展望——国内外孙中山研究述评》,中华书局,1986 年。

37.《论晋察冀抗日根据地货币的统一》,《近代史研究》1987 年第 2 期。

38.《"不抵抗主义"剖析》,《文史哲》1987 年第 2 期。

39.《1947 年中国内战的惊人发展》,《历史教学》1988 年第 5 期。

40.《抗战初期国民政府的经济政策透视》,载张宪文、陈兴唐、郑会欣编:《民国档案与民国史学术讨论会论文集》,档案出版社,1988 年。

41.《抗日战争档案整理与历史研究》,《北京档案史料》1989

年第 1 期。

42.《铁肩担道义，热血洒中华》,《天津日报》1989 年 10 月 18 日。

43.《中国现代史》,载肖黎主编:《中国历史学四十年》,书目文献出版社，1989 年。

44.《五四新文化运动的探索》,《中州学刊》1990 年第 3 期。

45.《1912 年孙中山北上的追求》,《民国档案》1990 年第 4 期。

46.《抗日根据地史研究述评》,《抗日战争研究》1991 年第 1 期。

47.《抗日游击战争推动了抗日战争的历史进程》,《光明日报》1991 年 10 月 23 日。

48.《吴店村を事例とした中国农村变革の历史》,《日本专修大学社会研究所月报》1991 年。

49.《华南出现的革命力量》,《中国通史简明教程》,高等教育出版社，1992 年。

50.《抗战第一年的华北农民》,《抗日战争研究》1993 年第 1 期。

51.《三四十年代日本的鸦片侵华政策》,《档案史料与研究》1993 年第 4 期。

52.《太行山和中国革命的胜利》,《光明日报》1993 年 6 月 21 日。

53.《孙中山晚年的农民运动观》,《中国近代历史的进程》,广东人民出版社，1993 年。

54.《五十年来中国人民是怎样为民主宪法而斗争的》,《中国近代历史的进程》,广东人民出版社，1993 年。

55.《蒋介石时代的结束》,《中国近代历史的进程》,广东人民出版社，1993 年。

56.《重视抗战时期金融史的研究——读〈四联总处史料〉》,《抗日战争研究》1994 年第 3 期。

57.《抗战初期中国人口的大迁移》,载南开大学历史系《中国史论集》编辑组编：《中国史论集》，天津古籍出版社，1994 年。

58.《知识分子在祖国统一事业中应起的作用》，载胡春惠主编：《〈中国的过去、现在与未来〉国际学术讨论会论文集》，珠海书院亚洲研究中心，1994 年。

59.《笔谈抗日战争时期历史研究》，《抗日战争研究》1995 年第 1 期。

60.《关于三四十年代冀东农村的调查》，《光明日报》1995 年 2 月 13 日。

61.《中国抗日战争是世界反法西斯战争的重要组成部分》，《人民日报》1995 年 7 月 27 日。

62.《历史不会忘记——纪念抗日战争胜利五十周年》，《光明日报》1995 年 8 月 28 日。

63.《抗日根据地奠定了抗日战争胜利的基础》，《历史教学》1995 年第 10 期。

64.《论张岱年先生的文化观》，《中国哲学史》1996 年第 2 期。

65.《抗战初期高等学校的西迁》，《档案史料与研究》1996 年第 4 期。

66.《论抗日战争时期晋冀鲁豫的集市贸易》，《抗日战争研究》1997 年第 1 期。

67.《南京沦陷时日军在宁沪杭地区的暴行》，《历史教学》1997 年第 6 期。

68.《中国现代史研究大有可为》，载肖黎主编：《我的历史观》，广东人民出版社，1997 年。

69.《从沙井村的变化看中国农村的现代化》，载南开大学《中国历史与史学》编辑组编：《中国历史与史学》，北京图书馆出版社，1997 年。

70.《"不抵抗主义"的产生及其后果》，《抗日战争与中国社会》，辽宁人民出版社，1997年。

71.《抗战时期工合运动的发展》，《抗日战争与中国社会》，辽宁人民出版社，1997年。

72.《1938年武汉战役的探讨》，《抗日战争与中国社会》，辽宁人民出版社，1997年。

73.《台儿庄战役论述》，《档案史料与研究》1998年第2期。

74.《抗战时期孤岛的社会动态》，《学术研究》1998年第5期。

75.《1939年华北大水灾评述》，《史学月刊》1998年第5期。

76.《反"九路围攻"和台儿庄大捷的历史思考》，《今晚报》1998年7月7日。

77.《陈嘉庚笔下的延安与重庆社会》，《北京日报》1998年7月12日。

78.《台湾之学派》，《历史教学》1998年第7期。

79.《1939年中日赣鄂湘战争评述》，载南开大学历史系编：《南开大学历史系建系七十五周年文集》，南开大学出版社，1998年。

80.《抗战时期中国西部地区的开发与进步》，载《纪念七七抗战六十周年学术研讨会论文集》，台北"国史馆"，1998年。

81.《华北农民之源流及其在三十年代的群体活动》，载冯尔康、常建华主编：《中国历史上的农民》，台北馨园文教基金会，1998年。

82.《论晋察冀抗日根据地的社会变迁》，载冯崇义、古德曼编：《华北抗日根据地与社会形态》，当代中国出版社，1998年。

83.《八路军和新四军反限制斗争的胜利》，《光明日报》1999年3月26日。

84.《南京保卫战初探》，《江南学院学报》1999年第2期。

85.《抗战初期工厂内迁的剖析》，《南开学报》1999年第5期。

86.《抗战时期的华侨捐输与救亡运动》，《近代史研究》1999

年第 6 期。

87.《三四十年代太行山的农业发展》，载张国刚主编：《中国社会历史评论》第 1 卷，天津古籍出版社，1999 年。

88.《抗战时期太行山区的新文化运动》，载南开大学近代中国研究中心、南开大学历史学院编：《近代中国社会、政治与思潮》，天津人民出版社，2000 年。

89.《抗日战争时期中国西北地区的农业开发》，《史学月刊》2001 年第 1 期。

90.《中国人的日本观》，中国社会科学研究会《东瀛探求》第 12 号，东京，2001 年 12 月。

91.《1938 年羊城遭爨的罪责和教训》，《广东社会科学》2003 年第 3 期。

92.《哈佛大学"战时中国"学术研讨会之我见》，《史学月刊》2003 年第 6 期。

93.《梁启超读书于日本的启示》，《历史档案》2004 年第 1 期。

94.《华北抗战和八路军》，《天津日报》2005 年 7 月 21 日。

95.《东京审判的历史价值》，《天津日报》2005 年 9 月 3 日。

96.《华北北部敌占区 1943 年的饥荒》，《历史档案》2005 年第 4 期。

97.《抗战胜利后中国发展趋向》，《史学月刊》2005 年第 9 期。

98.《抗战时期怒江战争的若干思考》，《历史教学问题》2006 年第 3 期。

99.《张伯苓与南开精神》，《历史档案》2007 年第 3 期。

100.《关于卢沟桥之战的几个问题（上）》，《南开学报》2006 年第 6 期。

101.《抗日战争是近代中国第一次赢得完全胜利的民族解放战争》，《思想理论教育导刊》2006 年第 11 期。

102.《中国现代史研究的热点与走势》,《河北学刊》2007 年第 3 期。

103.《二十年来の中国现代史研究に对する所感》,上田贵子译,《近きに在りて》第 51 号特集,「现代中国への问い」,2007 年。

104.《张伯苓蒋廷黻教育思想举例——南开大学创办 90 周年之际》,《历史档案》2009 年第 3 期。

105.《南开学子为一二·九运动增辉》,《南开大学报》2009 年 12 月 11 日,第 1080 期。

106.《大学文科教改的实践和反思——南开大学历史系实行"半工半读"的历史记忆》,《安徽史学》2010 年第 1 期。

107.《也说中国远征军》,《中华读书报》2011 年 5 月 11 日。

108.《1924 年,孙中山莅津》,《中华读书报》2011 年 8 月 31 日。

109.《关于八一三淞沪抗战的几个认识问题》,《民国档案》2011 年第 4 期。

110.《探索华东共和国的历史地位》,《抗日战争研究》2012 年第 1 期。

111.《张伯苓与何廉的教育理念》,《中国社会科学报》2012 年 2 月 29 日。

112.《追忆西安事变的见闻》,《中共党史研究》2012 年第 4 期。

113.《绥远抗战时蒋介石的两副面孔》,《南开学报》2012 年第 4 期。

114.《〈字林西报〉等外报笔下的八一三淞沪抗战》,《民国档案》2012 年第 4 期。

115.《新中国第一个博物馆专业的创立》,《中国社会科学报》2012 年 6 月 4 日。

116.《1946 年中美商约的实质》,《红色太行》2012 年 12 月 1 日。

117.《1948 年 12 月国共争夺知识分子的搏斗》,《历史教学》

2012 年第 12 期。

　　118.《晋察冀边区农村教育的追寻和考察》,《中国延安干部学院学报》2013 年第 2 期。

　　119.《〈学生呼声〉笔下的西安事变》,《民国档案》2013 年第 2 期。

　　120.《关于冀东农村社会调查的几个问题》,《经济·社会史评论》2013 年第 7 期。

　　121.《从南开被炸看张伯苓精神》,《中华魂》2013 年第 16 期。

　　122.《一本值得阅读的书——〈抗日救亡言论集〉》,《红色太行》2013 年 9 月 1 日。

　　123.《张謇与河套文化》,载高广丰主编:《十年踪迹十年心》,五洲传播出版社,2013 年。

　　124.《中外记者访问团眼中的抗日根据地》,《南开学报》2014 年第 1 期。

　　125.《探寻中共禁毒斗争的历史脉络》,《社会科学报》2014 年 10 月 23 日。

指导的博硕士及访问学者

# 指导的博士生及其学位论文<sup>①</sup>

冯崇义：《罗素与中国》，1987—1991。

刘建中：《20 世纪中国农业史发展研究》，1988—1991。

乔培华：《天门会研究》，1989—1992。

付建成：《社会的缩影：对民国时期华北农村家庭的研究》，1990—1993。

温锐：《理想、历史、现实——毛泽东与中国农村经济变革之研究》，1990—1993。

朱德新：《二十世纪三四十年代河南冀东保甲制度研究》，1990—1993。

庹平：《蒋介石研究——解读蒋介石的政治理念》，1991—1994。

王彦民：《蒋介石与国民党腐败》，1992—1995。

李正华：《乡村集市与近代社会——20 世纪前半期华北乡村集市研究》，1992—1995。

杨跃进：《蒋介石的幕僚》，1992—1995。

李恩民：《中日民间经济外交 1945—1972》，1990—1996。

侯建新：《三四十年代清苑县农村消费研究》，1994—1997。

刘五书：《二十世纪二三十年代中原农民负担研究》，1994—1997。

宋在夏：《华北根据地农民组织研究》，1993—1998。

陈敬堂：《军调处执行部的历史考察：1946 年 1 月—1947 年 1

---

① 排列次序：博士生姓名，学位论文名，学习时间。硕士同。

月》，1994—1998。

张伟伟：《中韩关系的突破——变动世界中中韩关系的政治经济剖析》，1995—1998。

张晓唯：《"五四"文化人个案研究：蔡元培与胡适》，1995—1998。

李金铮：《借贷关系与乡村变动——民国时期华北乡村借贷之研究》，1996—1999。

岳谦厚：《顾维钧外交思想研究》，1996—1999。

邓丽兰：《旅华美国侨民与20世纪中期的社会变动》，1996—1999。

王同起：《抗日战争时期文化思潮研究》，1995—2000。

江沛：《战国策派思潮研究》，1996—2000。

周云：《学衡派思想研究》，1997—2000。

于永：《30年代农村金融救济之考察》，1997—2000。

贾晓慧：《大公报新论——20世纪30年代的大公报与中国现代化》，1997—2000。

刘永祥：《民国时期的金城银行》，1998—2001。

杨琪：《天灾的救治：民国时期的减灾研究（1912—1937）》，1998—2001。

文松：《近代中国海关洋员概略研究——以五任总税务司为主》，1999—2003。

赵金康：《南京国民政府法制研究：理论设计及其运作（1927—1937）》，2000—2003。

李承佑：《二战时期的救国会》，1995—2004。

李晓晨：《近代直隶（河北）乡村天主教会研究（1840—1949）》，2003—2007。

袁鸿林：1988—1991年，结业。

# 指导的硕士生及其学位论文

慈鸿飞：《1935 年的币制改革》，1982—1984。

黎超良：《论南京政府保甲制度的恢复与实施》，1985—1988。

江沛：《三四十年代的华北农村》，1986—1989。

李正华：《抗战前华北走私与华北农村》，1986—1989。

王均寅：《论 1949—1953 年台湾的土地改革》，1987—1990。

杨硌堂：《大和谐之魂：范曾绘画的古典主义精神符号与历史地位》，2000—2003。

# 指导的访问学者

部分国外访问学者：贺萧（美国）、铁山博（日本）、长谷川学（日本）、丸田孝志（日本）、一谷和郎（日本）、光田刚（日本）、胡明夏（德国）、原田史起（日本）、林原文子（日本）

部分国内访问学者：郑志廷、王祥光、李文芳、孟宪龄、魏继昆、李亚东、刘玉芝、仇宝山、杜玲、王凤英、张喜阳、柳敏和

海外部分邀请函

海外部分邀请函

Council for International Exchange of Scholars

Eleven Dupont Circle, N.W. • Washington, D.C. 20036 • Cable AMCONED
Affiliated with the American Council on Education

April 12, 1983

Professor Hungyun Wei
c/o Norris P. Smith
Public Affairs Officer
Embassy of the USA
Beijing, PRC

Dear Professor Wei:

On behalf of the Council for International Exchange of Scholars, I congratulate
you on your selection by the Board of Foreign Scholarships for an award under
the Mutual Educational Exchange (Fulbright) Program. This Council cooperates
with the United States Information Agency and organizations abroad in the
administration of the Fulbright program for university lecturers and research
scholars.

Enclosed is a booklet with important information relating to your sponsorship
under the Fulbright program and several forms to be completed either upon your
arrival in the United States, or at the conclusion of your stay.

Please read carefully the enclosed materials, particularly the "Obligations of
the Grantee," as listed on the grant certificate. If you have any questions
relating to your grant or program in the United States, members of our staff
will be glad to assist you.

We look forward to welcoming you to the United States and hope you will have an
enjoyable and successful stay.

Sincerely,

Cassandra A. Pyle
Cassandra A. Pyle
Director

Enclosure

P.S. It is noted from your Arrival Notification Form that your
authorized period of stay expires March 16, 1984 but that
you plan to remain in the United States until May 1, 1984.
If you wish to remain in the United States beyond March 16, 1984,
you will have to send me documentation of your continued
affiliation with the University of Montana and amount and
source of your financial support for the additional period.
I must have this documentation in order to issue an IAP-66
Form for you to apply for an extension of your authorized
period of stay from the Immigration and Naturalization Service.

Your medical insurance documents therefore have been issued
through March 16, 1984 at this time.

349

魏宏运自订年谱

# CIES

Council for International Exchange of Scholars

Eleven Dupont Circle, N.W. • Washington, D.C. 20036 • Cable: AMCONEI

Affiliated with the American Council on Education

<u>MEMORANDUM</u>

February 24, 1984

To:     Prof. Hungyun Wei - University of Montana

From:   Jane Watkins

Re:     Return Travel, United States to Home Country


Under the terms of your U.S. Government grant, you are entitled to round trip travel between your home country and your U.S. host institution and an excess baggage allowance.

The return portion of your travel grant and excess baggage allowance will be arranged by the Council with the assistance of Sargent Travel Service (please see full address below). Program regulations require that you be provided with an economy class ticket by the most direct route to your home destination using U.S. carriers whenever possible. The amount of excess baggage allowance provided for under your grant is $150.

Sargent Travel Service has established most direct routing to your home country as indicated below. Although the names of the airline are noted, specific reservations have <u>not</u> been booked for you. Please contact Elaine Upton at Sargent Travel Service six weeks or earlier before your departure date to arrange the date and specific flight reservations for your trip. If you wish to modify the routing indicated below, Ms. Upton can assist you with this as well. However, you should bear in mind that if the changes you wish to make increase the cost of the ticket above that of an economy class ticket by most direct routing, you will be required to pay the difference.

Once you have agreed with Ms. Upton on the specific itinerary and have provided her with a check or money order to cover any cost differences incurred in routing chan she will mail you your ticket. Ms. Upton can also provide you with assistance sho you need to arrange tickets for any family members who have accompanied you.

It is important to bear in mind that once a ticket is issued, the basic routing cannot be changed nor can the overseas airlines. Therefore, it is essential that you contact Ms. Upton as soon as possible to arrange the details of your return travel. <u>Please do not make any return reservations or changes in your itinerary with a local travel agency</u>.

            Ms. Upton will give you fare difference between Missoula and Boston depar
Routing:  Boston to New York (JFK)/Pan Am, New York to Beijing/Pan Am
          Beijing to Tianjin/CAAC

Travel Agent: Elaine Upton            Address: Sargent Travel Service
                                               600 Ring Building
Phone: 202/296-9820                            1200 Eighteenth Street, N.W.
       (Do not call collect)                   Washington, D.C. 20036


cc: Program Officer - M. Ernst

350

University of Montana

Missoula, Montana 59812

Department of History
(406) 243-2231/243-5943

*general information* 406 - 243-0211

March 15, 1983

Professor Wei Hong Yun
Chairman
Department of History
Nankai University
Tian-jin
People's Republic of China

Dear Professor Wei:

I would like to take this opportunity to welcome you as the
Fulbright Professor at the University of Montana. The entire
History Department joins me in saying how pleased and excited
we were to learn that you were coming.

I have had a number of conversations with other University
administrators regarding your teaching schedule, and we have
proposed the following:

Fall Quarter 1983

1. History 395 - 3 credits
   "China, 1840-1947"
   Cross listed with Asian Studies and Anthropology. This
      course would be offered on a Monday, Wednesday,
      Friday schedule--probably at 1:00 p.m.

2. Asian Studies 181 - 3 credits
   "Introduction to Asian Studies"
   This class meets weekly for three hours. You would be
      responsible for one or two of the sessions.

3. Asian Studies 470 - 3 credits
   "Problems in Asian Studies"
   This class meets from 3:00-5:00 either Tuesday, Wednesday,
      or Thursday. You would be part of a teaching team.

Equal Opportunity in Education and Employment

351

Professor Wei Hong Yun
March 15, 1983
page 2

Winter Quarter 1984

1.  History 395 - 3 credits
    "China Since 1947"
    Cross listed with Political Science and Asian Studies.
        This would be offered on a Monday, Wednesday, Friday
        schedule--probably at 1:00 p.m.

2.  Humanities 320 - 3 credits
    "China Today"
    Cross listed with Anthropology and Asian Studies.  This
        course will be offered Monday evenings from 7:00 to
        10:00.

I hope this schedule is satisfactory to you.  If you have
questions do not hesitate to write.

On another matter, we have found an office for you in the
Foreign Languages and Literatures Department.  It will be
furnished and fully equipped with phone and typewriter.

Again, welcome.  We all look forward to meeting you.

Sincerely,

David M. Emmons
Chairman
Department of History

海外部分邀请函

Council for International Exchange of Scholar

Eleven Dupont Circle, N.W. • Washington, D.C. 20036 • Cable Address AMCONEI

Affiliated with the American Council on Education

August 26, 1983

Professor Hungyun Wei
c/o Dr. David Emmons
Chairman, Dept. of History
University of Montana
Missoula, Montana  59812

Dear Professor Wei:

Thank you for completing and returning to us the formal notification of your arrival in the United States. As the member of the staff responsible for the programs of visiting scholars from your country, I welcome you to the United States. Documents pertaining to your medical insurance coverage are enclosed.

If you have any questions regarding the terms of your grant, length of stay, immigration or tax status, or any other matter, please refer to the packet previously sent to you by the Council or contact me directly by telephone or letter. If for any reason arrangements for your academic work are not satifactory, please let me know early during your stay in the event that the Council can be of assistance.

Should you visit Washington during the year, I would be glad to see you. Our office is located at 11 Dupont Circle, on the third floor. I hope that you will be able to carry out your program to your entire satisfaction and that your visit will be both rewarding professionally and enjoyable personally.

The Council for International Exchange of Scholars welcomes you to the ranks of the Fulbright Program and wishes you every success during the coming year.

Sincerely,

Mary W. Ernst

Mrs. Mary W. Ernst
Executive Associate
202/833-4979

Enclosures

208-746-2341
SOCIAL SCIENCE/C.J.

8TH AVE AND 6TH STREET   LEWISTON, ID 83501

October 26, 1983

Professor Wei Hongyan
Department of History
University of Montana
Missoula, Montana 59812

Dear Professor Wei:

I would like to extend an invitation to you to participate
in the Third International Exchange Conference at Lewis-Clark
State College, Lewiston, Idaho. The panel I would like you to
participate on is the Friday 1:15 p.m. panel titled: People's
Republic of China 1972-1982: A Decade of Challenge for the
United States of America". If you could address the topic from
the perspective of the People's Republic of China, I believe it
would be most informative. The presentations should be approxi-
mately fifteen to twenty minutes in length to allow time for
discussion.

We have invited Minister Hu Ding Yi from the Embassy in
Washington D.C. to serve as commentator for the panel. We also
invite you to be our guest at the banquet Friday evening. We
will provide a translator for our Chinese guests. If necessary,
we can also assist with travel costs. I am enclosing informa-
tion about the conference, including the program agenda. I
sincerely hope you will be able to participate.

Respectfully,

Dr. Gene Mueller, Chair
Division of Social Sciences

GM/kh

Enclosures

c.c.  Dr. Dennis J. O'Donnell

海外部分邀请函

208-746-2341
SOCIAL SCIENCE/C.J.

8TH AVE AND 6TH STREET    LEWISTON, ID 83501

November 22, 1983

Hongyun Wei
Fulbright Professor of History
Department of History
University of Montana
Missoula, Montana 59812

Dear Professor Hongyun Wei:

Thank you for your response of November 2, 1983.
Regarding your travel costs, we will make the airline
reservations and have a pre-paid ticket available for
you at Northwest Airlines counter at the Missoula air-
port. We will also make necessary motel reservations
for you (we will pay for the room).

I will send you details regarding travel arrange-
ments after January 1, 1984. Regarding the panel, Dr. Bob
Kapp has confirmed as has Mr. Tom Manton and the United
States State Department. Minister Hu Ding Yi has confirm-
ed by phone. I look forward to a very interesting panel
and appreciate your willingness to participate. Please do
not hesitate to call if you have any questions. I have
one question: Do you have a title for your presentation
that you would like us to use?

I look forward to meeting you in February.

Sincerely,

Dr. Gene Mueller, Chair
Social Sciences Division

GM/kh

355

208-746-2341
SOCIAL SCIENCE/C.J.

**LCSC**

**Lewis Clark STATE COLLEGE**

8TH AVE AND 6TH STREET     LEWISTON, ID 83501

Professor Hongyun Wei
December 16, 1983

The total session for the panel will probably last
until approximately 4:00 p.m. at the latest.

We will be sending you your airline ticket and
motel reservations in early January.

I look forward to meeting you.

Sincerely,

Dr. Gene Mueller, Chair
Division of Social Sciences
Conference Director

GM/kh

海外部分邀请函

208-746-2341
OFFICE OF THE PRESIDENT

8TH AVE AND 6TH STREET    LEWISTON, ID 83501

February 16, 1984

Professor Hongyun Wei
Fulbright Professor of History
Department of History
University of Montana
Missoula, MT 59812

Dear Professor Wei:

On behalf of the faculty, staff and students of Lewis-Clark State
College, I would like to extend our sincere appreciation to you
for your contributions to our Third International Exchange
Conference. Your presentation provided a wealth of information
and we sincerely appreciate your willingness to take time from
your busy schedule to share your knowledge and expertise with us.

Again, our sincere appreciation. We value your friendship and
I hope that we will have an opportunity to meet again some day.

Sincerely,

Lee A. Vickers
President

LAV:lw

357

208-746-234:

8TH AVE AND 6TH STREET     LEWISTON, ID 83501-2698

March 14, 1984

Professor Hongyun Wei
Fulbright Professor of History
Department of History
University of Montana
Missoula, MT  59812

Dear Professor Wei:

Enclosed are booklets which include media coverage of our Third International Exchange Conference and similar coverage of the two previous Exchange Conferences held on our campus.  I hope that you will find these booklets useful and informative.

Again, our thanks to you for participating in the Third International Exchange Conference.

Sincerely,

Lee A. Vickers
President

LAV:1w

AN AFFIRMATIVE ACTION/EQUAL OPPORTUNITY INSTITUTION

**EASTERN**
MONTANA COLLEGE
1500 North 30th Street
Billings, Montana 59101-0298

DEPARTMENT OF HISTORY
(406) 657-2119

December 5, 1983

Dr. Wei Hung-Yun
Department of History
University of Montana
Missoula, MT 59812

Dear Dr. Wei:

Mr. Duane W. Bowler, Chairman of the Billings Committee on Foreign Relations, asked me to write to you to see if you would be interested in speaking to the Committee here in Billings. Any day of the week will be acceptable except Friday, Saturday or Sunday. The Committee will pay for your air transportation as well as hotel accomodations.

I appreciate your consideration of this invitation and hope to hear from you soon. Thank you.

Sincerely,

Dr. Mumtaz A. Fargo
Chairman, History Department

魏宏运自订年谱

# Billings Committee on Foreign Relations

P.O Box 30383
Billings, MT. 59107

Jan. 17, 1984

Dr. Wei Hongyun
Department of History
University of Montana
Missoula, MT 59812

Dear Dr. Wei:

The Billings Committee on Foreign Relations is delighted
that you have agreed to meet with us as signified in your letter
of Jan. 10 to Dr. Mumtaz Fargo, Chairman of the History Department
at Eastern Montana College.Dr. Fargo wrote to you making the
request after we noticed Montanan, the University of Montana
Magazine that you were in residence as a Fulbright Professor
during fall and winter quarter. I am a graduate of the University
in 1939.

As to the date of your meeting with us, your schedule would
indicate that the most appropriate day would be Thursday, February
23. We will have a dinner meeting that night. Our usual format is
a social hour followed by dinner after which our guest speaker
speaks for 20 to 45 minutes with a discussion period following.
We try to adjourn by 10 p.m. You will, of course, be our guest
while you are in Billings and we will provide commerical air
transportation to and from Bill and Missoula for you. If it meets
with your approval, I will purchase a ticket for you via Northwest
Airlines leaving Missoula at 10:35 a.m. with a return to Missoula
the morning or afternoon of February 24, whichever you prefer.
If you will write your wishes to me concerning this I will mail
the ticket to you well in advance of Feb. 23. I also need early
confirmation on the date of the meeting, Feb. 23, to make dinner
reservations and to get a notice out to our membership. Dr. Fargo
also is a member and has led discussions. For your information,
our meetings are backgrounders and thus "off the record" for the
benefit of the speaker and the members.

In order to prepare a meeting notice for members, I would
like to have you send to me a biographical sketch as soon as
possible along with the title or subject of your opening remarks.
Just send them to the address on this letterhead. I forgot to
mention that we will make a hotel reservation for you as our guest
and I will meet you at the airport to take you to the hotel. Dr.
Fargo also may want you to meet with some people at the college if
you wish and have time available. That can be arranged after we
know your arrival and departure schedule. I am enclosing a typical
meeting notice to provide you with an example of the notice sent to
our membership. We look forward very much to your being with us.

Sincerely,

Duane W. Bowler
Chairman

Tel. 259-6830

360

海外部分邀请函

# Billings Committee on Foreign Relations

P O Box 30383
Billings, MT 59107
Jan. 25, 1984

Dr. Wei Hong-yun
Department of Foreign Language and Literatures
University of Montana
Missoula, MT 59812

Dear Dr. Wei:

This letter is to confirm the arrangements being made for y:
visit to Billings and the Billings Committee on Foreign Relation.
the night of Feb. 23.

Your ticket is enclosed for the afternoon flight from
Missula on Frontier Airlines and your return flight to Missula
the morning of Feb. 24. I will meet you at the airport and also
arrange for your transportation to the airport the morning of
Feb. 24.

A reservation has been made for you at the Northern Hotel,
which is being remodelled. The dinner will be at the Billings
Petroleum Club in the Billings Sheraton Hotel in the next block.
You will, of course, be our guest during your stay in Billings.
only regret that your schedule in Missoula prevents you from bei:
with us longer.

I think the subject "China Today" will be most suitable for
your formal presentation and will give you a wide latitude in
subjects you may wish to cover.

We look forward very much to your being with us. If there i
anything you wish us to provide for the meeting, please let me
know and it will be handled.

Sincerely,

Duane W. Bowler
Chairman

Tel. 259-6830

enc.

魏宏远自订年谱

# Billings Committee on Foreign Relations
P O Box 50383
Billings, MT 59107

Feb. 13, 1984

Second meeting of the 1984 season

SPEAKER: Dr. Wei Hong-yun, Chairman, History Department,
          Nankai University, Tianjin, People's Republic of

TOPIC: "China Today"

TIME AND PLACE: February 23, a Thursday night, Billings Petroleum C
                Sheraton Hotel, 6:30 p.m. social hour
                7:15 p.m. dinner, $9, gratuity included

      Dr. Wei Hong-yun, professor and Chairman of the History
Department, Nankai University, Tianjin, People's Republic of China,
is a Fulbright scholar teaching modern Chinese history fall and
winter quarters at the University of Montana in Missoula. He kindly
consented to meet with the Billings Committee after contacted by
Dr. Mumtaz Fargo, head of the History Department at Eastern Montana
College. University sources report that Dr. Wei is a delightful man
and an eminent educator with a great sense of humor. He reads and
speaks English. However, it is planned to have an interpreter prese
to act if there is any misunderstanding in the discuss ons.

      Dr. Wei was born Feb. 10, 1925 in Shaanxi Province. He
did his undergraduate work at Catholic University in Beiping, now
Beijing, and a Nankai University, 1946-51. He has served as a
teaching assistant, lecturer, associate professor and professor
at Nankai University. His publications include "A Biography of
Shi Kefa," published by the New Knowledge Publishing House, 1955;
"Nanchang Uprising in 1927," published by Shanghai People's
Publishing House, 1977; "A Chronicle of Dr. Sun Yat-sen," Tianjin
People's Publishing House; and "A Contemporary History of China,"
Heilongjiang People's Publishing House, 1980.

      He is Vice Chairman of the Society of Contemporary History
China, Vice Chairman of the Board of the Tianjin Society of History
and Vince Cheif Editor of History, Teaching.

      Dr. Wei expects to arrive in Billings at noon Feb. 23 and
desires to meet with as many people as possible before leaving for
Missoula on a midmorning flight February 24.

-------

      The membership list enclosed includes those who have paid
their 1984 dues of $50 per member and those who have signified they
intend to do so in the near future.

      RESERVATIONS: Please phone 259-6830 anytime with best
      week-day times between 7:30 and 10 a.m.,
      the noon hour and after 5 p.m. Anytime Sunda
      Please call by Feb. 22, a Wednesday. Guests
      welcome with the usual proviso of once per y
      for Billings residents.

外文处阅·办
报告历史系.
滕
5.23.

niversity of Montana
lissoula, Montana 59812

partment of History
)6) 243-2231/243-5943                       March 8, 1984


Teng Weizao, President
Nankai University
Weijin Road 94
Balitai, Tianjin
People's Republic of China

Dear President Teng:

    The Department of History has been honored to have had Professor
Wei Hong-Yun in residence at the University of Montana as a Fulbright
Scholar for the fall and winter quarters of the 1983-1984 academic
year. His classes and his participation and presence in the Univer-
sity community at large has benefited both the students and the
faculty. The students not only learned a great deal from his classes
but also enjoyed them. They were able through Professor Wei's
presence to experience Chinese culture and history in a way normally
denied them. Our only regret is that Professor Wei's stay has been
limited to two quarters.

    Nonetheless we want to express our appreciation of Professor Wei
and to thank you for allowing him to visit our department. He has
certainly added immeasurably to this year's course offerings. We
only hope that more such exchanges will be possible in the future.

                        Sincerely yours,

                        Linda S. Frey
                        Chair

    cc:  Richard Solberg, Associate Academic Vice President
         Howard E. Reinhardt, Dean, College of Arts and Sciences
         Frank Bessac, Chair, Anthropology
         Wei Hong-Yun, Visiting Professor of History


363

Missoula, Montana 59812

March 13, 1984

Teng Weizao, President
Nankai University
Weijin Road 94
Balitai, Tianjin
People's Republic of China

Dear President Teng:

This is just a note to let you know how much we at the
University of Montana have enjoyed Professor Wei Hong-Yun. His
classes and the seminar we taught together were very well attended
and the students were very appreciative. Professor Wei's
enthusiasm, interest in his subject matter, and humor were very
welcome. He made a definite contribution toward a better understanding
of the People's Republic on the part of students and faculty alike.
I hope he also gained something of value during the last two
quarters.

Sincerely,

Frank B. Bessac
Chairman/Professor
Department of Anthropology

cc: Richard Solberg, Associate Academic Vice President
Howard E. Reinhardt, Dean, College of Arts and Sciences
Linda S. Frey, Chair, Department of History
Wei Hong-Yun, Visiting Professor of History

Equal Opportunity in Education and Employment

364

**Press & Cultural Section**
Embassy of the United States of America
Beijing, People's Republic of China
Telephone: 52-1161

美国驻华大使馆新闻文化处

August 5, 1986

Mr. Wei Hongyun
Department of History
Nankai University
Tianjin

Dear Mr. Wei:

As a former participant in the Chinese-American Fulbright Exchange Program, you will soon receive, or have already received, a very special invitation to a reception hosted by the American Ambassador, scheduled for Thursday, August 28, at 5:30 p.m. in the Ambassador's residence here in Beijing.

At this reception, we will welcome the newly arrived American scholars participating in this year's Fulbright program and we will celebrate the 40th anniversary of the Fulbright Academic Exchange Program. From its inception here in China four decades ago, the Fulbright program has grown into a worldwide network of channels for cross cultural communication.

During the reception, the American Ambassador to China, the Honorable Winston Lord, will award a special certificate to you and each of your fellow Chinese participants in the Fulbright program, commemorating this anniversary. Your certificate is hand lettered and signed by the Chairman of the Board of Foreign Scholarships.

Should you be unable to attend, please be assured your special certificate will be forwarded to you by mail. We here at the Press and Culture Section of the American Embassy hope you will be able to attend this 40th Anniversary Fulbright reception and personally accept your certificate from the Ambassador.

Sincerely,

Pat Corcoran
Assistant Cultural Affairs
Officer - Academic Exchanges
Press and Culture Section
United States Embassy

# Fulbright Certificate

*awarded to*

## Mr. Wei Hongyun

*for increasing mutual understanding between the people of*

## the People's Republic of China

*and the people of the United States of America*

*through academic achievement as a Fulbright Scholar*

Chairman,
Board of Foreign Scholarships

*August 28, 1986*
date

海外部分邀请函

School of Business Administration
The University of Montana
Missoula, Montana 59812-1216
(406) 243-4831
(406) 243-2086 FAX

March 8, 1993

Professor Wei, Hongyun
History Department
Nankai University
Tainjin, P.R. CHINA
FAX:  8-011-0086-22-344853

Dear Professor Wei:

We are all looking forward to your arrival. Professor John Wong
will meet you at the Missoula airport on Saturday, March 20.  He
wants you to stay in his home.

On Sunday, Ray and I will host a reception in your honor at our
home.  Professor Linda Frey is arranging your program for Monday
and Tuesday.

We have sent a pre-paid ticket for you to the Delta Airline
counter in San Francisco.  You must go to Delta Airline and
identify yourself, and they will put you on the correct plane.

We assume you are arriving on Air China flight 981 on March 20.
You are scheduled on Delta flight 1567 at 11:15 a.m. to Salt Lake
City where you will transfer to Delta flight 1737 arriving in
Missoula at 4:10 p.m.

You will leave Missoula on March 23, Tuesday, at 2:10 p.m. and
arrive at Los Angeles Airport at 5:10 p.m. (flight 697).

We all look forward to your arrival.

Cordially,

Maureen Fleming

Maureen J. Fleming
Professor of Management

ks

attachment:  Topp Travel Itinerary

cc:  Professor Linda Frey, Department of History
     Director Martin Weinstein, Mansfield Center
     Professor John Wong

An Equal Opportunity University

367

*Reflections of a Chinese Scholar*

# Hongyun Wei

Nankai University
former Fulbright Visiting Professor
History Department, The University of Montana

**Mansfield Center Conference Room**

**Monday, March 22, 3:00 pm**

Sponsored by the Mansfield Center

## association for asian studies, inc.

PUBLISHER OF THE JOURNAL OF ASIAN STUDIES

1 LANE HALL. UNIVERSITY OF MICHIGAN

ANN ARBOR. MICHIGAN 48109

PHONE (313) 665-2490

December 2, 1992

Professor Wei Hongyun
Department of History
Nankai University
94 Weinin Road
Tianjin 300071
P.R.C.

Dear Professor Wei Hongyun:

Your registration fee has been sent to us by Elsie Devido, your panel organizer. Please check with her on how she would like to handle reimbursement.

We look forward to seeing you in Los Angeles.

Sincerely,

Karen Fricke
Conference Coordinator

NT BY:HARVARD UNIVERSITY    : 3-11-93 :12:36PM : OIT 1730 CAMBRIDGE →        04 4853:# 2

Professor Wei Hongyun
History Department
Nankai University
Tianjin 300071
People's Republic of China

FAX:
011-86-22-344-853

March 10, 1993

Dear Professor Wei:

How are you? You must be very busy now, as I am also!
I'm so looking forward to seeing you in LA!
I will be arriving in LA on Thursday, March 25 at noon and leaving on Sunday.
There is a room reservation for you at the Westin Hotel, from Wed., March 24 to Sunday, March 28. It is reservation number 1-B-1-B-1-Z under your name. But, could you tell me when you will arrive in LA and how long you can stay, so I can change it if necessary? Also, please tell me or Professor Van Slyke your flight information so we can get someone to meet you at the airport!
Last but not least, as soon as possible, could you please send a copy of your paper, (but probably you have already!) to Professor Averill? He is our panel discussant. His department FAX is: Prof. Stephen Averill, Michigan State University History Department, at (517) 353-5599. His address is: 346 Collingwood Drive, East Lansing, MI 48823.

Thank you so much!
I hope all is well with you and your department! Please give my regards to Dr. Feng. See you soon!

Sincerely,

Elise DeVido

Stanford University
Center for East Asian Studies
Colloquium

## "On Country Fair Trade in the Jin-Ji-Lu-Yu Base Areas"

by

# Professor Wei Hongyun
Department of History
Nankai University

Tuesday, March 30, 4:15 p.m.
Center for East Asian Studies, trailer seminar room

(Telephone 723-3362 for directions)

**ASU**
ARIZONA STATE UNIVERSITY

Professor Wei Hongyun
Department of History
Nankai University
Tientsin, Peoples Republic of China
300071

December 18,1998

Dear Professor Wei:

I wish to invite you to our campus at Arizona State University to participate in the Ph.D. thesis defense of Mr. Greg Lewis. We hope you will stay a month in the area and give a talk at our university on a subject of your choice pertaining to moden Chinese history of the contemporary period. Your distinguished scholarship and guidance has already been very helpful to Mr. Lewis in his thesis about the Chinese economy and politics of the 1940s and 1950s. Your visit in August, 1999, would benefit him and other graduate students. We would be responsible for your expenses in Arizona but ask you to take care of travel costs. You must arrive by August 6, 1998, in order to attend Mr. Lewis' defense. Looking forward to your visit. Mr. Liu Jingxiu as well as Mr. Lewis join in sending our best regards. Please let us know as soon as possible if you will be able to accept this invitation . Arizona State University is located in the suburbs of the large city of Phoenix, capital of the state of Arizona -- a short flight from Los Angeles. Arizona State University is a large university with 44,000 students. I look forward to welcoming you to the university and Arizona next summer.

Sincerely,

Stephen R. MacKinnon

Professor of History

MAIN CAMPUS
COLLEGE OF LIBERAL ARTS AND SCIENCES
Department of History
PO Box 872501, Tempe AZ 85287-2501
(602) 965-5778 Fax (602) 965-0310
EMAIL: History.ASU@ENRL ASU EDU

海外部分邀请函

# HARVARD UNIVERSITY ASIA CENTER

1737 CAMBRIDGE STREET • CAMBRIDGE, MA 02138 • TEL: (617) 496-6273 • FAX: (617) 495-9976 • www.fas.harvard.edu/asiactr

November 30, 2001

Professor Wei Hongyun
History Department
Nankai University
Tianjin 300071, PRC

Dear Wei Hongyun,

Our conference for June 27-29, 2002 at Harvard University on local government under Japanese occupation of China,1931-1945, is moving along nicely. We believe we have excellent Chinese, Japanese, and Western participants. Enclosed is a tentative program.

We are very pleased you will be able to write a paper. We have agreed to have each paper available in English and in one Asian language. Since Japanese readers can also read Chinese, we will have all English papers translated into Chinese.

Please send your paper, by May 1, to Holly Angell at the Harvard University Asia Center, 1737 Cambridge St., Coolidge Hall 308, Cambridge, MA 02138 (email: vhangell@fas.harvard.edu). It is important that discussants and other participants have an opportunity to read the paper before the conference.

Each author will receive $500 on receipt of the paper and $500 for the revised paper after the conference. We will offer up to $500 to pay for translation. Please arrange for your own translation, perhaps by a student or staff member at your institution, which must also be completed by May . If you cannot find a translator, please send your paper to us by April 1 so we that can arrange to have it translated. Footnotes need not be translated.

Enclosed is a Harvard University Reimbursement Form which must be completed so that you can receive payment when you submit your paper. U.S. citizens should complete the first page; non-U.S. citizens must complete all three pages. If you have any questions about the form, please contact Ms. Angell.

Again, we ask that all papers written in English be translated into Chinese. For those writing in Japanese or Chinese, please arrange to have it translated into English. Papers should not exceed 15,000 characters (Chinese) or an equivalent of 45 double-spaced pages (roughly 300 words per page) in English or Japanese. Also enclosed is a style sheet and guidelines for your information.

Page 2

On travel matters, if you wish to arrange your own airline ticket, please do so. We will reimburse for economy fares and appreciate your effort to secure an inexpensive ticket. If you wish us to purchase your ticket, please give us at least two months lead time.

Finally, our project now has a website which includes some bibliographic suggestions. You may access the website as follows: http://www.fas.harvard.edu/~asiactr/sino-japanese/. If you have other sources to add to our website, let us know as this will allow us to provide a more complete list.

Please do not hesitate to contact us if you have any questions (efvogel@fas.harvard.edu; lary@interchange.ubc.ca; srjrm@yahoo.com). We look forward to your participation at the conference.

Sincerely,

Ezra F. Vogel          Diana Lary          Stephen MacKinnon

374

# HARVARD UNIVERSITY ASIA CENTER

1737 CAMBRIDGE STREET · CAMBRIDGE, MA 02138 · TEL: (617) 496-6273 · FAX: (617) 495-9976 · www.fas.harvard.edu/asiactr

April 15, 2002

Professor Wei Hongyun
History Department
Nankai University
Tianjin  300071
PRC

Dear Professor Wei:

On behalf of the Harvard University Asia Center, I am pleased to invite you to present a paper at a conference hosted by the Harvard Asia Center on Wartime China: Regional Regimes and Conditions, 1937-1945. The conference will be held at Harvard University, Cambridge, MA from June 26 through June 29, 2002. The Harvard Asia Center will cover the cost of your hotel and meals during the conference and will pay up to $1,500 for roundtrip airfare and travel.

This is the first in a series of conferences which will include participants from China, Japan and the West. We look forward to your paper presentation and your participation in our conference. If you need further information or assistance, please contact me or Holly Angell at the Asia Center (vhangell@fas.harvard.edu; fax: 617-495-9976).

Sincerely,

Ezra F. Vogel
Henry Ford II Research Professor
of the Social Sciences

# Asia Research Centre
### Murdoch University   Western Australia

Murdoch  Perth  Western Australia  6150  Tel: (619) 360 2846  Fax: (619) 310 4944

22 February 1992

Prof Wei Hongyun
Dept of History
Nankai University
Tianjin  300071
People's Republic of China

*FAX: 0011 86 22 344 853*

Dear Prof Wei

Thank you for your letter of 8 February. I understand the difficult circumstances you face.

If you were still interested to come to Brisbane to participate in the panel on CCP history, it is possible that this Centre would pay for your visit. This would cover your return air fare, and accommodation in Brisbane 5-8 July.

Please do not feel obliged by this offer. However, simply a question of funds should not prevent you attending. On the other hand, I cannot offer you a wildly exciting formal programme, though I am sure meeting up again with Australian China scholars will be of interest.

If you do decide to come, perhaps you can fax your answer by return so that arrangements can be put in hand at this end. Perhaps too you could let me have a title for the paper you will deliver in the panel on CCP history. Apart from yourself, speakers will include Prof Teiwes (Sydney), Tian Youru, and myself.

Yours sincerely

Prof David S G Goodman
*Director*

ref:  C/38

A Special Research Centre of the Australian Research Council

Institute for International Studies

Director
Professor David S.G. Goodman

PO Box 123
Broadway NSW 2007
Australia

Tel. +61 2 330 1574 • +61 2 566 1053 (A/H)
Fax +61 2 330 1578 • +61 2 566 1052 (A/H)
E-mail DSG.Goodman@uts.edu.au

University of Technology, Sydney

21 November 1995

Professor Wei Hongyun
Department of History
Nankai University
Tianjin
People's Republic of China

Dear Professor Wei

**Communist Base Areas in North China during the Sino-Japanese War:**
**Social change and political mobilisation**

Many thanks for agreeing to participate in the conference the Institute is organising for May 1996. It will be held at the University of Technology, Sydney.

You will need to obtain an entry visa for Australia from the Australian Consul's Office. This letter should help facilitate that process.

The Institute will meet the cost of your return travel to and from Sydney by air, as well as your accommodation costs in Sydney for five days. Accommodation has been provided at the Golden Gate Hotel, Thomas Street, Heymarket, from 26 to 30 May.

The Institute is delighted that we will have the opportunity to welcome Wang Li, your wife, here as well. Though we are willing to meet her expenses in Sydney I am afraid you will have to meet the costs of her travel yourselves.

Please do not hesitate to contact me or the staff of the Institute if we can be of any further assistance. Arrangements for travel and accommodation are being handled by Anna Bryant on 612 330 1574 and fax 612 330 1578.

I look forward to seeing you here again in the new year.

Yours sincerely

Prof David S G Goodman
*Director*

Office City campus. No.1 Broadway, Sydney NSW

377

PO Box 123
Broadway NSW 2007
Australia
Tel. +61 2 330 1990
Fax +61 2 330 1551

University of Technology, Sydney

# INSTITUTE FOR INTERNATIONAL STUDIES
Tel. +61 2 330 1574 Fax. +61 2 330 1578

Consul
Consulate General
People's Republic of China

29th January 1996

Base Areas of North China during the Sino-Japanese War:
Social change and political mobilisation
UTS, Sydney, 27-30 May 1996

This is to certify that Prof. Wei Hongyun has been invited by the Institute for International Studies to attend a conference held at the University of Technology, Sydney, from the 27-31 May 1996.

Prof. Wei Hongyun hopes to be visiting Sydney under a temporary stay visa ( class 456) for the purposes of attending an academic conference. He will be staying in Sydney for 11 days.

Yours Sincerely

Anna Bryant
*Administrative Assistant*

PO Box 123
Broadway NSW 2007
Australia

Tel. +61 2 9514 2000
Fax +61 2 9514 1551

University of Technology, Sydney

30 September 1996

Professor Wei Hongyun
Department of History
Nankai University

Dear Prof. Wei

**Re: Hotel Accommodation Information**
**Second Workshop, China's Provinces in Reform, Zhejiang University, Hangzhou 1996**

Please be informed that we have arranged your accommodation in Hangzhou between 20 October and 25 October. Please inform Ms Yang Yu Wen your arrival and departure dates in Hangzhou. The details of accommodation in Hangzhou are as below:

Hangzhou Universal Hotel (Hangzhou Huanqiu Fandian)
3-7 Zheda Lu, Hangzhou, China
Ph.: (86) (571) 799 3366

Contact: A/Prof. Qiu Jizhen
          Director of International Programs Office
          Zhejiang University, Hangzhou
          or
          Ms. Yang Yu Wen
          Ph. (86) (571) 795 1020 or 795 1259
          Fax (86) (571) 795 1315

If you would like to be met at the airport, please inform Ms Yang Yu Wen of your flight detail. Conference papers and other materials will be delivered to you in Hangzhou.

I look forward to seeing you in Hangzhou and thank you for participating in the workshop.

Yours sincerely

Yiyan Wang
*Research Officer*

*Office* City campus, No.1 Broadway, Sydney NSW
*Campuses* City, Kuring-gai, St Leonards

University of Technology, Sydney

## CENTRE FOR RESEARCH ON PROVINCIAL CHINA

Morven Brown Building 234, The University of New South Wales, Sydney NSW 2052 AUSTRALIA
Tel: +61 2 9385 1733        Fax: +61 2 9385 1090        E-mail: provincial.china@unsw.edu.au

Dear Professor Wei Hongyun,

On behalf of the Management Committee of the UNSW-UTS Centre for Research on Provincial China, presently composed of Professor David S.G. Goodman, Dr. Feng Chongyi and myself, I would like to invite you to become a Fellow of the Centre.

The Centre is now operating as a joint research centre of the University of New South Wales (UNSW) and the University of Technology, Sydney (UTS). It has moved its office to the University of New South Wales, where it is located with the Department of Chinese and Indonesian. Dr Michael Underdown has taken up the position of Executive Officer. The Centre continues to receive funding from the Institute for International Studies, University of Technology, Sydney. The University of New South Wales is supporting the Centre's research facilities with a Large Infrastructure Grant which is being used to buy a complete set of county gazetteers.

It is expected that the Centre will provide a suitable research environment for visiting Fellows, who might wish to work with local scholars on projects concerning provincial China. Fellowship entails on-going involvement in the project to examine "China's Provinces in Reform." It is expected that Fellows will meet annually to discuss the Centre's direction and general activities. Every three years, the Australian-based Fellows will elect the three-member Management Committee, which will be responsible for the routine operation of the Centre.

If you wish to accept this invitation, would you please sign and return the attached copy of this letter.

You are also invited to take part in consideration of the attached proposals, which will be discussed at the Business Meeting at the forthcoming Kunming Workshop. Please forward any responses or suggestions to me at the above address.

Yours sincerely,

A/Professor Hans Hendrischke
Director

3 September 1998

中國省市研究中心
澳大利亞 · 悉尼 · 新南威爾士大學 · 悉尼科技大學

380

# 中 國 史 學 會

(702-701) 대구시 북구 산격동 1370 경북대학교 사범대학 역사교육과 김한식 교수연구실내
사무실 ☎ 053/950-5852, 5848, FAX: 053/950-6848. Email: gbeli@hitel.net
회장 ☎ 053/810-2222(박), 053/473-7763(집), 총무☎ 011/817-8509

***********************************************************************************

Letter of Invitation                                        Oct. 30, 2000

Prof. Hong Yun Wei
History Department
Nankai University
Tainjin, China

Dear Professor Wei:

   We are pleased to inform you that our academic society, the Society for Chinese Historical Researches, Korea has decided to invite you, together with Mrs. Wei to an academic forum which will be held at Gyungbuk University, Daegu, Korea from December 17 to 21, this year(2000). We are being told that you are to visit Tokyo, Japan to give several lectures to Japanese historical circles. On your way to China we want you to drop by Korea and give a lecture on the subject, "current research situation of Chinese contemporary history. Together with whole members of our society, I am looking forward to see you here in Daegu, Korea in December this year.

                                        Truly yours,

                                        Byung Joo Lee  *Byung Joo Lee*

                                        President, The Society for Chinese
                                        Historical Researches

VORTRÄGE
DER UNIVERSITÄT TÜBINGEN

IM RAHMEN DER VERANSTALTUNGEN DER
FAKULTÄT FÜR KULTURWISSENSCHAFTEN

spricht am Dienstag,
den 8.November 1994 um 18 Uhr c.t.
im Hörsaal Wilhelmstraße 26

## PROF. WEI HONGYUN
von der Nankai Universität in Tianjin

über das Thema

# The Cultural Revolution
# and its´evaluation in history, literature and mass
# media

Hierzu laden ein

Der Seminardirektor                    Der Präsident
Der Dekan

INSTITUT FÜR AUSSEREUROPÄISCHE SPRACHEN UND KULTUREN
DER UNIVERSITÄT ERLANGEN-NÜRNBERG
SINOLOGIE

Gastvortrag

**Herr Professor Wei Hongyun, Nankai Universität Tianjin, VR China**

Thema:

The Economic Policy of the Nanjing-Government in the 1930s

Mi., 2.11.1994, 14 Uhr c.t.
Bismarckstraße 1, Raum B 604

南开大学

魏宏运教授　　您好！

3月8日及3月14日大函均收到了（包括英文报告提纲），非常荣幸。　据悉您已接到立命馆大学学长发出的邀请信，而且正在进行改为大阪机场的交涉工作，十分感谢。　我方认为您收到这封信时，安排时间一定很紧张，在可能的范围内，请您考虑几个问题，以免我方准备不及。

(1) 我方3月13日已向旧金山贵国领事馆（高仪先生）寄信。

① 主要内容是第一，根据您所提出的回国计划（2月26日贵函，首先到东京·成田 Narita 机场以后，来到京都），我方准备您们在日本的学术交流的日程安排，第二，向您们两位邀请信（立命馆大学和中国现代史研究会）。

② 据3月8日及3月14日贵函说，正在进行交涉（由东京机场改为大阪机场的事），但是我方已按照您们原定计划（2月26日贵函）来准备在日本学术交流日程安排，因此，您可以按照原定计划进行活动（若果不可能再改为东京成田 Narita 机场的话，那么，我方立即在大阪机场迎接您们）。→ 给我们通知具体航班次数和时间

(2) 根据原定计划的日程安排准备情况如下（接到3月14日贵函以前，已决定的事情）；

① 根据我方调查得知您们于3月30日上午8点35分钟（Northwest 航班次数009号）离旧金山抵东京成田Narita

机场（3/日下午5点钟到达）。

② 在成田 Narita 机场，东京中央大学斋藤道彦副教授（在东京方面欢迎 教授负责人）迎接您们两位。

在东京方面，您们两位学术交流具体计划如下：

3月31日—— 下午5点钟到达成田机场。

斋藤副教授迎接您们（我方已向斋藤先生寄一张魏宏运教授照片）。

在东京住一天。

4月1日—— 游览东京。

在东京住一天。

4月2日—— 在东京中央大学人文科学研究所讲学一次，题目「中国近代 现代史研究的诸问题」。

讲完以后，坐新干线移到京都。在京都车站，池田·西村迎接您们。 在京都（Prince Hotel）住一天。

(3) 在京都方面欢迎 教授的负责人是池田 诚（立命馆大学教授兼立命馆大学副学长）。

在京都方面日程安排如下：

4月3日—— 游览京都（岚山—周思来总理纪念碑 等）

晚上开宴会（池田、芝池、安井、西村、铃山、赫尔..）

4月4日—— 上午：正式访问立命馆大学学长。

下午：在立命馆大学人文科学研究所 讲学一次。

题目「在中国研究抗日战争研究的主要

385

问题」。如果可能的話，请您由「中
国近现代史的诸问题」改为「有关抗日
战争的诸问题」，以便和延态战方中国
现代史研究会共同题目和贵校主办「有
关抗日战争国际讨论会」。

晚上：与立命馆大学教员及中国现代史研
究会成员交换意见（一起吃晚饭）。

在京都住一天

4月5日——下午：一点钟左右，离京都抵东京站（我方
安井三吉神户大学副教授在东京车站迎
接您们）。

住在东京一天。

4月6日——早上：到成田 Narita 机场，12点钟（PK
航班次751号）离日本回国。（下午3点35
分钟到达北京机场）

(4) 至于费用负担问题，经过多方商量决定如下，您们放心好。

①两位在东京呆三天和末到京都 —— 由中央大学和东京方面中国
近现代史专家们负担。

(东京)
②住京都：教授呆四天和东京 —— 由立命馆大学负担

夫人 " " —— 由中国现代史研究会负担

(5) 在东京和京都学术交流时，请您用汉语讲学，以免准备
不及。 我方不知道来得及来不及，请您寄给我们"汉
语写出来的讲学报告提纲"，以免翻译准备不及。

　　我方欢迎您们两位的具体安排，很不同刊，诸您京话切布在京都相见。
祝
您们两位健康，工作顺利！

　　1984年3月22日　　　　　立命馆大学 教授
　　　　　　　　　　　　　　中国现代史研究会 代表

　　　　　　　　　　　　　池　田　诚

第二期第22号
1984年1月20日

【Ⅰ】 春季合宿開催（第一報）

〔1〕 本年も恒例のごとく、春季合宿を計画しております。現在のとこ・
次のようなプランで企画したいと考えていますが、積極的な提目と
参加をお願い致します。

記

期日 ： 3月31日(土)，4月1日(日) 一泊二日

場所 ： 立命館大学末川記念会館

（宿泊も可能ですが定員があります……裏根予定）

報告 ： A. 講演 ☆ 魏宏運氏（南開大学歴史系）

「中国現代史研究の課題」(仮題)

（魏氏は3月下旬来日予定）

☆ 木坂順一郎氏（龍谷大学法学部）…〈予定〉

「太平洋戦争史を執筆して」

B. 「日中戦争の総合的研究」のために

（4人ぐらいを予定※）

C. 自由テーマ

（4人ぐらいを予定※）

※御報告希望の場合、池田謙宛同封葉書で直接御連絡ください。

（〒604 京都市中京区壬生東椰町11－5）

〔2〕 合宿に御出席予定の方は、同封葉書にて、2月15日頃までに御返事
ください。

【Ⅱ】 研究例会活動レジメ資料一覧

〔1〕 第40回例会 1983年10月22日(土)：於 大阪経済大学

昭和 59 年 4 月 23 日

魏 宏 運 殿

中央大学人文科学研究所
所長 世 良 正 利

謹 啓

時下、ますますご清祥のこととお喜び申しあげます。

さて、過日は当研究所主催の講演会の講師として、ご多忙のところご講演を
いただきまして、聴講者に多大な感銘を与えていただき、成功裡に講演会を終
了することが出来ましたことに厚くお礼申しあげます。

風かおるさわやかな季節となってまいりました今日此の頃、先生のいよいよ
のご健康とご多幸をお祈り申しあげますとともに、今回のことを機会といたし
まして、今後ともよろしくご教導賜わりますようお願い申しあげます。

敬 具

追伸 当日の写真が出来ましたので、同封いたします。

一 橋 大 学

招 請 状

平成2年（1990年）7．月26日

南開大学歴史系
教 授 魏 宏 運 殿

一橋大学長
塩野谷 祐

文部省科学研究費補助金（国際学術研究・課題名：「中国農村変革の歴史

的研究」）による中国側共同研究者として、一橋大学は貴下を1990年

10月16日から11月14日まで間に、ご招待いたします。

　我々は、貴下の来日が日本と中国の友好と学術交流にとってきわめて重要

な意義をもつものと確信いたしております。

　貴下の往復旅費及び滞在費は文部省科学研究費補助金（国際学術研究）よ

り支出されます。

　なお、貴下の来日に関する具体的日程・詳細については、研究代表者であ

る本学社会学部三谷孝教授と打ち合わせされることを希望いたします。

# 身 元 保 証 書

平成2年（1990年）9月12日

南開大学歴史系

  魏 宏 運 教授 殿

      保証人

       住所 国立市中2－1

       氏名 一橋大学社会学部

          教授 三谷 孝

 文部省科学研究費補助金（国際学術研究、課題名：「中国農村変革の歴史的研究」）による中国側共同研究者として、一橋大学は貴下を1990年10月16日から11月14日までの30日間にわたってご招待いたします。

 貴下の往復旅費および滞在費は上記の補助金より支出されます。また、日本滞在中の貴下の身元については、上記保証人が責任をもって保証いたします。

## 魏宏運南開大学教授の講演会と歓迎会のお知らせ

研究会の皆さんへ

１０月になりようやく秋めいてまいりましたが、皆様ご健勝のことと思います。

さて、このたび南開大学歴史系教授魏宏運氏が、中国農村慣行調査研究会の招きで、この１０月２０日に来日されます。先生は一ヵ月間滞在の予定で、東京をはじめ京都、大阪の中国近現代史研究者と研究交流をおこなうことになっています。東京では、中国農村慣行調査研究会が中心になり、辛亥革命研究会と五・四運動研究会、中国現代史研究会の協力を得て、魏宏運先生の講演会と歓迎会を下記の日程でおこなうことにしました。学会等でご多忙の折りかと思いますが、一人でも多くの方がご出席下さるようご案内申し上げます。

なお、魏宏運先生は、来年８月１日から４日にかけて南開大学で開催予定の中国抗日根拠地第二次国際学術討論会の組織委員会主席をつとめておられますので、関心のある方は是非おいで下さればと思います。

1990.10.3 世話係・笠原　十九司

———— 記 ————

A　講演会

日時：１０月２７日（土）　午後４：００～６：００

場所：上智大学市ヶ谷キャンパス、比較文化研究所（千代田区四番町☎238-4080）

演題：「南京政権の経済建設について（仮題）」

B　歓迎会

日時：同上、講演会の後　　午後６：３０～８：３０

場所：中国飯店（千代田区九段北４-１-７、私学会館東側、☎288-3088）

歓迎 魏宏運教授夫妻
中国現代史研究会曽

一九八五年十月

鉄山 博
安井三吉
西村成雄
他日曜
芝池靖
別島姫
深尾葉子

# 身 元 保 証 書

平成5年（1993年）6月23日

南開大学歴史系

　　教授　　魏 宏 運　　殿

保証人

住所　国立市中2-1

氏名　一橋大学社会学部

教授　三谷 孝

　　委任経理金（財）三菱財団研究助成金（研究題目：「中国農村変革の歴史的研究」）による中国側共同研究者として、一橋大学は貴下を1993年9月28日から10月13日までの16日間にわたってご招待いたします。

　　貴下の往復旅費および滞在費については、委任経理金（財）三菱財団研究助成金より支出されます。また、日本滞在中の貴下の身元については、上記保証人が責任をもって保証いたします。

# 人文科学研究所

# 公開研究会

◆テーマ：20世紀中国歴史研
究的回顧

◆講　師：魏 宏 運 氏
（南開大学教授）

◆日　時：１２月１６日（土）１３時より

◆場　所：駿河台記念館６２０号室

人文科学研究所
　研究チーム「国民党期中国研究」

## KØBENHAVNS UNIVERSITET
Universitetets Rektor

Professor Wei Hongyun
Department of History
Nankai University
Tianjin 30071
China

Ref.: KM/LC/kb                                            April 5, 1994

Dear Professor Wei Hongyun,

On ·behalf of the the University of Copenhagen I hereby invite
you and your wife to visit our university and give lectures in
the Fall semester 1994, preferable in September.

The Danish authorities will pay a per diem to cover your living
expenses during your stay, and also travel expenses within Den-
mark to other Danish universities you may visit and give
lectures.

For further arrangements, please, contact Dr. Leif Littrup, the
East-Asian Institute, Njalsgade 80, DK-2300, Copenhagen S.

Yours Sincerely

Kjeld Møllgård
Rector

University of Copenhagen

Nørregade 10          Tel:    +45 353 22614
P.O.B. 2177           Fax:    +45 353 22628
DK 1017 København K   Telex:  22221 unicop dk

ASIEN-INSTITUTTET
KØBENHAVNS UNIVERSITET
*Department of Asian Studies, University of Copenhagen*
Njalsgade 80, DK-2300 Kopenhagen S, Danmark
Tel: (+45) 35 32 88 11   Fax: (+45) 35 32 88 35

LEIF LITTRUP 李来福
Tel: (+45) 35 32 88 28
E-mail: llittrup @ coco.ihi.ku.dk

19/01/1994

Professor WEI Hongyun 魏宏运
Department of History
Nankai University
Tianjin 300 071
China

Dear Professor Wei,

I have been advised by the Danish Rector's Conference that you will be invited to Denmark to lecture for a mxaimum of four weeks during 1994. I am so happy that this has become possible and I hope that it is convenient for you to accept.

I apologize that I was not able to inform you before I applied but it had to be on very short notice, and then I had the recommendation from Wang Dunshu.

As teaching during spring term ends in early May it may be too late to arrange for your visit before summer vacation. Autumn term is from early September to early December with a break from 17 to 23 October.

I do not know how long time you would like to spend here. I would suggest at least two weeks here in Copenhagen with perhaps two lectures per week, and then some time in Århus and passing through Odense depending on the interest there. The East Asian Department in Århus is interested but I have not yet contacted the History Departments.

I look forward to hear from you, when you would be able to come, the topics of your lectures, and other relevant matters.

With my best regards to Wang Dunshu and other friends and colleagues at Nankai.

Yours sincerely,

Please note that the department has changed name, telephone and fax but not the address

ASIEN-INSTITUTTET
KØBENHAVNS UNIVERSITET
*Department of Asian Studies, University of Copenhagen*
Njalsgade 80, DK-2300 Kopenhagen S, Danemark
Tel: (+45) 35 32 88 11    Fax: (+45) 35 32 88 35

LEIF LITTRUP 李来福
Tel, direct: (+45) 35 32 88 28
E-mail: littrup @ coco.ihi.ku.dk

06/04/1994

Professor WEI Hongyun 魏宏运
Department of History
Nankai University
Tianjin 300 071
China

Dear Professor Wei,

I hope that you have received an invitation from our Rector. I asked for it in February but when I checked yesterday after a visit to the US and the Easter Hollidays, they were not sure that it had been sent. If not they will proceed. We have just changed Rector and I know that he is very busy, and they are moving offices etc.

I have been informed that the International Office will send you papers so that they can start to arrange your housing. I know that it is difficult to find a room here in Copenhagen for only one month but we will have to wait and see.

I will soon start to make arrangements for your visits to other universities in Denmark.

Sincerely yours,

09 MAY '94 13:39   KU ØSTASIATISK INST 31546678                    P.1

ASIEN-INSTITUTTET
KØBENHAVNS UNIVERSITET
*Department of Asian Studies, University of Copenhagen*
Njalsgade 80, DK-2300 Kopenhagen S, Danemark
Tel: (+45) 35 32 88 11   Fax: (+45) 35 32 88 35

LEIF LITTRUP 李来福
Tel. direatt (+45) 35 32 88 38
E-mail: littrup @ coco.ihi.ku.dk

09/05/1994

Professor WEI Hongyun 魏宏运
Department of History
Nankai University
Tianjin 300 071
China

Dear Professor Wei,

Thank you for your fax of 9 May describing your plans to visit the UK in early October.
I have told our local planning that your four lectures here in Copenhagen will be in the period until 20 September. I have further informed the universities in Aalborg, Odense, Roskilde and Århus that you will be available, preferably after that date and until the end of September. I have not yet received any answer from them.
So if you arrive here in early September, in time to begin you lectures around 7 September, and then go the the UK in early October it seems like a perfect schedule.
For the Copenhagen lectures I have given the following four titles. They are all related to the main theme of your research . I find it important that our students hear about this kind of research from the scholar in person:
  Country fairs in North China in the 1940s.
  Taihang Mountain and the victory of the Chinese revolution
  The Anti-Japanese bases in Northern China and their economic and financial history
  Collection of historical material from villages in North China

For the lectures outside Copenhagen I have of course added the other topics: China's today; Historical research in China today; and the details of the cultural revolution. If you have any suggestions I am sure that we can make adjustments

I met Jørgen Mejer before I received your letter about your arrangement for accomodation. It seems like a perfect arrangement. It is not easy to find suitable accomodation for only one month here in Copenhagen. As far as I understand, you can arrive at any time and moved directly into his house. We will of course do what we can to receive and help you.

Sincerely yours,

Fax: 0086 22 334 4856

399

A S I E N - I N S T I T U T T E T
K Ø B E N H A V N S   U N I V E R S I T E T
*Department of Asian Studies, University of Copenhagen*
Njalsgade 80, DK-2300 Kopenhagen S, Danemark
Tel: (0045) 35 32 88 11   Fax: (0045) 35 32 88 35

L E I F   L I T T R U P  李来福
Tel, dir: (0045) 35 32 88 25
E-mail: littrup @ coco.ihi.ku.dk

29/06/1994

Professor WEI Hongyun 魏宏运
Department of History
Nankai University
Tianjin 300 071
China

Dear Professor Wei,

Thank you for your letter of 14 June.

There seem to be no problems that you postpone your arrival until 15 september and stay for one month. I had started procedures for your lectures here in Copenhagen to start earlier but fortunately they were not finalized.

I will start them again when I return from my holliday in late July, and I will then also make final arrangements for your visit to other universities here in Denmark.

So please let me know before that if there are any further changes in your plans.

I have informed the secretary at Jørgen Mejer's institute. He has left for USA but will tell him when they write to him.

Looking forward to see you in September, and greeting to Wang Dunshu and other friends in Tianjin.

Sincerely yours,

*[signature]*

cc *Jørgen Mejer*

Fax: 0086 22 334 4856   Faxed on 94/06/29

400

# Gæsteforelæsninger
## ved Asien-instituttet
i perioden fra den 19 til den 28 september:

## Professor WEI Hongyun
Nankai Universitetet i Tianjin, Kina.

Professor Wei vil holde fire forelæsninger baseret på sin banebrydende forskning af Nordkinas historie i første halvdel af vort århundrede med særligt henblik på den japanske okkupation:

Mandag den 19 september kl 15:
The Anti-Japanese Bases in Northern China and their Economic and Financial History

Onsdag den 21 september kl 15:
Taihang Mountain and the Victory of the Chinese Revolution

Mandag den 26 september kl 15:
Collection of Historical Material from Villages in North China

Onsdag den 28 september kl 15:
Country Fairs in North China in the 1940s.

Alle forelæsninger finder sted på Københavns Universitet Amager, Njalsgade 80
**Lokale 13-1-71**

Professor Wei opholder sig ved Asien-instituttet fra medio september til medio oktober hvor han kan kontaktes, evt. gennem docent Leif Littrup

Opmærksomheden henledes endvidere på Professor Wei's forelæsning på NIAS (også på KUA) tirsdag den 20 september kl. 15 med emnet
"Historical Research in China To-Day"

05/08/1994

魏宏运自订年谱

GB/hch

5th April 1994

Brigadier B.G. Hickey, OBE, MC,
Secretary
Universities' China Committee in London
Swire House
59 Buckingham Gate
LONDON SW1.

Dear Brigadier Hickey.

I gather that my colleague, Dr. Benton, has been in touch with your office about the possible visit by Professor Wei Hongyun of Nankai University to Britain in October.

Professor Wei is one of China's most distinguished historians of contemporary China and head of Nankai University's History Department. He will be visiting Copenhagen in September with his wife and would like to extend his trip to come to Britain for a week or two. He would be based at Leeds but would be happy to give lectures at China Centres in Britain. Would it be appropriate for us to apply to the UCCL for an air fare from Copenhagen to Leeds for him and his wife plus subsistence for the period of their stay? We calculate that the cost would total:

| | |
|---|---|
| Air fares @£185 | £370 |
| Subsistence @ £30 for 10 days | £300 |
| | £670. |

Yours sincerely,

Professor Don Rimmington
Head of Department

402

# UNIVERSITIES' CHINA COMMITTEE IN LONDON
(Incorporated by Royal Charter)

TELEPHONE
071-821 3220
071-821 3221

SWIRE HOUSE
59 BUCKINGHAM GATE
LONDON SW1E 6AJ

BGH/HJ

14 July 1994

Dr G. Benton,
Department of East Asian Studies,
University of Leeds,
Leeds, LS2 9JT.

Dear Dr Benton,

Professor Wei Hongyun

The Executive Council have now considered your recent application for financial support in respect of Professor Wei and have approved a grant of £485. I have pleasure in enclosing a cheque for this amount.

Yours sincerely,

Brigadier B.G. Hickey
Secretary

enc.

c.c. Professor Wei Hongyun,
Department of History,
Nankai University,
Tianjin 300071,
PRC.

魏宏运自订年谱

From the Department of East Asian Studies

GB/jd

Professor Wei Hongyun,
History Department,
Nankai University,
Tianjin, 300071,
People's Republic of China

University of Leeds
Leeds LS2 9JT

Telex 556473 UNILDS G
Fax 0532 336741
Telephone 0532 431751
Direct line 0532 333460

18th July, 1994

Fax no. 010 86 2234 4853

Dear Professor Wei

    The University has been awarded a grant of £485 to cover the cost of your flight from Denmark to Leeds and your accommodation and living expenses while you are in Leeds. (Local hotel accommodation and food for you and your wife is likely to cost about £60 per day.)

    We look forward very much to seeing you. Please give us due warning of when you intend to arrive in Leeds and how long you think you will be able to stay on the basis of this funding.

        Yours sincerely,

Gregor Benton
Professor of Chinese Studies

404

From the Department of East Asian Studies

GB/heh

University of Leeds
Leeds LS2 9JT

Telex 556473 UNILDS G
Fax 0532 336741
Telephone 0532 431751
Direct line 0532 333460

October 18, 1994

Professor Wei Hongyun

Dear Professor and Madam Wei,

Welcome to Leeds! I hope you had a smooth journey to Leeds and that you have an enjoyable time here in Britain.

We understood from your fax of September 8 that you would be arriving in Leeds on October 16. As a result, we made a number of appointments for you early in the week, including a seminar on the Wednesday, which is the normal day upon which we hold such meetings. Unfortunately, your telephone call arrived too late for us to adjust these dates and meetings, and there is no other slot into which we could fit your seminar. This is a pity, because everyone was looking forward to it very much. I will be at the reorganised seminar (for which we arranged another speaker at late notice) on Wednesday afternoon. I will be teaching Thursday morning and Thursday afternoon. Please could we meet for lunch on Thursday at 12.15 p.m. in the departmental office. I enclose a map of the University Campus with your hotel and the department marked on it with red crosses.

Members of staff are all very happy to have you here and look forward to talking with you.

Your colleague, Sun Xuejun from Cambridge, rang to ask you to phone 0223 413345 so that he could tell you about the London arrangements.

Yours sincerely,

Gregor Benton
Professor of Chinese Studies

405

魏宏运自订年谱

MINISTÈRE DE L'ÉDUCATION NATIONALE

ÉCOLE DES HAUTES ÉTUDES EN SCIENCES SOCIALES

CENTRE DE RECHERCHES ET DE DOCUMENTATION
SUR LA CHINE CONTEMPORAINE

54, BOULEVARD RASPAIL, 75270 PARIS CEDEX 06
TÉL. (1) 49 54 20 00

PARIS, le                        199

Fax adressé au Professeur WEI Hongyun
Department of History
Nankai University
Tianjin 300071 République Populaire de Chine.

Fax n'        (86) 22-33 44 853
1 feuille.                              24/08/1994.

Dear Professor Wei,

　　Please excuse this belated answer!
　　We are happy and honored to invite you to give a lecture
in our Institute in late October, that is to say in
approximately two months from now.
　　We would be able to give you a modest fee ( about
1200 French Francs).
　　Should that be convenient to you, could you, please,
indicate to us the title of your lecture and the exact date
of your arrival? The lecture could take place at any time
between Monday, 24 October, and Thursday, 27 October. We
would need to send invitations to colleagues by early
October. You could therefore write to us from Denmark. Will
you speak in Chinese or in English? Shall we reserve
accommodations for you and, if so, from which date to which
date?
　　I look forward to seing you soon in Paris. With my best
regards.

                          Sincerely yours,

                          Lucien Bianco.

*This is the copy of the fax I am sending to you.*
*LB.*

ÉCOLE DES HAUTES ÉTUDES EN SCIENCES SOCIALES

CENTRE DE RECHERCHES ET DE DOCUMENTATION
SUR LA CHINE CONTEMPORAINE

Tél. (1) 49 54 20 99

PARIS, le                                            196

October 11, 1994.

Professor WEI Hungyun
c/o Dr Leif Littrup,
University of Copenhagen
Njalsgade 80
DK·2300 Kobenhavn S. Danmark

Fax      (0045) 35 32 88 35.

1 feuille

Dear Professor Wei and Mrs Wang,

As I wrote to you before, we are happy and honored to
invite you to Paris a few days beginning on October 23.

We expect Professor Wei to give a lecture on present-day
China in the Centre de Recherches et de Documentation sur la
Chine contemporaine on Tuesday, October 25 at 2 p.m.. Our
Institute, the Ecole des Hautes Etudes en Sciences Sociales,
has agreed to finance part of your expenses in Paris, in the
amount of circa 1200 F to 1300 French francs.

We look forward to seeing you in France in two weeks
from now.

Sincerely yours,

Lucien Bianco.

Institut für Außereuropäische Sprachen und Kulturen
der Universität Erlangen-Nürnberg
Lehrstuhl für Sinologie
Prof. Dr. W. Lippert

D-8520 Erlangen
Bismarckstraße 1
Telefon 09131/852448
Germany
May 20, 1994

Professor Wei Hongyun
Department of History
Nankai University
Tianjin 300071

Dear Professor Wei,

thank you very much for your letter of May 11, 1994. I am very
glad to hear from you that you come to Europe, and you are
welcome at Erlangen University to give two or three lectures
here on modern Chinese History and on China today. I invite
you to stay in my home very near to Erlangen (unfortunately,
the guest-house of our university does not have rooms for
short-term visitors).

The only difficulty is the question of the timing of your
visit. In Erlangen, the winter term starts no sooner than
November 2, 1994. Before that day, there will be no students he
to listen to your lectures. So you might lecture on November
2, 3 and 4.

We can pay you the flight from Leeds to Nuremberg and a few
hundred D-Marks as a remuneration for your lectures. Please
let me know instantly by fax (09131/26675) if you can arrange
your visit in early November. The Sinological Seminar of
Tübingen University would like to invite you to a guest lecture
(one day)

Hoping to hear from you soon, I am

Yours sincerely

Wolfgang Lippert

Institut für Außereuropäische Sprachen und Kulturen
der Universität Erlangen-Nürnberg
Lehrstuhl für Sinologie
Prof. Dr. W. Lippert

D-8520 Erlangen
91054
Bismarckstraße 1
Telefon 09131/852448
Germany

15.6.1994


Prof. Wei Hongyun
Department of History
Nankai University

Tianjin, 300071 / People's Republic of China


Dear Professor Wei,

thank you very much for your two fax of May 31, 1994 (letter) and of the same date (teaching experience).

We are very glad that you accept our invitation to give three lectures here on modern Chinese history on November 2, 3 and 4. Now the question arises as to the themes of your lectures. We would like to hear the lecture on "The present situation in China". We would also be glad to here the lecture given by you at Kanazawa University: "Economic policy of Nanjing Government in the 1930s".

As to the third lecture, may I propose something like "The Cultural Revolution in China". If this is not convenient for you, please make some proposal from your side. As many of our students are still beginners, we ask you to give your lectures in English.

Together with Prof. Dr. Vogel of the University of Tübingen, I have fixed your lecture in Tübingen on November 8, 1994 (Tuesday). Prof. Vogel will write a letter to you in the near future and ask you about the theme.

I have also contacted Frau Prof. Dr. Weigelin-Schwiedrzik from Heidelberg University. She would be glad if you give a lecture there on Wednesday, November 9, 1994. She asks you to send her a letter expressing your intention to accept her invitation.


Her address is:

Frau Prof. Dr. Susanne Weigelin-Schwiedrzik
Universität Heidelberg
Sandgasse 7

69117 Heidelberg

This is necessary for financial reasons. From Heidelberg you may go by train to Frankfurt and board your plane there.

So much for today.

Hoping to hear from you soon, I am,


Yours sincerely,

*Wolfgang Lippert*

409

魏宏运自订年谱

# EBERHARD-KARLS-UNIVERSITAT TUBINGEN

Seminar für Sinologie und Koreanistik · Herrenberger Straße 51
72070 Tübingen

SEMINAR FÜR SINOLOGIE
UND KOREANISTIK

Herr
Prof. Wei Hongyun

Department of History, Nankai University
300071 Tianjin
VR China

Prof. Hans Ulrich Vogel
Telefon (0 70 71)
29 -29 98
Fax: 29-6984

29. September 1994

Dear Prof. Wei Hongyun

Because we want to announce your lecture as soon as possible, I would be obliged if you would inform us about the subject and exact title of your lecture.

Yours sincerely

(Stephanie Blank)

# Institut für Asienkunde

Institute of Asian Affairs
im Verbund der Stiftung Deutsches Übersee-Institut

Institut für Asienkunde  Rothenbaumchaussee 32  D-20148 Hamburg

Prof. Wei Hongyun
Department of History
Nankai University
Tianjin 300071
PR CHINA

Datum: 31.03.99
Dr.D/aw/1414

Re.:  **Invitation to an International Conference on "Was the Chinese Revolution really necessary? Interpreting fifty years of the People's Republic of China " in Hamburg, Germany, from September 23 to 25, 1999**

Dear Professor Wei,

The Institute for International Studies, University of Technology, Sydney, and the Institute of Asian Affairs, Hamburg, invite your participation in an international academic conference on the occasion of the 50th Anniversary of the proclamation of the People's Republic of China to take place in Hamburg, Germany, from September 23 to 25, 1999. The topic will be

**"Was the Chinese Revolution really necessary? Interpreting fifty years of the People's Republic of China".**

We will, of course, cover your travel expenses to and from Hamburg as well as accommodation and meals during the meeting.

An outline of the conference is enclosed together with a matrix that shows the topics as well as the names of the prospective paper presenters and discussants. With the exception of Professor Nolan all other participants listed in the matrix have accepted our invitation. As you will see the broad goal is to reflect critically on the PRC's experiences over the last fifty years, to both review developments and to reassess the ways those developments are interpreted.

If you are agreeable could you please let us know as soon as possible (please before April 23, 1999, at the very latest), at the same time sending us a brief curriculum vitae.

In case you accept our invitation, please inform us if hotel reservation from September 22 in the afternoon to September 26 in the morning is acceptable to you or if you would like to come earlier or stay longer or need a double room at your own expense.

Hoping that you can join us for the conference in Hamburg, I am

with kindest regards,

(Dr.  Werner Dragühn)
Director

This invitation is also extended
to you by

Prof. Dr. David S. G. Goodman

Rothenbaumchaussee 32  ·  D-20148 Hamburg  ·  Telefon (040) 44 30 01-03  ·  Telefax (040) 410 79 45
Hamburgische Landesbank (BLZ 200 500 00), Kto. Nr. 298 307
Homepage (Institutsdarstellung und Publikationsverz.): www.rrz.uni-hamburg.de/ifa · Email: ifahh@uni-hamburg.de

411

Chairman: Dr Andrew S L Chuang, JP
主席：莊紹傑 博士
Executive Director: Allan Sensicle
總幹事：冼士迷

Our Ref:
本局檔號   19/02/03
Your Ref:
來函檔號

## HONG KONG COUNCIL FOR ACADEMIC ACCREDITATION
### 香港學術評審局

9 July 1992                                   Tel No: 801 7544

Professor Wei Hong Yun
Professor in History
Department of History
Nankai University
Tianjin, 300071
CHINA

Dear Professor Wei,

Thank you very much for sending your curriculum vitae, which is of great help to this Council (HKCAA) in the compilation of its Register of Subject Specialists for academic accreditation purposes. I am pleased to inform you that the HKCAA considers your expertise and experience to be most relevant to our future work and you name has now been included on the Register.

To ensure our Register is kept up to date, names added to the Register will remain on the list for a period of four years before being reconsidered. The period of your appointment will therefore be from June 15, 1992 to June 14, 1996.

As a specialist on our Register, please feel free to contact the HKCAA Secretariat at you convenience for more information about our Council. I should also be grateful if you would inform us of any change in your correspondence address, particularly during long periods of study leave, so that we can keep in touch when necessary.

May I take this opportunity to thank you again for your support.

Yours sincerely,

Yolanda Ong (Miss)
Executive Officer

# 澳門中國哲學會

## ASSOCIAÇÃO DE FILOSOFIA DA CHINA EM MACAU

澳門郵政信箱481號
電話：3974526
電報掛號：6336（澳門）
圖文傳真：(853) ~~973478~~ 850167

P.O. BOX 481, MACAU
TEL: 3974526
CABLE: 6336 (MACAU)
FAX: (853) ~~973478~~

澳門政府文化司署贊助

## 邀 請 公 函

魏宏運
王　森 教授道鑒：謹訂於一九九五年十二月二十七日（星期三）中午至三十日（星期六）中午，在澳門舉行「綜合創新文化觀研討會」，敬邀 台端蒞臨出席。如蒙俯允，請於八月底前惠寄「與會學者登記表」給澳門中國哲學會。會議期間之酒店住宿、酒家膳食、會議費用及觀光旅遊，均由大會提供。

　　　此候
文安

澳門中國哲學會

一九九五年七月三十一日

附：章則及登記表格各一份

宏運先生惠鑒：

　　一九九七年七月為七七抗戰六十週年，中國
歷史學會擬與中國近代史學會於七月十八日至二
十日聯合舉辦「紀念七七抗戰六十週年學術研討
會」。素仰　先生對抗戰史有精深之研究，擬邀
請先生參加會議，並撰寫論文，敬請俞允為荷。
　　敬祝

研安

紀念七七抗戰六十週年學術研討會籌備委員會　敬啟

1996年12月18日

　　召集人：張玉法
　　秘書長：林能士
　　聯絡處：台北市文山區指南路2段64號
　　　　　　政治大學歷史系
　　聯絡人：張世瑛
　　電　話：(02)9387044
　　傳　真：(02)9390257